Thomas Renggli

Hans Imholz
Der Reisepionier

Impressum

©2021 Werd & Weber Verlag AG, Gwattstrasse 144, 3645 Thun/Gwatt

Autor Thomas Renggli

Werd & Weber Verlag AG
Bildredaktion: Lukas Heim / Thomas Renggli
Gestaltung Cover Sonja Berger
Gestaltung Inhalt und Satz Andrea Dätwyler
Bildbearbeitung Adrian Aellig
Lektorat Alain Diezig
Korrektorat Heinz Zürcher

ISBN 978-3-03922-105-9

www.werdverlag.ch
www.weberverlag.ch

Der Verlag Werd & Weber wird vom Bundesamt für Kultur mit einem Strukturbeitrag für die Jahre 2021-2024 unterstützt.

Thomas Renggli

Hans Imholz
Der Reisepionier

Mit einem Vorwort von Michael Ringier

WERDVERLAG.CH

INHALTSVERZEICHNIS

Erfolgsunternehmer, guter Freund: Michael Ringier ist vom Werdegang von Hans Imholz tief beeindruckt: «Mit 56 war Hans bereit für einen neuen Lebensabschnitt».

VORWORT

Genialer Unternehmer, spendabler Gönner und guter Freund

Buchstäblich über den Weg gelaufen sind Hans Imholz und ich uns schon in den 90er-Jahren. Entweder auf dem Golfplatz im Engadin oder an irgendeinem Anlass mit Zürcher Promifaktor. Aber um uns wirklich kennenzulernen brauchte es die klassische Musik. Und Österreich. Denn im Ausland hocken die Schweizer ja gerne zusammen. Und so taten wir das auch an den Osterfestspielen in Salzburg. Eine bleibende Erfahrung, denn aus dem ersten wirklichen Kontakt entstand eine engere Beziehung und daraus mittlerweile eine Freundschaft.

Wenn man Hans einmal kennengelernt hat, versteht man auch seinen Erfolg. Seine Leistung war aufsehenerregend. Ich nenne sie bewusst nicht «visionär» – denn ich kenne niemanden, der von Beginn weg eine Vision hatte. Das behauptet man in der Regel erst im Nachhinein. Aber was Hans vollbracht hat, veränderte die Reisebranche. Fast noch beeindruckender war aber, dass er sogar den Zeitpunkt seines Ausstieges perfekt gewählt hat.

Aber was Hans vollbracht hat, veränderte die Reisebranche. Fast noch beeindruckender war aber, dass er sogar den Zeitpunkt seines Ausstieges perfekt gewählt hat.

Man stelle sich vor, ihm würde das Reisebüro heute noch gehören. Da wäre keine Rede von einem entspannten Leben. Aber Hans Imholz hat seinen Abgang konsequent durchgezogen und ist sich auch danach treu geblieben. Er schloss mit dem Kapitel ab – ohne Wenn und Aber. Andere Unternehmer, die ihre Firma ebenfalls verkauften, oder langjährige CEOs, deren Unternehmen verkauft oder fusioniert wurden, geistern gerne noch in den Medien umher und geben ihre Kommentare zu allem Möglichen – und manchmal Unmöglichem – ab. Sie bleiben ständig präsent und leiden unter Entzugserscheinungen und fehlender Wertschätzung – denn das Unternehmen lieferte quasi ihre Existenzberechtigung. Hans Imholz dagegen hat nicht nur als Unternehmer ein absolut erfülltes Leben: Er hat gearbeitet und gerackert fast rund um die Uhr – bis er 56 Jahre alt war. Schnitt, würde man im Filmstudio sagen, und dann kam das Drehbuch für Hans Imholz «Teil zwei». Und dieser neue Abschnitt hatte mit dem alten bloss noch wenig zu tun. Da ist Hans etwas absolut Besonderes gelungen. Normalerweise haben Self-made-Unternehmer nur ein Leben. Sie stecken all ihre Energie, Kreativität und Kraft in ihr berufliches Lebenswerk. Als Preis dafür verpassen sie oft den richtigen Moment, um aufzuhören. Sie geniessen den Erfolg – und machen im alten Muster weiter, ohne zu realisieren, dass sie irgendwann von der Zeit überholt werden. Das deutsche Manager Magazin ist verlässlicher Chronist dieser Fälle. In praktisch jeder Ausgabe ist von einem Familienbetrieb die Rede, der in Schieflage gerät, weil der Patron (oder die Patronne) den Moment für die Nachfolgeregelung verpasst hat. Oder sich für unersetzlich hält. Wie Max Grundig, der den traditionsreichen Elektrokonzern nicht nur gegründet, sondern auch an die Wand gefahren hat. Oder der grosse Versandhändler Josef Neckermann, der ein Milliardenimperium aufgebaut hat und ab den 1960er-Jahren auch im Reisegeschäft mitmischte, letztlich aber an der eigenen Billigpreis-Strategie zerbrochen ist.

Hans Imholz dagegen verkaufte zum optimalen Zeitpunkt für den wohl bestmöglichen Betrag und sagte dann ganz nüchtern: «Kapitel abgeschlossen. Jetzt beginne ich mit einem neuen Leben.» Dass er sich nie mehr öffentlich über sein früheres Unternehmen äusserte, war besonders bemerkenswert. Denn ein ausgeprägtes Merkmal des Älterwerdens ist die Eigenschaft, wahnsinnig gerne von früher zu sprechen und die Vergangenheit zu glorifizieren. Und wenn die Medien dabei zuhören, ist das geriatrische Glück perfekt. Hans ist da völlig anders. Man muss ihn schon auf seinen Erfolg ansprechen, damit er überhaupt zu erzählen beginnt. Und meistens schon im zweiten Satz fügt er an: «Aber heute ist sowieso alles anders.» Eine Biografie, die sich auf die geschäftliche Leistung beschränkt, hätte man schon vor zwanzig Jahren schreiben können. Doch für mich ist die Leistung, die er im Nachgang erbrachte, fast noch eindrucksvoller als der blosse Geschäftserfolg.

Denn Hans begab sich in ein neues Leben – und liess das alte hinter sich. Selbstverständlich war ihm dabei seine Ehefrau Doris eine grosse Stütze. Aber auch dies spricht wieder für ihn. Denn dass er mit Doris zusammenfand, hat mit seiner Persönlichkeit doch sehr viel zu tun. Doris eröffnete ihm neue Perspektiven und neue Lebensinhalte und Hans hat sich mitnehmen lassen. Und freut sich wirklich über die neuen Horizonte, die sich da auftaten – für die es früher nie einen Zeitslot gegeben hat. Dass Geld zum Glück beitragen kann, hat Hans nie bestritten. Und gleichzeitig immer welches für andere weggegeben, die es für eine gute Sache benötigten. Das Geben ist für Hans eine Selbstverständlichkeit, den Dank dafür zu empfangen schon eher eine Peinlichkeit. Die erste Spende für das Elternmagazin meiner Frau, «Fritz und Fränzi», kam ganz spontan. Seither trifft jedes Jahr eine Zahlung ein – ohne dass Hans und Doris auch nur ein Wort darüber verlieren würden. Hans ist seit dem Verkauf etwas, was er als Unternehmer nie sein konnte: ganz entspannt, aber trotzdem voll engagiert. Dank seiner Grosszügigkeit ist er auch für den Zürcher Kunst- und Kulturplatz eine Schlüsselfigur. Aber es geht ihm nicht bloss ums Geld, sondern auch um den Geist.

Dank seiner Grosszügigkeit ist er auch für den Zürcher Kunst- und Kulturplatz eine Schlüsselfigur. Aber es geht ihm nicht bloss ums Geld, sondern auch um den Geist.

Denn die Grosszügigkeit ist mit echtem Interesse verbunden. Auch andere wohlhabende Menschen oder Unternehmen spenden für Kunstaktionen oder finanzieren Konzerte – und halten dann als Sponsor eine Rede über Dinge, die sie weder verstehen noch wirklich mögen. Die Peinlichkeiten einer von der PR-Abteilung getexteten Lobhudelei über einen Dirigenten oder Künstler sind zum Glück seltener geworden. Aber Hans ist auch da durchaus zum Vorbild geeignet: Ein stiller Geniesser, der nur etwas sagt, wenn es auch Hand und Fuss hat. Und trotzdem identifiziert er sich mit den Dingen, die er unterstützt, und interessiert sich wirklich für seine Projekte – eine Wohltat für die unterstützten Institutionen.

Was ich Hans Imholz wünsche? Er ruht so in sich selber und macht alles richtig, dass ich nicht weiss, was ich ihm wünschen könnte. Das wichtigste ist Gesundheit. Ich wünsche ihm und Doris noch ganz viele gute Jahre. Für den Rest sind die beiden selber besorgt. Dazu brauchen sie weder Ratschläge noch gute Wünsche. Geniesst das Leben – Ellen und ich sind weiterhin gerne ab und zu dabei.

Michael Ringier

Telefonverkäufer: Hans Imholz in der Rolle seines Lebens.

1 | DIE FERIENREVOLUTION

Ein Telefon, eine Idee. Hans Imholz demokratisiert in den 1960er-Jahren die Ferienplanung. Plötzlich sind Reisen in ferne Länder nicht mehr nur der Upperclass vorbehalten.

1961 ist ein geschichtsträchtiges Jahr: John F. Kennedy wird am 20. Januar zum 35. Präsidenten der Vereinigten Staaten gewählt, am 12. April umkreist der Russe Juri Gagarin in der Raumkapsel Wostok 1 als erster Mensch die Erde, am 31. Mai wird die Republik Südafrika ausgerufen und am 13. August werden die ersten Steine der Mauer in Berlin gelegt. Am 2. Juli verstirbt im amerikanischen Bundesstaat Idaho der Jahrhundertschriftsteller Ernest Hemingway im Alter von 61 Jahren. Und die englische Königsfamilie mit der 34-jährigen Queen Elizabeth II. verbringt ihre Ferien auf Safari in Nepal. Letzteres ist den Zeitschriften grosse Schlagzeilen und ausführliche Artikel wert. Denn Reisen in ferne Länder sind damals wohlhabenden Menschen und gekrönten Häuptern vorbehalten.

Im selben Jahr eröffnet ein Schweizer an der Usteristrasse 19 im Zürcher Kreis 1 ein Reisebüro: Hans Imholz, 27 Jahre jung und durch seine Lehrjahre bei Kuoni mit der Materie bestens vertraut, mietet eine Zweizimmerwohnung und wagt den Schritt in die Selbständigkeit. Belegschaft: eine Sekretärin. Kerngeschäft: Organisation von Vereins- und Verbandsreisen. Dabei wartet er nicht, bis die Kundschaft zu ihm kommt. Er durchstöbert Zeitungen und Verbandsorgane und stösst auf Reisevorhaben von Vereinen und Gruppen und erstellt gleich selber ein attraktives Angebot. Sein Erfolgsgeheimnis besteht auch immer in einem ausgeprägten wirtschaftlichen Realismus. Hans Imholz ist nie ein Gambler oder Glücksritter. Acht Jahre hat er jeden Franken zur Seite gelegt und besitzt nun 50 000 Franken, um das Schicksal in die eigene Hand zu nehmen – und zwar sprichwörtlich: «Ich habe nie auch nur einen Rappen von einer Bank bezogen», sagt er heute, «ich wollte immer Herr über meine Lage sein.»

Seine Schlüsselidee ist ebenso simpel wie bahnbrechend: Telefonverkauf. Damals eine Kulturrevolution wie vier Jahrzehnte später das Internet. Dazu kommt eine Reiseform, die damals noch völlig unbekannt ist: Städtetrips. Rückblickend sagt Hans Imholz: «Mit preisgünstigen Städteflügen weckte ich bei den Konsumenten Appetit auf eine Kurzreise in eine Stadt.»

«Ich habe nie auch nur einen Rappen von einer Bank bezogen», sagt er heute, «ich wollte immer Herr über meine Lage sein.».

Und mangels eigener Filialen führt der Pionier als erster den Telefonverkauf ein, schliesst ausserdem das SBB-Ticket zum Flughafen in den Pauschalpreis ein – was von Kuoni und Hotelplan später ungeniert kopiert wird.

1981 feiert das Reisebüro seinen 20. Geburtstag. Ein Blick in die schön illustrierte Jubiläumsbroschüre wirkt heute wie eine Zeitreise in ein anderes Leben – ein Leben mit Drehscheibentelefonen, elektrischen Schreibmaschinen und einem unförmigen IBM Personal Computer als Vorbote der Moderne. Zu der sich sanft andeutenden Digitalisierung stehen unter der Überschrift «Ein fortschrittliches Unternehmen ist zu allen Investitionen bereit, wenn dadurch der Dienst am Kunden verbessert werden kann» folgende Erklärungen:

«Bevor die moderne Computeranlage in Betrieb genommen wurde, hatten wir alle Hände voll zu tun, musste doch jede Buchung oder Buchungskorrektur handschriftlich in ein Buchungsformular übertragen werden. Der Zeitaufwand dafür war unverhältnismässig hoch und die Fehlerquote während Stosszeiten auch.

Unser neues Buchungssystem ist eines der modernsten in Europa. Jeder Ferienberater verfügt über einen eigenen Terminal, der direkt an die zentrale Computeranlage angeschlossen ist. Im Computer sind alle Daten gespeichert. Kommt nun eine Anfrage, kann der Ferienberater die gewünschte Auskunft über den Terminal beim Computer innert Sekundenbruchteilen einholen. Bei einer Buchung läuft's umgekehrt. Dann werden Flug, Hotel usw. via Terminal beim Computer auf den Namen des Kunden reserviert. Den Rest erledigt der Computer automatisch. Er speichert die Reservation und fertigt alle erforderlichen Reisedokumente an.

Bei Anruf Ferien! Hans Imholz hat den direkten Draht zur Kundschaft.

Pionierleistung: Mit dem Telefonverkauf mischt der Jungunternehmer 1961
die Reisebranche auf.

Mit der Anschaffung dieser Anlage haben wir nicht nur eine Investition für die Zukunft gemacht, sondern auch eine, die sich für unsere Kunden auszahlt. Mit der Inbetriebnahme des Computers hat unser Kundenservice nochmals eine wesentliche Qualitätssteigerung erfahren.»

Doch im Zentrum bleibt das Telefon – in seiner sperrigen schwarzen «Ur-Version», wie es in den 1970er-Jahren von Emil Steinberger zum Kultobjekt befördert wird. Hans Imholz posiert mit weissem Hemd, adrett gebundener Krawatte und graubraunem Sakko freundlich lächelnd mit der Hand auf dem Hörer. Daneben werden die statistischen Details zum Boom der Telekommunikation im Drehscheiben-Zeitalter geliefert: «Wie weitsichtig der Entscheid zum Telefondirektverkauf für Reisen und Ferien war, zeigt die Statistik über die Anruffrequenz in unserem Unternehmen: Allein im vergangenen Jahr (1980) erhielten wir rund 410 000 Anrufe!»

Und auch die wachsende Infrastruktur spielt dem Jungunternehmer in die Karten: «Die Tatsache, dass die Zahl der Telefonanschlüsse in der Schweiz ständig steigt – 1981 kommen auf 6,5 Millionen Einwohner 4,14 Millionen Telefonapparate –, ist sicher einer der Gründe für den Erfolg der Idee.» Doch allein mit der neuen Technologie lässt sich die Ferien-Revolution nicht erklären. Es ist vielmehr der direkte Draht zwischen Kunde und Ansprechperson, der dem Geschäft zum Durchbruch verhilft. Hans Imholz erklärt seine Idee mit rund 60 Jahren Distanz: «Der Telefondirektverkauf vereinfachte unseren organisatorischen Betriebsablauf und senkte die Verwaltungs- und Infrastrukturkosten auf ein Minimum. Dies gab uns die Möglichkeit, günstig zu kalkulieren und den Kunden preiswerte Ferien anzubieten. Ausserdem liessen sich für jede Ferienregion speziell dafür ausgebildete Kundenberater einsetzen.» Mit anderen Worten: Wer sich bei Imholz für eine Destination interessierte, sprach mit einer Beraterin oder einem Berater, die das Ferienziel aus eigenen Erfahrungen kannten.

Es ist vielmehr der direkte Draht zwischen Kunde und Ansprechperson, der dem Geschäft zum Durchbruch verhilft.

Auch vor Ort profitierten die Touristen vom Service. Hans Imholz sagt dazu: «Der Telefondirektverkauf erlaubte es unseren Kunden, jederzeit und von überall aus mit dem Ferienberater Kontakt aufzunehmen. Dank dem neuen Modell waren wir jederzeit bequem erreichbar. Und unsere

Smarter Geschäftsmann: Was er bei Kuoni gelernt hat, setzt Imholz im eigenen Betrieb in Perfektion um und eröffnet den Schweizern neue Horizonte.

Kunden hatten keine Umtriebe.» Was heute eine Selbstverständlichkeit ist, war im Vor-Handy-Zeitalter ein unübertrefflicher Service.

Imholz ist mit seinem Verkaufssystem der Zeit voraus. Er profitiert aber auch von der Liberalisierung der ganzen Branche. Es sind verschiedene Komponenten, die den Tourismus zwischen 1960 und 1980 zum Massengeschäft machen und die Arrangements dramatisch verbilligen: die Initiierung des Charterflugsystems, der Zerfall des IATA-Kartells, das die Ticketpreise für Linienflüge hochgehalten hatte, und die Einführung der Grossraumflugzeuge. Vor allem IATA-Gesellschaften aus devisenschwachen Ländern sehen im aufkommenden Massentourismus die Chance, ihre Linienflüge, die oft nur aus politischen Prestigegründen betrieben werden, besser auszulasten.

Nach und nach wird – auch unter dem Druck von Neueinsteigern wie Imholz – das IATA-Kartell aufgeweicht. Niemand spricht öffentlich darüber, aber fast alle machen munter mit. Branchenkenner berichten, die ersten Verstösse seien zwischen cleveren Aussenseiter-Veranstaltern und den ehrgeizigen Stationsmanagern von umsatzhungrigen Airlines gelaufen. Die Rabattgrenze für den En-gros-Verkauf von Tickets liegt bald bei etwa 20 Prozent vom offiziellen Tarif, den nur wenige bezahlen können oder wollen.

1967 landet Hans Imholz seinen ersten grossen Coup. Drei Tage Budapest bietet er für sagenhafte 198 Franken an.

Hans Imholz weiss von Beginn an, was seine Kundschaft erwartet. In der Jubiläumszeitschrift schrieb er: «Zwei Faktoren sind bei der Wahl eines Reiseveranstalters von eminenter Bedeutung: die Erfahrung des Reisebüros in der Planung und Organisation – und die Partner, mit denen man zusammenarbeitet.» Bei den Fluggesellschaften bevorzugt Imholz bekannte Grössen: Swissair, Balair, Air France, British Airways, SAS oder American Airlines. An den Destinationen selber prüft der Veranstalter selber, ob die Qualitätsansprüche eingehalten werden: «Wir testen jedes Hotel, jeden Bungalow, jedes Appartement. Wir überprüfen Clubanlagen, Mietwagenanbieter, Reedereien und andere Transportgesellschaften. Wir geben uns erst dann zufrieden, wenn wir den besten Partner gefunden haben.»

Swissair und Imholz verbinden einige Gemeinsamkeiten: Beide Unternehmen standen für Schweizer Qualitätsarbeit und Dienstleistung auf höchstem Niveau, beide Namen sind aber mittlerweile aus der Reisewelt verschwunden.

1967 landet Hans Imholz seinen ersten grossen Coup. Drei Tage Budapest bietet er für sagenhafte 198 Franken an. Dieses Schnäppchen wird dank einem schlauen Deal mit der ungarischen Fluggesellschaft Malév möglich. Um die Flugzeuge auszulasten, bietet die Airline dem Schweizer Reisepionier das Retourticket für 73 Franken an. Ein Bruchteil des offiziellen Verkaufspreises von 655 Franken. Und die auf Devisen erpichten ungarischen Hoteliers machen für harte Währung hochattraktive Preise. Und Imholz erfindet das Rabattsystem lange bevor es Cumuluskarten und Superpunkte gibt. Auf dem Hochglanzplakat heisst es: «Jede Buchung am Telefon prämieren wir mit einem Telefonrabatt von 20 Franken auf unsere ohnehin schon günstigen Preise.» Dies ermöglicht vielen Schweizern ein völlig neues Ferienerlebnis. Wohl nicht wenige verdankten ihren ersten Flug dieser neuen preislichen Freiheit.

Imholz nimmt auch werbetechnisch das Schicksal in die eigenen Hände: «Alles, was in den Prospekten und in den Inseraten zu lesen war, stammte aus meiner Feder.» Und auch die «unschlagbaren» Preise waren ein Trick zur Kundenwerbung. «Das waren Ausgangsbeträge. Verdient haben wir mit den Extras.»

Wo alles begann: Im «Haus zum kleinen Mohren» am Neumarkt 22 wächst Hans Imholz auf.
Hier steht das erste Ladenlokal der Bäckerei seines Vaters.

2 | ZWISCHEN BACKSTUBENFEST UND FLIEGERALARM

Beschauliche Kindheit in turbulenten Jahren: Hans Imholz wird in eine strube Zeit hineingeboren. Doch am Zürcher Neumarkt findet er seine Oase des friedlichen Alltags – obwohl es der Coiffeur nicht gut mit ihm meint.

Die Zeiten waren hart in den 1930er-Jahren. Die Weltwirtschaftskrise erfasste die Schweiz mit voller Wucht: Arbeitslosigkeit, Lohnabbau, Exporteinbussen und Zusammenbrüche in Unternehmens- und Finanzkrisen prägten den Alltag. Die Stadt Zürich zählte 291 000 Einwohner – das waren rund 50 Prozent der Kantonsbevölkerung.

Das Zürcher Niederdorf, die Altstadt am rechten Limmatufer, besass einen höchst zwiespältigen Ruf. Sie galt als Heimat von Tagelöhnern, Hort der Prostitution, Nistplatz von Revoluzzern und reaktionärem Gedankengut. «Sie war vollkommen verlottert», heisst es in historischen Niederschriften. So kam es nicht von ungefähr, dass der ETH-Professor Karl Moser im Auftrag der Stadt einen Plan zur Beseitigung dieses «Schandflecks» entwarf. Moser wollte im «Dörfli» alles abreissen und korrigieren, was heute den Charme dieses Quartiers ausmacht: die historischen Häuser, die engen Gassen, die verträumten Höfe. Nur Grossmünster und Rathaus sollten verschont bleiben. Mosers Plan sah vor, dass anstelle der bestehenden Bauten mächtige, lichte Blöcke aus Eisenbeton und Glas an breiten Alleen errichtet werden. Er plante am rechten Ufer eine Reihe von vier 14-stöckigen «Kuben». Auf der anderen Flussseite sollte ein 21 Etagen umfassendes Hochhaus einen Kontrapunkt setzen. Dass Mosers kühnes Vorhaben nie verwirklicht wurde, war dem Veto des Kantons zu verdanken. Stattdessen verfolgte die Stadt eine Strategie der punktuellen Sanierung durch sogenannte Auskernung. 1930 begann sie an einem Plan zu arbeiten, der vorsah, dass die Stadt Häuser oder Häuserzeilen auf der einen Seite enger Gassen kaufen und beseitigen sollte, um Licht und Luft in die Altstadt zu bringen. Ein Beleg für die geglückte Umsetzung dieser Strategie ist der 1967 entstandene Rosenhof, der heute in lauen Sommernächten ein fast schon mediterranes Flair in die einst verstaubte und wenig gastfreundliche Altstadt bringt.

1933 war das Jahr der dramatischen politischen, gesellschaftlichen und militärischen Umwälzungen in Europa. In Deutschland breitete sich die dunkle Macht des Nationalsozialismus aus. Adolf Hitler ergriff mit diabolischer Gier die Macht. Am 12. November zementierte er in der Reichstagswahl, die mehr eine Scheinwahl war, seine Diktatur und verabschiedete das Land aus dem Völkerbund. Es war der vorläufige Höhepunkt der politischen Umwälzung in der früheren Weimarer Republik. Auch Zürich wurde von diesen Entwicklungen tangiert – und befand sich sozusagen zwischen den Fronten. Auf der einen Seite formierte sich die «Nationale Front» und schloss sich mit den bürgerlichen Parteien zu einem «Vaterländischen Block» zusammen. Auf der anderen Seite feierten die Sozialdemokraten bei den städtischen Wahlen 1933 ihren historischen Sieg. Doch der sich anbahnende Krieg warf seine Schatten voraus – und prägt das Stadtbild bis ins 21. Jahrhundert. Noch heute zeugen Bunker und Befestigungsbauten – am Stadtrand wie im Zentrum – von den Vorbereitungen auf einen militärischen Konflikt.

Doch der sich anbahnende Krieg warf seine Schatten voraus – und prägt das Stadtbild bis ins 21. Jahrhundert.

Zeitweise wurde rund ein Siebtel der Schweizer Bevölkerung zur Landesverteidigung mobilisiert. Zürich befand sich im Ausnahmezustand. In Affoltern erinnert heute ein Gedenkstein an einen Piloten der Schweizer Luftwaffe, der irrtümlicherweise von amerikanischen Fliegern vom Himmel geholt wurde. Bomben, die für deutsche Städte bestimmt waren, richteten vereinzelt auch in Zürich Schaden an. Am 23. Dezember 1940 beispielsweise fielen Bomben auf den Eisenbahnviadukt an der Josefstrasse. Eine Person kam dabei ums Leben. Etliche wurden verletzt. Daneben wurde die Zahnradfabrik Maag von über 50 Brandbomben getroffen. Sofort verbreiteten sich Gerüchte, wonach die Maag-Fabrik sensitives Rüstungsmaterial nach Deutschland lieferte und die für Italien wichtigen Kohlentransporte aus Deutschland über das Viadukt abgewickelt wurden. Es waren haltlose Verschwörungstheorien. Aufzeichnungen aus Londoner Archiven belegten später, dass es sich bei diesem Angriff um einen tragischen Irrtum handelte. In besagter Nacht wurden aus England 29 Wellington-Bomber losgeschickt, um die Motorenwerke in Mannheim zu bombardieren. Schlechtes Wetter zwang einen Teil der Flieger, Ausweichziele zu suchen. Zürich geriet versehentlich ins Fadenkreuz.

Hans Imholz bekam diese aufrührerischen Ereignisse nur am Rande mit. «Die Sirenen des Fliegeralarms gehörten in Zürich zum Kriegsalltag. Sobald ein Flugzeug die Grenze zu unserem Luftraum überschritt, heulten sie los. Die ersten paar Male flüchteten wir in die Keller. Als aber nichts geschah, hörten wir damit auf. So funktioniert der Mensch.»

Klein Hans erblickte am Freitag, den 3. November 1933, in Zürich das Licht der Welt – als erster Sohn des Bäckermeisters Hans Imholz und der Glarner Confiserie-Angestellten Bertha Imholz (geborene Heim). Das Ehepaar übernahm in der Zürcher Altstadt die Bäckerei Karli und bewohnte die drei Stockwerke des «Haus zum kleinen Mohren» am Neumarkt 22. Im zweiten Stock wohnten die Brüder Hans und Guido im einen Zimmer und die Eltern im anderen, im dritten Geschoss waren die Gesellen der Bäckerei untergebracht. Die Stube auf der ersten Etage wurde nur bei besonderen Gelegenheiten benutzt – wie etwa an Weihnachten, wenn traditionellerweise Kalbsbraten mit Bohnen serviert wurde – oder an Ostern, wenn mit dem Frühling das Leben in die Strassen zurückkehrte.

Der Neumarkt war ein beschaulicher und überschaubarer Winkel der wachsenden Grossstadt. Vier Jahre später machte die Geburt des zweiten Sohnes, Guido, das Familienglück perfekt. Hans Imholz erinnert sich mit einem guten Gefühl an seine Kindheit: «Obwohl die politische Lage sehr angespannt war, verbrachten wir eine unbeschwerte und schöne Zeit.» Die Schule besuchte er im nahen Hirschengraben: «Ich war vor allem in Mathematik sehr gut.» Ausserdem sei er der König im Glaskugelspiel gewesen – auf der Strasse vor dem Schulhaus: «Wer mit einer Lehmkugel die Glaskugel des Gegners dreimal traf, kassierte die Kugel. Bei mir im Zimmer stand eine grosse Kartonschachtel voller schöner farbiger Kugeln.»

Wer mit einer Lehmkugel die Glaskugel des Gegners dreimal traf, kassierte die Kugel. Bei mir im Zimmer stand eine grosse Kartonschachtel voller schöner farbiger Kugeln.

Das Leben in der Zürcher Altstadt besass in den 1930er-Jahren im wahrsten Sinne des Wortes Dorfcharakter. Die Nachbarn kannten sich und halfen sich im Bedarfsfall mit Rat, Tat und Lebensmitteln gegenseitig aus. Die

*Keiner zu klein, ein Bäcker zu sein. Hans
(rechts) und sein Bruder Guido Imholz in der
Zürcher Altstadt.*

*Gipfelstürmer: Die Eltern Bertha und Hans Imholz arbeiteten sich Schritt für
Schritt nach oben.*

Familie Imholz war mit ihrem Backwarenbetrieb ein wichtiges Element im Quartierleben: «Meine Eltern hatten das Angebot für die Übernahme des Betriebs unter einer Bedingung erhalten: Sie mussten heiraten», erinnert sich Hans Imholz mit einem sanften Lachen. Neben der Bäckerei säumten die Schreinerei von Dorli Schütz, ein Coiffeur, ein Glühbirnengeschäft und ein kleiner Lebensmittelladen die Gasse. Hausnummern gab es in der Altstadt keine. Und so tragen fast alle Häuser noch heute Namen: «Zum Dammhirschli», «Zum Zollhaus». An der Fassade des «Haus zum kleinen Mohren» ist über den Fenstern des ersten Stockwerks ein dunkelhäutiger Junge mit einer Brezel in der Hand abgebildet – und einem vollen Korb mit Gebäck. Unter anderem dieses Sujet (und der Name des Hauses) riefen zuletzt kritische Stimmen hervor. Das Haus stehe für rassistisches Gedankengut. Hans Imholz kann dies nicht verstehen. Er wandte sich in einem Brief an Stadtpräsidentin Corine Mauch und machte sich für den Erhalt des Namens als historisches Erbe der Stadt stark – und stellte klar: «Ich wuchs in diesem Haus auf – und fühlte mich nie als Rassist.»

Doch zurück in die 1930er-Jahre. «In unserer Strasse gab es praktisch alles, was man zum Leben brauchte», erinnert sich Hans Imholz, «und wer Brot brauchte, kaufte bei uns ein.» Ein «Schwarzes Pfünderli» kostete 31 Rappen, ein Kilo Weissbrot 60 Rappen. Daneben lagen Semmeli und Gipfeli in der säuberlich sortierten Auslage – sowie kleine Baguettes, die Vater Imholz in seinen Lehrjahren in Frankreich kennengelernt hatte und die bis heute im Sortiment einen wichtigen Platz haben. Beliebt waren auch die süssen Patisserie-Waren: «Sogenannte 20er-Stückli für zwanzig Rappen und einfachere Backwaren für zehn Rappen.» Der Verkauf fand nicht in einem Lokal statt, sondern über ein Ladenfenster, das die Mutter beim Klingeln eines Kunden jeweils unkompliziert öffnen konnte. Selbst wenn die Familie am Mittagstisch sass, kam es vor, dass die Mutter runtereilen musste, um einen Kundenwunsch zu erfüllen: «Sie arbeitete zwischen 6.30 Uhr morgens und 19 Uhr abends permanent. Ausserdem belieferte sie Restaurants und andere Konditoreien mit unseren Backwaren», erzählt Imholz nicht ohne Stolz, «und wenn der Ausläufer nicht verfügbar war, musste ich kurzfristig einspringen. Das war eine Qual. Denn es bedeutete: Schon um Viertel vor Sechs aus den Federn.» Zu einem der ersten Kunden wurde das renommierte Hotel Savoy am Paradeplatz. Trotzdem sei es für ihn nie in Frage gekommen, den Bäckerberuf zu erlernen: «Mein Vater stand täglich ab 3 Uhr morgens in der Backstube – obwohl er an Asthma litt. Er rackerte sich für die Familie ab. Eine solche Knochenarbeit wollte ich vermeiden.»

Doch es gab auch schöne Momente im Bäckerleben – beispielsweise das jährlich stattfindende Backstubenfest: «Bei dieser Gelegenheit luden wir alle Kunden und Nachbarn ein. Wir feierten in der Gasse vor dem Ladenfenster an langen Holztischen. Dieses Ereignis war für mich immer ein grosser Aufreger. Dann merkte man, wie wichtig unsere Bäckerei als Treff- und Integrationspunkt für das ganze Quartier war.» Finanziell warf der Betrieb genug ab, um der Familie ein sorgenfreies Leben zu ermöglichen: An einem normalen Wochentag betrugen die Einnahmen 100 Franken, am Samstag, wenn die Kundschaft fürs ganze Wochenende einkaufte, 200 Franken. Für Buchhaltung und Administration war Mutter Bertha verantwortlich: «Sie besass einen hervorragenden Geschäftssinn und schaute, dass die Ausgaben die Einnahmen nie überschritten.» Doch auch der Sohn war buchhalterisch gefordert: «Wenn meine Mutter keine Zeit hatte, machte ich die Abrechnung. Dabei galt ein einfaches Prinzip: In der Kasse musste so viel Geld sein, wie auf den Quittungen ausgewiesen wurde.» Als in den Kriegsjahren die Ressourcen knapp wurden, der Bundesrat zur «Anbauschlacht» ausrief und beispielsweise auf der Sechseläutenwiese Kartoffeln und anderes Gemüse angepflanzt wurden, brachen auch in der Bäckerei Imholz härtere Zeiten an. «Wir erhielten Lebensmittelmarken für den Erwerb von Mehl und Butter. Die klebten wir auf einen grossen Bogen und schickten sie ein.»

Doch auch während des Kriegs herrschte am Neumarkt emsiges Treiben. Hochkonjunktur hatten die Strassenhändler. So kam einmal pro Woche ein Bauer aus dem Glarnerland vorbei, der den Schabziger auf einem Holzgestell auf dem Rücken transportierte und seine Ware lautstark feilbot: «Glarner Ziger, Glarner Ziger», ruft Hans Imholz, als habe er den Ton noch genau in den Ohren. Das Eis für die Kühlschränke wurde – ebenfalls einmal pro Woche – von einem zweispännigen Pferdefuhrwerk geliefert, «jeweils in Blöcken von 50 Kilogramm, die wir dann zerstückelten und in die linke Seite des Schrankes füllten. In der rechten lagerten wir die Lebensmittel». Und regelmässig schaute ein Glaser vorbei, der defekte Fensterscheiben ersetzte. Imholz erinnert sich an das Leben in seiner Strasse, als sei es gestern gewesen: «Der Coiffeur stand in den Pausen jeweils vor seinem Geschäft und rauchte. Wenn ich ihm zu nahe kam, fuchtelte er mit der Pfeife in mein Gesicht. Deshalb machte ich jeweils einen grossen Bogen um ihn. Auf der anderen Seite der Gasse wohnte eine alleinerziehende Mutter, die ihren Sohn aus dem Fenster lehnend jeweils mit grosser Stimmgewalt zum Essen ins Haus rief: ‹Rolfi, Rolfi›. Und Autos gab es praktisch keine. Von unseren Nachbarn besass nur der Glühbirnenhändler einen Wagen – einen Peugeot.»

Im Haus mit der Nummer 5, wo heute das Theater Neumarkt die Besucher empfängt, markierte das Restaurant Eintracht einen der wichtigsten Treffpunkte der Zürcher Sozialdemokraten und Gewerkschafter. Grundsätzlich war das politische Geschehen für den jungen Hans Imholz aber «weit weit weg». Der wichtigste Kanal zur Aussenwelt war ein schwarzes Drehscheibentelefon, das an der Wand des engen Ganges hinter dem Ladenlokal befestigt war. Wer hätte damals gedacht, dass ein solcher Apparat drei Jahrzehnte später zu einem der wichtigsten Erkennungsmerkmale der bahnbrechenden Geschäftsidee von Hans Imholz werden sollte?

Am Radio mit stoffbespannten Lautsprechern lauschte die Familie zwar den politischen Brandreden von Adolf Hitler mit einem gespannten Grauen, aber persönlich war sie vom Krieg kaum tangiert. Aufgrund seines Asthmaleidens musste der Vater nicht ins Militär einrücken: «Er wurde zum Blockchef im Quartier ernannt, der bei der Bekämpfung von Bränden oder bei Bombenabwürfen für die Frauen und die nicht dienstpflichtigen Männer verantwortlich gewesen wäre.»

Mit seinen Eltern verbindet Hans Imholz noch heute sehr respektvolle und schöne Erinnerungen: «Sie waren meine grossen Vorbilder – von A bis Z. Mein Vater schuftete, so viel er konnte. Und meine Mutter war eine hervorragende Verkäuferin. Egal, wo wir waren, sie liess immer ihr Kärtchen zurück – mit dem Verweis, dass es die besten Backwaren am Neumarkt 22 zu kaufen gibt. Von ihr habe ich wohl meinen Geschäftssinn geerbt.» Und auch Bertha Imholz war sehr stolz auf ihre Kinder. Wenn sie später nach ihnen gefragt wurde, sagte sie jeweils: «Ich habe zwei wohlgeratene Söhne – der eine hat den Doktortitel gemacht, der andere besitzt ein grosses Reisebüro.»

Sie waren meine grossen Vorbilder – von A bis Z. Mein Vater schuftete, so viel er konnte. Und meine Mutter war eine hervorragende Verkäuferin.

Die Macht der Bildung: Seit 1893 gehen am Hirschengraben Zürcher Kinder zur Schule.
Hans Imholz war von der Architektur des Hauses beschränkt begeistert.

3 | «ES WAR EIN GRÄSSLICHES GEBÄUDE»

Hans Imholz war ein stolzer Primarschüler. Doch mit dem Schulhaus Hirschengraben konnte er sich nie anfreunden.

»*Mens sana in corpore sano.*» Als Hans Imholz 1939 in die Primarschule eintrat, stand Bildung noch in enger Verbindung mit Ertüchtigung und Einschüchterung. Allein die Architektur des Schulhauses am Hirschengraben verströmte wenig Einladendes: «Es war nicht Liebe auf den ersten Blick», erinnert sich Imholz. Die beiden Steinbrunnen in der düsteren Eingangshalle, die kargen Granittreppen, die kleinen Fenster, die eher an Schiessscharten als an Lichtquellen erinnerten, die mit Säulen gesäumten schier endlos langen Gänge wirkten wie ein imaginärer Mahnfinger, der die Schüler permanent zu Zucht und Ordnung aufrief. Doch von aussen wirkte das vom Zürcher Architekten Alexander Koch entworfene Gebäude schon fast majestätisch. Der Tages-Anzeiger schrieb 2009: «Die Schulhäuser sind die heimlichen Paläste Zürichs» und bezeichnete das Schulhaus Hirschengraben als «englisches Backsteinschloss».

Und im Innern wurde die hohe Bildung quasi vom Objekt selber vermittelt. Die 1894 fertiggestellte Aula mit ihrem fast schon erdrückend schweren Deckengewölbe sah aus wie ein umgestülpter Schiffsbauch. Wer nach oben schaute, fühlte sich ganz klein – und sah eine Art Arche Noah der Tier- und Völkerkunde: geschnitzt und bunt bemalt. Zur Eröffnung des Schulhauses schrieb die Neue Zürcher Zeitung 1893: «Zürich wird ein solches Schulhaus fürderhin nicht mehr bekommen.» Es sei wie ein Wahrzeichen aus dem alten Zürich. Vom Feinsten waren insbesondere die 36 Toiletten, die Abtritte genannt wurden, obwohl es sich um das «Water Closets System Robert Adams, London» handelte. Zum Sitzen diente Mahagoni-Holz. Für Aufsehen sorgten auch die zwölf Badewannen, die die Mädchen jede zweite Woche benutzen durften – oder mussten. Von den Knaben wurde erwartet, dass sie sich zuhause wuschen.

Wenig romantisch beurteilte Hans Imholz die Ausstrahlung des Bildungs-instituts in der Retrospektive: «Es war ein grässliches Gebäude.» Immer-hin: Mit den Kastanienbäumen an der Strasse liess sich Geld verdienen. Imholz gehörte zu den eifrigen Sammlern der kleinen Früchte, die er als Tierfutter weiterverkaufte. Aus heutiger Optik mutet das Preis-Leistungs-Verhältnis eher bescheiden an: Für einen 50-Kilogramm-Sack gab es 2 Franken. «Aber für mich war das damals viel Geld», sagt Imholz.

Dennoch freundete sich der junge Mann schnell mit dem Bildungswesen an: «Ich war sehr stolz, als ich mit meinem Thek zum ersten Mal in die Schule durfte. Mit dem Unterricht hatte ich eigentlich nie Probleme.» Die Lehrer Kübler und Klauser waren streng, aber fair: «Prügelstrafen gab es keine. Wer aber im Unterricht schwatzte, musste vor die Tür und im Gang stehen.» Dies sei bei ihm das eine oder andere Mal vorgekommen, gibt Imholz mit rund 80 Jahren Abstand zu. Der Unterricht bestand aus Lesen, Schreiben, Rechnen, Singen und Erdkunde. Und Turnen. In den grossen, der Eingangs-halle angegliederten Hallen versammelten sich die Klassen einmal pro Wo-che zum Sportunterricht. Damals galt die Lehre von Turnvater Jan als Non-plusultra der Leibesertüchtigung: «frisch, fromm, fröhlich, frei». Der Sportunterricht hatte einen höheren Nutzen. Er diente auch als Vorbereitung auf die militärische Ausbildung.

Den kurzen Schulweg bewältigte Hans Imholz immer zu Fuss – und meis-tens mit seinem Kollegen Teofil, der an der Predigergasse wohnte. Doch Teofil war kein gutes Vorbild. Imholz erinnert sich: «Er rauchte – und das schon in ungewöhnlich jungen Jahren. Ich sehe ihn noch heute vor mir, wie er sich in der Predigergasse in eine Ecke verdrückte und sich eine Ziga-rette anzündete.» Selber war Imholz weit davon entfernt, diesem Laster zu verfallen: «Ich habe in meinem Leben exakt eine Zigarette geraucht. Das hat mir gereicht.»

Zum Mittagessen versammelte sich die Familie jeweils am grossen Ess-tisch: «Es gab oft Suppen und manchmal Fleisch», erinnert sich Hans Im-holz. «Am Abend wurde dann etwas aufgewärmt.» Doch gelegentlich traf den Bäckersohn auch die kulinarische Höchststrafe: «Wenn meine Mutter ‹Voriges› ankündigte, war es mit der Lust aufs Essen vorbei.» Für alle Nichtzürcher: «Voriges» bedeutet Übriggebliebenes aus der Bäckerei - Pa-tisserie, die am nächsten Tag nicht mehr zu verkaufen war. Also kamen die Cremeschnitten, Vanillecornets und Mohrenköpfe auf den Abendtisch.

Pädagoge mit strengem Blick: Johann Heinrich Pestalozzi.

«Das war furchtbar», erzählt Hans Imholz mit einem wohligen Schaudern. Umso besser war die Verpflegung am Wochenende. Dann tafelte die Familie jeweils bei Kunden – und verband das Angenehme mit dem Nützlichen, beispielsweise im Restaurant Feldschlösschen an der Bahnhofstrasse, in der Gaststube des Frauenvereins am Limmatquai oder später auch in den Speisesälen der Nobelhotels Baur au Lac am Bürkliplatz oder Savoy am Paradeplatz.

Ferien waren für den späteren Ferienpionier kein grosses Thema. Im Winter führte die Mutter ihren Nachwuchs jeweils für eine Woche nach Lenzerheide: «Mit dem Zug nach Chur – und dann mit dem Postauto weiter. Wir wohnten jeweils in der günstigen Pension Val Sporz.» Die Ferien seien einer der Höhepunkte des Jahres gewesen: «So habe ich Skifahren gelernt. Das war auch später eines meiner grossen Hobbys.» Das Ausland lag für Imholz damals in unerreichbarer Ferne. Auch seine Eltern waren nie gereist – mit einer Ausnahme: «Einmal gönnten sie sich eine Gruppenreise mit Kuoni an die französische Riviera. Von dieser Reise hat meine Mutter ständig erzählt – von den Stränden von Nizza und Cannes, vom Schloss in Avignon. Wir hörten diese Geschichte so oft, dass ich am Schluss fast das Gefühl hatte, selber dort gewesen zu sein.»

Doch nicht nur die Fantasie zeichnete den jungen Imholz aus – in gewissen Lebensbereichen erwies er sich als zielstrebiger Autodidakt. Wenn er mit seinen Eltern jeweils im familieneigenen Peugeot durch die Stadt fuhr, schaute er dem Vater ganz genau über die Schultern: «Ich beobachtete ihn, wie er schaltete und Gas gab – und war mir sicher, dass ich es viel besser konnte. Das Schalten hatte mein Vater überhaupt nicht im Griff. Ging es bergauf, fuhr er immer zu niedertourig.» Als Hans Imholz 16 war, konnte er beweisen, dass er das bessere Fahrgefühl besass. Seine Mutter war von einer Biene gestochen worden – und zeigte heftige allergische Reaktionen: «Ihr Hals wurde immer dicker. Da wusste ich: Wir müssen sofort ins Spital.» Weil der Weg in das Kantonsspital an der Rämistrasse aber zu steil und weit war, nahm der Schüler seine Mutter resolut bei der Hand und setzte sich ans Steuer des Peugeot: «Zehn Minuten später waren wir in der Notfallaufnahme – und meiner Mutter wurde geholfen.» Für Imholz sollte diese Geschichte durchaus wegweisende Bedeutung haben: Jedes Mal, wenn Hans Imholz zum Handeln gezwungen war, nahm er die Verantwortung an und stellte sich der Herausforderung. Bürokratische Sachzwänge hielten ihn auch im Berufsleben nicht vom Handeln ab.

Zehn Minuten später waren wir in der Notfallaufnahme – und meiner Mutter wurde geholfen.

Doch zurück in die Kindheit; beziehungsweise in die Schule. Auch die Sekundarstufe absolvierte Hans Imholz im Hirschengraben – und bestach weiterhin durch überdurchschnittlich gute Leistungen. So rieten ihm die Lehrer nach Beendigung der obligatorischen Schulzeit zum Übertritt ins Gymnasium – genauer in die Oberrealschule an der Kantonsschulstrasse. Es war ein Institut, das damals auf die Berufe des Architekten oder Ingenieurs vorbereitete. Für Hans Imholz, der sich durch die Arbeit in der Bäckerei und den Kontakt mit Kunden eher dem Handelsgewerbe zugewandt fühlte, war dies kaum der richtige Ort. In den ersten Jahren stimmten die Leistungen noch. Doch je näher die Maturaprüfung kam, desto lustloser wirkte der Schüler: «Ich habe allmählich das Interesse verloren – immer weniger gelernt und fast keine Hausaufgaben mehr gemacht. Wenn mich etwas nicht interessiert, fällt es mir schwer, dafür Zeit und Energie zu investieren», erzählt Imholz. Im Unterricht blieb diese Entwicklung nicht verborgen. Als Schüler Hans vom Französischlehrer an die grosse Schiefertafel gerufen wurde, aber die richtige Antwort nicht fand, bekam er zu hören: «Imholz, Sie sind ein Banause.» Wobei der Professor mit der deutschen Grammatik offenbar auf Kriegsfuss stand. Mildernde Umstände machte dagegen der Physiklehrer in einer ähnlichen Situation geltend. Wieder stand Imholz vor der ganzen Klasse an der Tafel, wieder suchte er erfolglos nach der richtigen Antwort. Worauf der Lehrer sagte: «Imholz, Sie sind halt ein Krämer.» Der Lehrer hatte den Schüler wiederholt am Verkaufsfenster der Bäckerei gesehen. Als Kompliment war der Vergleich aber nicht zu werten. «Vermutlich war ein Krämer in den Augen eines Mittelschullehrers das niedrigste, was er sich vorstellen konnte», sagt Hans Imholz. Heute kann er über diese Episoden schmunzeln; damals markierten sie aber das Ende seiner gymnasialen Zeit. Weil er ein Jahr vor der Maturprüfung die Klasse hätte wiederholen müssen, entschied er sich zum Schulwechsel: «Ich realisierte, dass ich ein Kaufmann war – wie es der Physiklehrer richtig erkannt hatte.»

Imholz schrieb sich in der privaten Handelsschule Dr. Gademann ein. Dort war kein Präsenzunterricht gefragt. Die Schüler holten den Lernstoff in der Schule ab und konnten frei wählen, wo und wann sie lernen wollten. Es war das perfekte Modell für Hans Imholz: «Ich war sehr motiviert – und wollte meinen Eltern zeigen, dass ich etwas kann. Nach zwei Jahren hatte ich das Handelsdiplom in der Tasche und konnte den Schritt ins Berufsleben wagen.» Was damals weder der Französischlehrer aus dem Hirschengraben noch sonst jemand wusste: Es sollte der Anfang einer der grössten Schweizer Erfolgsgeschichten des 20. Jahrhunderts sein.

Adrett und nett: Guido und Hans Imholz als aufstrebende Jünglinge.

4 | «ICH HABE HANS IMMER BEWUNDERT»

Zwei Brüder, eine Familie. Guido Imholz wählte den akademischen Weg und doktorierte in Wirtschaftswissenschaften. Und er beweist mit seinem Sohn Michael auch heute noch, dass im Hause Imholz die feinsten Brötchen gebacken werden.

Wird Guido Imholz nach dem Erfolgsgeheimnis seines Bruders gefragt, muss er nicht lange überlegen: «Hans hat das Verkaufstalent und die Arbeitsmoral von unseren Eltern geerbt. An ihrem Beispiel hat er gesehen, dass mit seriöser Arbeit vieles möglich ist. Dies war wohl die Grundlage seines Erfolgs als Reiseunternehmer.» Gleichzeitig habe er aber schnell erkannt, dass der harte Bäckerberuf nichts für ihn ist: «Hans wollte seine eigenen Träume verwirklichen. Und das ist ihm mit seinen Innovationen perfekt gelungen.»

In der Stimme des vier Jahre jüngeren Bruders schwingen Anerkennung und Respekt mit: «Ich habe Hans immer bewundert. Ich konnte viel von ihm lernen. Als ich im Schulhaus Hirschengraben in die erste Klasse kam, kannte ich den ganzen Stoff bereits und war meinen Mitschülern voraus.» Der schulische Bonus sollte von grosser Nachhaltigkeit sein. Guido Imholz schlug – auch auf dringenden Rat seiner Lehrer hin – eine akademische Karriere ein und erlangte an der Universität Zürich den Doktortitel in Wirtschaftswissenschaften. Später machte er in der Privatwirtschaft Karriere, sass unter anderem während acht Jahren in der Konzernleitung der Acifer AG in Basel, des grössten Eisenwarenbetriebs der Schweiz mit zwölf Standorten im ganzen Land. Zu den grössten Aufträgen des Unternehmens zählten das Lehnenviadukt der Autobahn A2 in der Innerschweiz sowie der Kühlturm des Atomkraftwerks Gösgen. Als langjähriger Präsident des technischen Handelsverbandes spielte Guido Imholz auch eine nicht zu unterschätzende politische Rolle.

Daneben führte er aber auch die familieneigene Bäckerei ins nächste Jahrhundert, verwaltete das berufliche Erbe seiner Eltern und dehnte das Wirkungsfeld der Grossbäckerei in die Westschweiz aus. Selber habe er aber nie gebacken – er liess backen, sagt er lachend. Gleichzeitig erzählt er

Bertha und Hans Imholz senior auf Besuch beim Sohn in St. Moritz.

Ambitionierter Sportler in der Lenzerheide 1956:
Hans Imholz liebt das Skifahren in allen Variationen.

mit Begeisterung, dass Vater Hans Imholz senior dank seinen Lehr- und Wanderjahren in Le Touquet-Paris-Plage mit seinen französischen Spezialitäten in der 1932 eröffneten Bäckerei am Neumarkt Geschmack und Nerv der Zürcher perfekt getroffen habe. Die Qualität der Imholz-Brötchen, «Chocos» und Pariser Baguettes sprach sich auch bei den feinen Adressen schnell herum – zu den ersten Kunden gehörte das Hotel Savoy am Paradeplatz. «Im Gegensatz zur Konkurrenz, die immer grössere und schwere Gebäcke und Croissants produzierte, kaufte mein Vater eine neuartige Teigteilmaschine und konzentrierte sich auf 12 bis 17 Gramm leichte Brötchen und Gipfeli», erinnert sich Guido Imholz. Es war die perfekte Wahl. Die Kundschaft wuchs und wuchs. So waren Backstube und Verkaufslokal in der Zürcher Altstadt bald zu klein. 1952 konnte der Betrieb in eine deutlich grössere Backstube an der Zelgstrasse in Wiedikon umziehen. Diese Adressänderung war mit einem Strategiewechsel verbunden: «Wir verzichteten auf den Direktverkauf über die Ladentheke und konzentrierten uns ganz aufs Liefergeschäft», erzählt Guido Imholz. Es war die goldrichtige Entscheidung. Zu jener Zeit belieferte die Bäckerei Imholz alle Zürcher Fünf-Sterne-Hotels.

Die Qualität der Imholz-Brötchen, «Chocos» und Pariser Baguettes sprach sich auch bei den feinen Adressen schnell herum – zu den ersten Kunden gehörte das Hotel Savoy am Paradeplatz.

In diesem Geschäftsmodell sieht Guido Imholz gewisse Ähnlichkeiten zum Reisebüro seines Bruders: «Hans hat wohl auch durch unseren Bäckereibetrieb erkannt, dass man ohne Filialen und Ladenlokale Miet- und Personalkosten sparen kann. Die Parallelen sind wohl kein Zufall.» Gleichzeitig betont er aber auch: «Wir führten unsere Geschäfte immer unabhängig voneinander. Jeder ging seinen eigenen Weg. So kamen wir uns nie in die Quere.» Guido selber übernahm 1976 von seinen Eltern die operative Leitung des Unternehmens und trieb die Modernisierung weiter voran. 1991 erhielt die Bäckerei Imholz als erster handwerklicher Bäckereibetrieb der Schweiz das ISO-9001-Qualitätszertifikat. Die unter Guido Imholz eingeführten Mini-Gipfeli und Mini-Brötchen sorgten landesweit für Furore. Noch heute führt die für ihre Delikatessen bekannte Lebensmittelabteilung des Warenhauses Globus diese Produkte im Sortiment.

Die Zusammenarbeit mit Globus führte zu einer spektakulären Entwicklung. Seit 2019 betreibt Imholz die Globus-Hausbäckerei an der Zürcher Bahnhofstrasse am Bellevue und im Glattzentrum. Diese Diversifizierung war gerade in der Corona-Krise von existenzieller Bedeutung. Guido Imholz erklärt: «Die Stadthotellerie lag am Boden; die Bestellungen brachen ein. Dank unserem zweiten Standbein, konnten wir die Verluste aber abfedern.»

Geführt wird das Familienunternehmen mittlerweile in der dritten Generation von Michael Imholz, dem Sohn von Guido. Ähnlich wie sein Vater legte Michael eine beeindruckende akademische Laufbahn hin, studierte an der HSG in St. Gallen Wirtschaft und in Boston Consulting, kehrte aber wieder in den Schoss des Familienbetriebs zurück. Und er erkannte das gewandelte Konsumverhalten und das Potenzial von glutenfreien Backwaren. «Das Bedürfnis unserer Kunden hat uns dazu bewegt, immer mehr in diesen Bereich zu investieren.» Im zürcherischen Weiningen wurde 2014 eine weitere Backstube bezogen – und 2015 mit der Eröffnung der glutenfreien Backstube in Wiedikon das Label «Imholz Glutenfrei» etabliert.

Die Stadthotellerie lag am Boden; die Bestellungen brachen ein. Dank unserem zweiten Standbein, konnten wir die Verluste aber abfedern.

Der Erfolg führte zu einem weiteren Ortswechsel. Im Herbst 2020 zog das Traditionsunternehmen mit der gesamten Produktion ins Gewerbezentrum in Adliswil, wo neben den grösseren Räumlichkeiten die Nähe zum Bahnhof den Betrieb in logistischer Hinsicht optimierte. Heute beliefert die Bäckerei Imholz nach wie vor alle wichtigen Zürcher Hotels mit Brot und Backwaren: «Das sind täglich rund 1000 Grossbrote und 10000 Kleinbrote in über 70 Sorten – backfrisch», erklärt Michael Imholz – und fügt eine beeindruckende historische Dimension hinzu: «Seit 1932 backen wir jeden Tag – ohne Unterbruch.» Es gebe Kunden, die ihnen seit den Anfängen die Treue halten – und gerade die Beziehung zu den Hotels beruhe auf dieser Wertbeständigkeit und Zuverlässigkeit. 40 Mitarbeiter beschäftigt die Bäckerei Imholz heute; und an arbeitsintensiven Tagen steht sogar der Chef Michal Imholz persönlich in den Globus-Verkaufsstellen hinter den Tresen: «Egal, ob Reisebüro oder Bäckerei – die Kundennähe ist wichtig.»

Hans Imholz freut sich, wenn er auf den fortwährenden Erfolg des Familienunternehmens angesprochen wird. Zu seinem Bruder unterhält er weiterhin einen guten Kontakt. Ein Konkurrenzgedanke – wie dies bei Geschwistern nicht selten der Fall ist – habe es zwischen ihm und Guido nie gegeben. Zu unterschiedliche Wege hätten sie eingeschlagen: «Ich habe immer gekrampft. Guido hat alles mit links gemacht und auch die süssen Seiten des Lebens genossen.» Hans und Gudio Imholz – zwei Brüder, zwei Lebensgeschichten. Etwas verbindet die beiden aber eindeutig: Beide hatten und haben auf ihre Weise grossen Erfolg. Und beide backen geschäftlich bei weitem nicht nur kleine Brötchen.

Stolzer Bäckermeister: Guido Imholz etablierte mit seinem Betrieb eine der grössten Bäckereien der Schweiz – an der Zelgstrasse anlässlich des 75-Jahr-Jubiläums.

Die Liebe des Lebens. Doris Imholz ist die starke Frau an der Seite des erfolgreichen Unternehmers.

5 | DAS GRÖSSTE GLÜCK VON HANS

Diskret, bescheiden, stilvoll – und trotzdem resolut und sehr wachsam. Doris Imholz ist die Liebe des Lebens von Hans Imholz – und die Frau, die seinen nachhaltigen beruflichen Erfolg ermöglichte.

Anfänglich ärgerte sich Erich Schärer über die Neuigkeit, die ihm sein Kollege Hans Imholz Mitte 1977 per Telefon mitteilte: «Du, es hat mir den Ärmel reingezogen. Aus unserem gemeinsamen Ausflug wird nichts.» Dabei hatten sich Bobchampion Schärer und Imholz für eine Vergnügungsreise ins Engadin verabredet, um (gemäss Schärer) die Korken knallen und Puppen tanzen zu lassen. «Wir waren beide Single und hatten Lust aufs Leben», erzählt Schärer mit einem schelmischen Lächeln. Doch Amor machte dem Vorhaben einen Strich durch die Rechnung. Es war an einer Ausstellung des bekannten Zürcher Skulpturenplastikers Silvio Mattioli, als das Schicksal Hans Imholz und seine spätere Ehefrau Doris zusammenbrachte. Wobei das Schicksal den Namen Ruth trug – Ruth Mattioli, die Frau des grossen Künstlers.

Doris Imholz erinnert sich: «Ruth sagte mir, dass sie mich unbedingt mit einem interessanten Mann bekannt machen müsse. Der sei ein guter Match.» Der «gute Match» hiess Hans Imholz – und der Funke sprang sofort rüber: «Hans war mir sofort sympathisch. Aber wer er war, wusste ich nicht.»

«Hinter jedem grossen Mann steht immer eine liebende Frau, und es ist viel Wahrheit in dem Ausspruch, dass ein Mann nicht grösser sein kann als die Frau, die er liebt, ihn sein lässt.» Dieses Zitat stammt vom Jahrhundertmaler Pablo Picasso. Und es trifft perfekt auf Doris und Hans Imholz zu. Denn es brauchte eine Ehefrau, die mit Geduld und Verständnis jeden Abend auf ihren Mann wartete, den Arbeitseifer ihres Gatten akzeptierte und ihre eigenen Interessen zurückstellte, um den Erfolg des Unternehmens langfristig zu ermöglichen. «Wenn man zuhause mit der Arbeit auf kein Ver-

Hans war mir sofort sympathisch. Aber wer er war, wusste ich nicht.

ständnis stösst und Energie in Streitereien und Konflikten verschwendet, wird es schwierig, im Geschäft die Topleistung zu bringen», beschreibt es Hans Imholz und greift liebevoll nach der Hand seiner Gattin.

Die Hochzeit des Paares am 22. Juni 1979 war in der Schweizer Reisebranche ein grosses Thema. Die Schweizer Illustrierte schrieb schon in der Ausgabe davor unter der Rubrik «Besondere Meldungen über besondere Leute»: «Reisebüro-Boss Hans Imholz heiratet am nächsten Freitag in Regensberg eine Tourismus-Fachfrau. Nur: Doris ist in einem Konkurrenzunternehmen tätig. Doch kennengelernt hatten sich die beiden ausser Konkurrenz: nämlich privat beim Künstlerehepaar Silvio und Ruth Mattioli, die nun als Trauzeugen amtieren. Der Honey-Moon-Trip hingegen verläuft ganz nach (Imholz-)Programm. Einen Monat nach der Zeremonie in Weiss begibt sich das Paar auf eine Alaska-Kanada-Kalifornien-Rundreise (Imholz-Prospekt Seite 122, Preis ab 4800 Franken pro Person). Auch das Hochzeitskleid Marke Sandra Rose hat etwas mit dem Reise-Riesen zu tun: Das Brautpaar entdeckte es bei einem Imholz-Städteflug nach London.»

Das Flair fürs Reisen sowie für fremde Sprachen und Kulturen hatte Doris Imholz schon seit ihrer Jugend im Blut. Nach ihrem Handelsschulabschluss zog es sie nach Vevey – in die Zentrale von Nestlé, wo sie erste Berufserfahrungen sammelte und quasi im eigenen Land die grosse weite Welt kennenlernte: «Hier kamen Menschen von fast allen Kontinenten zusammen. Es wurde neben Französisch und Deutsch auch Englisch und Spanisch gesprochen. Nestlé war für mich wie ein grosses Ausbildungszentrum.» Und die Verpflegung war erschwinglich: «Das Mittagessen in der Betriebskantine mit Blick auf den Genfersee und die französischen Alpen kostete zwei Franken», erinnert sich Doris Imholz lächelnd. Sie schwärmt vom Zusammenhalt in der Firma und den Skiausflügen mit den Betriebskolleginnen am Wochenende: «Diese gemeinsamen Erlebnisse haben uns richtig zusammengeschweisst.» In London perfektionierte sie später ihr Englisch: «Das war eine wichtige Voraussetzung für meinen weiteren Werdegang.» Dieser führte sie zum Reisebüro Kuoni an die Zürcher Schützengasse. Die jugendliche Mitarbeiterin war für den Verkauf von Reisen in den Fernen Osten zuständig. Mit einer von Kuoni gecharterten Balair DC 8 gab es wöchentlich Flüge nach Bangkok und Hongkong. Von dort konnten Anschlussprogramme nach Japan und Indonesien gebucht wer-

«Ja» – Doris und Hans Imholz heiraten am 22. Juni 1979 im zürcherischen Regensberg.

Jubiläum: Doris und Hans Imholz an der Feier des 50. Geburtstags von Imholz Reisen 2011 im Zürcher Kongresshaus.

Das Ehepaar Imholz während einer Rajasthan-Rundreise vor dem Taj Mahal 2013 ...

... und bei einer Veranstaltung der World Scout Foundation in Bangkok 2010.

Weitsichtig: Hans Imholz auf Fotosafari im Grand Canyon im Juni 1977.

Doris und Hans Imholz auf einer USA-Reise in Arizona in den 1990er-Jahr: «Amerika ist eine unserer Lieblingsdestinationen.»

den. Die Kuoni-Strategie war quasi konträr zu derjenigen von Imholz: Die Reisen wurden in der Zentrale von eigenen Filialen oder durch andere Reisebüros gebucht – nachdem sich der Kunde für eine Reise entschieden hatte.

Doris Imholz erinnert sich: «Die Destinationen kannten wir anfänglich nicht. Deshalb offerierte Kuoni grosszügige Studienreisen, um Land, Leute, Kultur und Hotels kennenzulernen.» Diese «Weiberbildungsreisen» seien äusserst beliebt gewesen – und ein Ansporn, um Verantwortung zu übernehmen. Dabei sei noch vieles «Handarbeit» gewesen: «Die Reservationen wurden von Hand auf grossen Buchungsbögen eingetragen. Rechnungen mussten geschrieben und versandt – und die Hotels persönlich mit Zimmerlisten informiert werden. Das Kuoni-Personal hatte die örtlichen Reiseleiter zu instruieren und die Organisation von Bustransfers sowie von im Voraus gebuchten Ausflügen zu gewährleisten. Doris Imholz erinnert sich an amüsante Details: «Die Bord-Finken wurden exakt abgezählt, in einer grossen Kartonschachtel bereitgestellt und den Reiseteilnehmern vor dem Abflug der Chartermaschine ausgehändigt, Stück für Stück.»

Hans war ja meistens in der Zentrale in Wiedikon. Gereist sind neben den Kunden vor allem seine Angestellten.

Doris Imholz war Feuer und Flamme für ihre Arbeit: «Damals hatten wir die Möglichkeit, uns als Kuoni-Mitarbeiter auf die Warteliste der Ferienflieger einzutragen und spontan mitzureisen, wenn es freie Plätze gab. Und ich habe fast jede Chance genutzt.» Gut erinnert sie sich an eine Reise via Amsterdam nach Mexico City: «Von dort sind wir nach Acapulco weitergereist und haben mit dem berühmten Schweizer Jazzmusiker Teddy Stauffer Austern gegessen.» Besonders fasziniert aber war sie vom Fernen Osten: «Indonesien mit dem Besuch von Prambanan und Borobudur und anschliessenden Aufenthalten auf der Götterinsel Bali gehörten zu meinen persönlichen Highlights.» Das Reisen sei damals einfacher und unkomplizierter gewesen, weil die grossen Reisegruppen noch nicht unterwegs waren und die Hotels weniger luxuriös und nicht so zahlreich gewesen seien, erinnert sich Doris Imholz. Auch heute ist sie von Asien unverändert begeistert. Mit ihrem Ehemann reiste sie

Doris und Hans Imholz im volkstümlichen Gewand anlässlich der 700-Jahr-Feier am
Vierwaldstättersee 1991.

Variabel: An der 50-Jahr-Feier 2011 ...

... und auf einer Bootsfahrt bei Capri 2006.

kürzlich nach Kambodscha, besuchte dort die Tempelanlagen von Angkor
Wat – und liess sich von Indien verzaubern: «Auf einer Rajasthan-Rund-
reise sahen wir unter anderem den Taj Mahal – und übernachteten in den
Hotels der Maharadschas.»

Es waren exakt jene frühen Reiseerfah-
rungen, die ihr halfen, ihrem späteren
Ehemann mit Selbstvertrauen und
Überzeugungskraft entgegenzutreten:

*Als mich Doris das erste
Mal in die Tonhalle mitnahm,
bin ich eingeschlafen.*

«Als ich mit Hans zusammenkam, hatte ich schon viele Länder auf verschiedenen Kontinenten besucht. Er musste mir die Welt nicht mehr zeigen.»

Hätte er vielleicht auch nicht gekonnt. Denn trotz seiner Tätigkeit als Chef
eines berühmten Reisebüros kannte Hans Imholz die meisten seiner Destinationen nur vom Hörensagen: «Hans war ja meistens in der Zentrale in
Wiedikon. Gereist sind neben den Kunden vor allem seine Angestellten.»
Doris Imholz beschloss, dies zu ändern. Kurz nach der Hochzeit trat sie ins
Unternehmen ihres Mannes ein als Direktionsassistentin mit Büro im
vierten Stock der Zentrale – und als Ratgeberin ihres Mannes mit dem Vorschlag, das eigene Geschäftsfeld doch einmal aus der Warte des Kunden zu
betrachten. So begann das Ehepaar, «die gesamten Prospekte abzureisen»,
wie es Doris Imholz lächelnd beschreibt. «Es macht doch keinen Sinn, wenn
der Chef die schönsten Seiten seines Unternehmens nicht selber erleben
darf.» So reisten die beiden durch ganz Europa, aber auch nach Südafrika,
nach Mauritius, nach Hawaii und immer wieder auf den amerikanischen
Kontinent. Sie hätten dies aber immer unangemeldet getan, damit auch
eine authentische Kontrolle der Hotels und Ausflugsangebote möglich gewesen war. Mit Vergnügen erinnern sie sich beispielsweise an eine Reise
in den Westen der USA, als sie mit einem Flugzeug durch den Grand Canyon geflogen waren und nach der Landung am Lake Powell prompt auf eine
Imholz-Reisegruppe stiessen. Der Reiseleiter hatte keine Ahnung, wer vor
ihm stand – und sprach am Abend an der Hotelbar dem Alkohol ziemlich
hemmungslos zu. Hans Imholz runzelt über das Verhalten seines Ange-

stellten noch heute die Stirn. Damals sorgte er aber persönlich dafür, dass der Schluckspecht am folgenden Morgen rechtzeitig seiner Aufgabe nachging. «Ich glaube, er hat die Lektion verstanden.»

Erzählt Hans Imholz diese Geschichten, sitzt seine Ehefrau neben ihm und hört geduldig zu. Es ist das blinde Verständnis, das die beiden verbindet und zu einem perfekt eingespielten Paar macht. Doris realisiert sofort, was ihr Mann sagen will – selbst wenn er schweigt. Sie hilft ihm auf die Sprünge, wenn ihm eine Geschichte entfallen ist. Sie weiss genau, in welcher Schublade welches Dokument liegt.

Sie war es auch, die ihm den Zugang zur Welt der hohen Künste öffnete. Hans Imholz lacht, wenn er darauf angesprochen wird: «Als mich Doris das erste Mal in die Tonhalle mitnahm, bin ich eingeschlafen.» Mittlerweile hat sich dies geändert. Längst ist Hans Imholz zu einem fachkundigen Zuhörer geworden – und zu einem der generösesten Unterstützer der Tonhalle. Auch im Bereich der bildenden Kunst hat er sich als Sammler und Spender einen Namen gemacht – wobei für die Auswahl der Kunstgegenstände seine Frau zuständig ist: «Sie hat den perfekten Geschmack für schöne Dinge», sagt Hans Imholz.

Auch im Sport führte Doris ihren Mann in neue Sphären. War sie im Joggen und im Skilanglauf seine treue Begleiterin und absolvierte in seinem Windschatten mehrere Male den Engadin Skimarathon, motivierte sie ihn, den Golfschläger zu schwingen. Doch damals hatte Hans Imholz fast nur die Arbeit im Kopf: «Er entschied sich für den Golfclub Schönenberg, weil dieser am nächsten bei seinem Büro lag.» So blieben die golfsportlichen Meriten von Hans Imholz eher bescheiden. Mit einem Handicap von 28 schaffte er es im Prominenten-Ranking nur unter «ferner liefen» – knapp hinter Alain Delon (27), aber immerhin vor Prinzessin Caroline von Monaco (29). Doris dagegen brachte es mit ihrem Drive auf respektable 19,2. Noch heute spielt sie gerne Golf und geht mit Freundinnen im Sommer jeden Dienstag dem Spiel mit Ball und Schläger nach. Zum eher mediokren Niveau ihres Gatten sagt sie: «Die Kultur, unser grosses gemeinsames Interesse, ist neben dem Beruf wohl schuld daran, dass sein Golf-Handicap immer relativ hoch blieb. Noch geht mein Mann lieber an ein klassisches Konzert als an ein Golfturnier.»

Früher hatte er aber weder für das eine noch das andere Zeit und Musse. Doris Imholz erinnert sich, dass ihr Mann selbst am Wochenende fast ständig mit dem Kopf bei seiner Arbeit war: «Beispielsweise prüfte er selbst an freien Tagen bei den Reiseprospekten vor Druckbeginn jede Seite aufs genaueste. Jeder Buchstabe und jedes Satzzeichen ging durch seine Hände.» Seine Akribie und Detailbesessenheit waren es schliesslich auch, die Doris Imholz dazu brachten, ihrem Mann zum Verkauf seines Reisebüros zu raten: «Mit 55 Jahren hätte er noch lange weitermachen können. Aber plötzlich lag ein derart gutes Angebot auf dem Tisch, dass man es fast nicht ausschlagen konnte. Ich mischte mich nie in geschäftliche Entscheidungen ein. Aber in diesem Moment sagte ich ihm: ‹Nun bist du noch in einem Alter, in dem du noch etwas Neues beginnen kannst.›» Hans Imholz hörte auf seine Frau und wurde zu einem der ganz wenigen Topunternehmer, die auf dem Höhepunkt abtraten und mit grosser Konsequenz ein neues Leben begannen.

Nun bist du noch in einem Alter, in dem du noch etwas Neues beginnen kannst.

Immer an seiner Seite: Doris Imholz. Heute ist sie als Präsidentin der Hans-Imholz-Stiftung für die gemeinnützigen Projekte zuständig. Damit leistet das Ehepaar gerade in schwierigen Zeiten einen wichtigen Beitrag zum sozialen Gleichgewicht. Pro Jahr unterstützt die Stiftung rund 30 soziale, ökologische und kulturelle Projekte. Dazu sagt Doris Imholz: «Hans hatte in seinem Leben viel Glück. Auch aus Dankbarkeit dafür möchte er etwas weitergeben.» Was Doris Imholz verschweigt: Das grösste Glück ihres Mannes ist sie selber.

Die Anfänge der Fernreisen: In den 1950er-Jahren heben immer mehr Schweizer mit der Swissair ab.

Der damalige Kuoni-Reiseleiter Hans Imholz (links) hält alle Trümpfe in der Hand.

6 | DER SELF-MADE-REISEFÜHRER

Vom Hotel Weissenburgbad an den Kuoni-Hauptsitz am Zürcher Bahnhofplatz. Wie Hans Imholz die Aufgabe seines Lebens findet und dabei die Welt erobert.

Es ist ein unscheinbarer Zettel am Anschlagsbrett in der Oberrealschule in Zürich. Hans Imholz schaut in einer Unterrichtspause eher zufällig darauf

Es war die Chance meines Lebens.

– und ist sofort Feuer und Flamme. Gesucht wird ein Reiseleiter für eine englische Jugendgruppe im Berner Oberland während der Sommerferien. Vom berühmten Kurhotel Weissenburgbad im Simmental aus sollen den Gästen aus Grossbritannien die Schönheiten des Berner Oberlands gezeigt werden. Und allein die geschichtsträchtige Unterkunft ist eine Reise wert.

1849 war das vordere Bad- und Kurhaus – das Grand Hotel Weissenburgbad – eröffnet worden. Schnell wurde es zum Treffpunkt des Hochadels und erlangte europaweite Bekanntheit. Die Schönen und Reichen gaben sich die Türklinke in die Hand. Die Thermalquellen und das hauseigene Mineralwasser waren magische Anziehungspunkte. Doch die Zeiten änderten sich. Der Erste Weltkrieg setzte dem florierenden Badebetrieb ein vorläufiges Ende. Auch später erreichte das Haus nie mehr seine alte Bedeutung. Aber bevor es 1960 geschlossen, 1974 von Unbekannten angezündet und schliesslich 1989 dem Erdboden gleichgemacht wurde, kann Hans Imholz hier in den 1950er-Jahren seine ersten Erfahrungen als Reiseleiter abverdienen: «Es war die Chance meines Lebens», sagt er heute.

Es ist vor allem eine exklusive Chance. Denn neben Imholz hat sich nur ein einziger Berner Gymnasiast auf den Aufruf hin gemeldet – und der verliert das Interesse an der Aufgabe relativ schnell wieder. Also ist es an Hans Imholz, die englischen Jugendlichen durch das Berner Oberland zu führen. Dabei hält der Novize alle Trümpfe in der Hand. Denn für die Gäste sind die Monumente der Berner Alpen ein atemberaubendes Erlebnis – und dazu kommen der Humor, der Charme und die Sprachgewandtheit des jugendlichen Reiseleiters: Eiger, Mönch und Imholz!

51

Kostümparty auf hoher See: Hans Imholz (zweiter von rechts) ist als Reiseleiter auch Teil des Animationsprogramms.

Als Nautilus unterhält er die Passagiere auf einer Kreuzfahrt (links) bei der Äquatortaufe in Afrika, und auf dem Basar in Kairo zieht er sich eine landestypische Kopfbedeckung über.

Weltenbummler: Imholz auf der Akropolis in Athen im April 1955 ...

... und zusammen mit einer Reiseteilnehmerin in Venedig am Markusplatz 1956.

Der Zürcher führt die Gäste nach Interlaken, Wengen und Grindelwald, fährt mit ihnen bis aufs Schilthorn und aufs Jungfraujoch in den ewigen Schnee. Er zeigt ihnen die Aareschlucht und das Schloss Oberhofen, nimmt sie mit auf eine Schiffsfahrt auf dem grünlich leuchtenden Brienzersee. Dass er die meisten dieser Orte zum ersten Mal sieht, bemerkt niemand: «Ein guter Reiseleiter muss immer überzeugend auftreten – selbst wenn er nicht viel mehr über die Gegend weiss als die Gäste», erzählt Imholz lachend. Die Kunst der kultivierten Ablenkung sei oft der beste Ausweg aus der Erklärungsnot: «Man kann mit den Gästen immer über etwas anderes sprechen als über das, was man gerade vor Augen hat.»

Zu meiner Überraschung erzählte mir Herr Hugentobler, dass der beste Mann im Betrieb, der Leiter der Niederlassung in Mailand, ebenfalls als Sohn eines Bäckermeisters aufgewachsen sei.

Hans Imholz geht in seiner neuen Aufgabe auf: «Ich war stolz, die Gäste in unserem wunderbaren Land herumzuführen. Und ich realisierte, dass die Reisebranche mir jene Plattform bot, die ich mir gewünscht hatte: neue Projekte anzustossen, mit Menschen zu kommunizieren und das Leben und die Welt kennenzulernen.»

Es sollte aber nicht beim Berner Oberland bleiben. Als Hans Imholz das Handelsdiplom im Sack hat, setzt er sich zuhause an den Wohnzimmertisch und beginnt Bewerbungen zu schreiben – an sämtliche 14 Reisebüros der Stadt Zürich. Darunter befinden sich Unternehmen wie Kündig Reisen, Danzas oder Gondrand, die mittlerweile schon lange vom Markt verschwunden sind. Aber auch das (ebenfalls nicht mehr existierende) Reisebüro der Bank Leu. Als der junge Imholz das letzte Couvert verschickt hat, beginnt die Zeit des Hoffens und Bangens. Würde ihm ein Unternehmen eine Chance geben? Obwohl sich seine Berufserfahrung auf die besagte Tour durchs Berner Oberland beschränkt? Gibt es für Imholz einen Platz in der wachsenden Welt der Kreuzfahrten, des Fernurlaubs und der Flugreisen?

Ja, es gibt ihn. Ausgerechnet vom bekanntesten Schweizer Reisebüro Kuoni erhält er eine Einladung zum Vorstellungsgespräch. Imholz erinnert sich noch genau an jenen Telefonanruf, der ihn im Elternhaus am Neumarkt erreichte: «Herr Nanz von Kuoni meldete sich. Er sagte, dass ich mich am Hauptsitz am Bahnhofplatz melden und den Mitbesitzer Harry Hugentobler treffen könne. Ich war überglücklich!» Zu Hugentobler, der von Firmenchef Alfred Kuoni vierzig Prozent der Aktien übernommen hatte, findet Imholz schnell und unkompliziert einen hervorragenden Draht – auch dank seinen familiären Wurzeln: «Zu meiner Überraschung erzählte mir Herr Hugentobler, dass der beste Mann im Betrieb, der Leiter der Niederlassung in Mailand, ebenfalls als Sohn eines Bäckermeisters aufgewachsen sei.» Also vermutet Hugentobler in Hans Imholz ähnliche Fähigkeiten. Der Bewerber erhält seine erste Anstellung in der Abteilung Gesellschaftsreisen.

In welch renommierten Betrieb er aufgenommen worden ist, realisiert Hans Imholz, als er sich intensiver mit der Firmengeschichte von Kuoni befasste. Gegründet wurde der Betrieb von Alfred Kuoni senior 1906. Am damaligen Sonnenquai 8, wo heute das Café Odeon steht, liegen die Wurzeln des Unternehmens. Kuoni, der aus einer Bündner Fuhrhalterfamilie stammt und den Beruf des Textilfachmanns gelernt hatte, verkaufte 1906 in seinem «Reisebureau» 1-Franken-Tickets für Nachmittagsausflüge auf den Dolder oder «herrliche Zahnradfahrten» auf den Üetliberg. Damals existierten in Zürich gerade zwei Reisebüros. Reisen war zu Beginn des 20. Jahrhunderts nicht nur ein sehr extravagantes, sondern auch sehr teures Vergnügen. Die erste von Kuoni angebotene Auslandsreise führte nach Ägypten und kostete 2750 Franken. Dies entsprach drei Jahreslöhnen eines Arbeiters.

Unsere Kompanie bestand aus Urnern und Zürchern. Und weil sich die Urner die Märsche in den Bergen gewohnt waren, schleppten sie die schweren Maschinengewehre. Wir Zürcher durften die normale Packung tragen.

Obwohl das Geschäft anfänglich nur schleppend in Gang kam, zügelte Alfred Kuoni sein Büro an den teuren Bahnhofplatz, was zum Bruch mit seinen Brüdern führte. Bereits vor dem Ersten Weltkrieg hatte der Firmengründer eine beachtliche Auswanderer-Agentur aufgebaut, musste sich aber während der Kriegsjahre mit dem Verkauf von Theatertickets und Vermittlungsgeschäften durchschlagen. Trotzdem wurde 1917, in Zeiten der tiefsten Depression, der erste Lehrling eingestellt.

In den 20er-Jahren entwickelte sich die Firma stark. 1925 betrieb Kuoni mehrere Filialen, darunter auch eine in Nizza. Jack Bolli, der zuvor zweimal von Kuoni eine Absage erhalten hatte, wurde 1945 als Schreibkraft eingestellt. 1990 verliess er die Firma als Verwaltungsratspräsident. Bolli war eine Schlüsselfigur in der Kuoni-Geschichte und entscheidend an der internationalen Expansion beteiligt. Auch für Hans Imholz sollte er eine prägende Rolle spielen.

Im November 1943 starb Alfred Kuoni an einem Hirnschlag. Sein Sohn Alfred Kuoni II. wollte die Leitung der Firma nicht übernehmen. Es schlug die Stunde von Harry Hugentobler. Der Minderheitsaktionär übernahm die Leitung des Unternehmens und erwies sich als Mann mit hervorragendem Gespür für neue Entwicklungen und personelle Optimierungen. Sein Büro hatte er direkt hinter dem Schalter am Bahnhofplatz 7, «damit er das Tagesgeschäft immer im Auge behielt», wie sich Hans Imholz erinnert. 1953 realisierte Hugentobler sofort, dass ihm beim Bewerbungsgespräch mit Imholz ein junger Berufsmann gegenübersass, der eine grosse berufliche Zukunft haben sollte. Der Kuoni-Chef sollte sich nicht täuschen.

Bevor aber Hans Imholz sein volles Potenzial entfalten kann, ruft das Vaterland – und die Rekrutenschule. Der Aushebungsoffizier in Zürich ist sichtlich angetan von den physischen Anlagen des angehenden Wehrmanns und teilt ihm mit, dass er, Hans Imholz, stolz darauf sein könne, wie kräftig und athletisch er gebaut sei. Dieses Kompliment beschert Imholz die Einteilung zu den Gebirgsschützen in Giubiasco am Monte Ceneri. Was dies bedeutet, wird ihm allerdings erst klar, als er in der Uniform steckt und von den Vorgesetzten fast permanent die Tessiner Berge hinaufgehetzt wird. Immerhin kann er sich auf die Unterstützung der Kameraden verlassen: «Unsere Kompanie bestand aus Urnern und Zürchern. Und weil sich die Urner die Märsche in den Bergen gewohnt waren, schleppten sie die schweren Maschinengewehre. Wir Zürcher durften die normale Packung tragen.»

Das Militär ist für Imholz eher Bürde als Würde. Dennoch sehen die Vorgesetzten in ihm einen künftigen Offizier. Prompt erhält Imholz das Aufgebot für die Unteroffiziersschule. Mit seinen beruflichen Plänen lässt sich dies aber kaum verbinden: «Ich durfte bei Kuoni schon verantwortungsvolle Aufgaben übernehmen und beispielsweise alle Gruppenreisen selber planen und organisieren. Eine militärische Karriere interessierte mich nicht.»

Die Lösung liefert der Leiter der Kuoni-Filiale in Nizza. Er unterhält beste Beziehungen zum Schweizer Generalkonsul in der Hauptstadt des Departements Alpes-Maritimes und veranlasst, dass der Wohnsitz von Hans Imholz mit einer administrativen Finte unkompliziert nach Nizza verlegt wird. «Dabei war ich zu diesem Zeitpunkt noch nie dort gewesen», erinnert sich Imholz mit einem verlegenen Lächeln. Der Trick sollte erfolgreich sein. Das Militär schiebt die Unteroffiziersschule für Hans Imholz auf – und lässt sie letztlich ganz fallen.

So kann sich der junge Mann ganz auf seine berufliche Aufgabe konzentrieren. «Ich durfte bei Kuoni schnell selbstständig arbeiten und immer schönere und weitere Reisen begleiten.» Sein Verdienst liegt damals bei 400 Franken pro Monat. «Ein Praktikantenlohn», wie er heute sagt. Doch auf den Reisen bieten sich gute Gelegenheiten, den Lohn aufzubessern: «Ausflüge kauften wir immer bei lokalen Anbietern ein. Da baute ich beim Weiterverkauf an unsere Gäste eine kleine Marge ein. So kam ich auf zusätzliche 300 bis 400 Franken pro Monat. Für damalige Verhältnisse kam ich so auf ein gutes Gehalt.»

Pünktlichkeit ist eine entscheidende Grundlage für Erfolg im Beruf. Sie drückt Anstand und Respekt aus.

Imholz profitiert aber vor allem auch von der praktischen Erfahrung und vom Umgang mit den Gästen. Für einen beruflichen Quereinsteiger bedeutet es eine grosse Aufgabe, Gruppen von bis zu 100 Gästen durch Europa zu führen: «Da konnte man schon ins Schwitzen geraten. Denn die Kundschaft erwartete etwas für ihr Geld.» Ein Credo verinnerlicht er dabei sehr schnell: «Wir befanden uns mit dem Gewerbeverein auf einer Reise von Mainz nach Amsterdam. Wenn wir uns versammelten, war der Präsident der Gruppe stets als erster am Treffpunkt.» Hans Imholz hat seine Begründung dafür noch heute im Ohr: «Fünf Minuten vor der Zeit ist des Meiers Pünktlichkeit», sagt der Gewerbeverbandspräsident. Es sollten für Hans Imholz prägende Worte gewesen sein: «Pünktlichkeit ist eine entscheidende Grundlage für Erfolg im Beruf. Sie drückt Anstand und Respekt aus.»

Der leicht angerostete Dampfer «Hermes» auslaufbereit am Hafen von Genua.

Mit einem lokalen Guide beim Staudamm von Assuan.

Hoch zu Maultier in Luxor (links) und vor einer schwierigen Wasserpassage während einer Safari in Kenia.

7 | DER DAMPFER VON GENUA UND DIE LÖWEN VON ADDIS ABEBA

Das Leben eines Reiseleiters kann ein grosses Abenteuer sein. Wie Hans Imholz einem Gewittersturm im Mittelmeer entkam – und wie er dem Löwen des Kaisers von Äthiopien in die Augen schaute.

Als Reiseleiter muss man spontan und flexibel sein. Diese Erfahrung machte Hans Imholz bei seiner Anstellung bei Kuoni sehr schnell. Eines Morgens rief ihn der Abteilungsleiter zu sich und teilte dem jungen Mitarbeiter mit, dass er eine Reisegruppe in den Hafen von Genua – und von dort auf eine Kreuzfahrt durchs Mittelmeer – führen soll. Hans Imholz, damals 24 Jahre alt und voller Zuversicht, fühlte sich geehrt, aber er schluckte auch leer. Denn die Herausforderung war von nicht alltäglicher Grösse: «Man trägt die Verantwortung für jede und jeden Einzelnen. Und man steht auch in der Pflicht der Gäste, die schönste Zeit des Jahres zu einem unvergesslichen Erlebnis zu machen.» Und da ist der Grat zwischen Begeisterung und Ärger oft sehr schmal. Bereits eine falsche Vorspeise beim Abendessen, ein verlorenes Gepäckstück oder eine vergessene Platzreservation kann den Spass verderben und das Vergnügen nachhaltig trüben – zumal das Reisen für viele Menschen auch mit erheblichen nervlichen Anspannungen verbunden ist. Frei nach dem Motto: «Die Welt ist zu schön, um zuhause zu bleiben. Aber oft wird schon der Weg zum Bahnhof zum grossen Stresstest.» Oder wie es Freiherr Adolph von Knigge ausdrückte: «Zum Reisen gehören Geduld, Mut, guter Humor, Vergessenheit aller häuslichen Sorgen, und die Eigenschaft, dass man sich durch widrige Zufälle, Schwierigkeiten, böses Wetter, schlechte Kost und dergleichen nicht niederschlagen lässt.»

Ausgangspunkt war der Carparkplatz hinter dem Zürcher Bahnhof. Der hat mit exotischen Gefilden ungefähr so viel zu tun wie die Limmat mit dem Ärmelkanal. Die Reisegruppe bestand aus rund hundert Personen – gutbürgerlicher Schweizer Mittelstand mit dosierter Abenteuerlust. Erfahrung mit Kreuzfahrten besassen die wenigsten, das Meer kannten viele nur vom Hörensagen. Doch die Vorfreude auf die Reise war gross. Mit dem Zug gings durch den Gotthardtunnel, die Leventina hinunter bis nach Chiasso, über den Zoll und von dort nach Mailand und in Richtung Genua. Dort wartete am Bahnhof Piazza Principe ein Bus, der die Kreuzfahrer in spe an den Hafen bringen sollte. «Grosse Aufregung lag in der Luft», erinnert sich Imholz. Genua, mit dem grössten Hafen Italiens, galt als «Tor zur Welt». Und diese wollten die Schweizer erobern.

Mit der griechischen Crew war nicht zu spassen. Sie opponierte, wann immer sie einen Anlass sah, und probte einmal sogar den Aufstand.

Hans Imholz hatte alles im Griff. Scheinbar. Als der Bus mit den Passagieren aus Zürich dem Hafenterminal entgegenrollte, ragte über die Hafenmauer ein grosser, verrosteter Kamin. Noch ahnte niemand etwas Böses. Doch als sich herausstellte, dass der Kamin zu einem reichlich verlotterten und verstaubten griechischen Passagierschiff gehörte, wähnte sich so mancher von Imholz' Mitreisenden auf dem falschen Dampfer. Denn es war just der Kahn, der die Schweizer durchs Mittelmeer bis nach Mallorca und wieder zurück führen sollte. Hans Imholz beschönigt nichts: «Das Schiff war uralt – und niemand wäre vermutlich auf die Idee gekommen, freiwillig an Bord zu gehen.»

Doch die Reise war gebucht und bezahlt – und die Besatzung stand bereit. Allerdings machte diese keinen sonderlich überschwänglichen Eindruck. Imholz erinnert sich: «Die Seeleute stammten ausnahmslos aus Griechenland und sprachen nur sehr rudimentär Englisch.» Auch das Essen verdiente weder Gault-Millau-Punkte noch einen Michelin-Stern: «Es war steigerungsfähig», drückt sich Imholz diplomatisch aus. Immerhin: Ein Mitreisender erwies sich als perfekter Conférencier und sorgte am Abend für beste Unterhaltung. Das habe ihm das Leben enorm erleichtert, erinnert sich Hans Imholz. Auch ein zweiter Mitreisender stand ihm zur Seite: Kurt Grütter, ein Kollege aus Zürich, den Imholz kurzerhand zum persönlichen Assistenten beförderte. Denn Unterstützung hatte er dringend nötig. «Mit der griechischen Crew war nicht zu spassen. Sie opponierte, wann immer sie einen Anlass sah, und probte einmal sogar den Aufstand.» Imholz sah sich in die Defensive gedrängt und rechnete bereits mit einer Tracht Prügel – da eilte ihm Kollege Grütter zu Hilfe: «Er war gross und kräftig und wies die Griechen in die Schranken.»

Aber letztlich waren alle auf demselben Boot – im wahrsten Sinn des Wortes. Schon kurz nach der Hafenausfahrt in Genua zogen Gewitterwolken auf. Der Himmel verdunkelte sich, die See wurde rau und rauer. Und den Schiffpassagieren entschwand die Farbe aus dem Gesicht. Imholz erinnert sich: «Alle wurden seekrank – auch der Cruise Manager. Das war eine der längsten Nächte meines Lebens.» Doch nach dem Regen scheint bekanntlich fast immer die Sonne – so auch auf Mallorca. «In Palma war der Himmel stahlblau – und das Meer spiegelglatt. Der nächtliche Sturm schien nur noch ein entfernter Alptraum.» Imholz lernte auf jener Fahrt eine der wichtigsten Lektionen für den Beruf als Reiseleiter: «Man muss gegen aussen auch dann Ruhe ausstrahlen, wenn man innerlich an seine Grenzen stösst.» Ein bisschen Bluff gehöre zu diesem Geschäft wie das Amen zum Gebet in der Kirche. Das gelte vor allem auch für jene Momente, wenn sich die Reiseteilnehmer nach Insidertipps erkundigen. Hans Imholz erinnert sich amüsiert. Auf einem Flug nach Peru habe ihn ein Passagier gefragt, wie gut er sich in diesem Land auskenne. Imholz antwortete wie aus der Pistole geschossen: «Ich kenne Südamerika wie meine Westentasche.» Dass er zuvor noch nie einen Fuss auf diesen Kontinent gesetzt hatte, überspielte er mit einem Lächeln. Alles Wissen über das Ziel verdankte er der in Zürich in einer Buchhandlung gekauften Reiseliteratur.

Unter ähnlichen Voraussetzungen trat Hans Imholz im Winter 1958/59 seine erste Afrikaexkursion an. Damals riefen Kuoni und Balair zu einer 17 Tage dauernden Rundreise durch Ost- und Zentralafrika. Schon zwei Wochen nach Erscheinen des ersten Inserats in der Neuen Zürcher Zeitung waren die 53 Plätze in der DC-4 (ohne Druckkabine) ausverkauft. Am letzten Tag des Jahres landete die Maschine nach einem Flug über Kairo, Luxor und Assuan in Addis Abeba. Weil die äthiopische Hauptstadt auf 2800 Metern über Meer liegt, gilt der Flughafen als einer der gefährlichsten der Welt – vor allem für startende Flugzeuge. Hans Imholz erzählt: «Die 1000 Meter lange Piste befindet sich auf einem Hochplateau. An ihrem Ende geht es ‹'s Loch ab›.» Balair-Kapitän Herzog und sein Co-Pilot führten vor dem Abflug auf der Hotelterrasse Berechnun-

Wenn es schon der letzte Moment meines Lebens sein sollte, wollte ich wenigstens sehen, was passiert.

gen durch, wie schnell sie sein müssten, um rechtzeitig abzuheben. Imholz sah die Sache ebenfalls kritisch, aber seine Recherchen hatten ergeben, «dass es eigentlich klappten müsste». Dennoch legte er Wert darauf, im

Cockpit sitzen zu dürfen: «Wenn es schon der letzte Moment meines Lebens sein sollte, wollte ich wenigstens sehen, was passiert.» Ebenfalls im Cockpit sass ein italienischer Navigator namens Nocentini – ein Mann, der seine Aufgabe freigeistig interpretierte. Imholz erinnert sich: «Er sprach kein Englisch, ich sprach kein Italienisch. Also kommunizierten wir auf Französisch.» Nocentini sei tief über die Landkarte gebeugt gewesen und habe gesagt: «Nous sommes ici – non! Nous sommes là!» In diesem Fall führte der «Blindflug» zum Ziel. Doch einige Jahre später hörte Hans Imholz, dass Nocentini in einer Maschine gesessen hatte, die am Hoggar-Gebirge in Nordafrika zerschellt sei. Nous sommes ici!

Aber zurück auf den Boden der äthiopischen Realität. Wegen einer gleichzeitig stattfindenden internationalen Konferenz waren alle Hotels in Addis Abeba ausgebucht. Die Schweizer konnten im 120 Kilometer entfernten Thermalkurort Ambo nächtigen. Vorausgegangen war ein langer Briefwechsel mit dem Konsulat und dem kaiserlichen Hof, der auf eine standesgemässe Unterbringung der Schweizer Gruppe grossen Wert legte. Er endete mit der freundlichen Geste des Kaiserhofs, das kaiserliche Hotel in Ambo zu öffnen und damit dem Reiseorganisator Kuoni aus der Verlegenheit zu helfen. Durch diesen Vorgang waren die Besucher bei Hofe sozusagen vorgemerkt – als erste Delegation aus der Schweiz überhaupt. Da hatte Hans Imholz eine kühne Idee. Über den Schweizer Generalkonsul regte er einen Empfang seiner Gruppe durch Kaiser Haile Selassie I., Neguse Negest («König der Könige») an. Selbstverständlich blieb diese forsche Anfrage zunächst ohne Antwort. Doch allein der Flug war schon ein königliches Abenteuer. Die Balair-Maschine flog in nur 200 bis 300 Metern Höhe über das abessinische Hochland, damit die Passagiere die Einzelheiten am Boden besser sehen konnten. Hans Imholz erinnert sich an jedes Detail: «Wir sahen den Fellachen und Landarbeitern, die die Felder bestellten, praktisch ins Gesicht. Es war unglaublich, wie wir mit diesem Grossraumjet über das Land flogen.»

Wir hatten jedoch nicht mit den kaiserlichen Launen gerechnet, denn um 13 Uhr am Neujahrstag klingelte das Telefon.

Um 14 Uhr am Silvestertag 1958 folgten die sichere Landung in Addis Abeba – und ein staatsmännischer Empfang. Der Schweizer Generalkonsul wartete in der Ankunftshalle und bat zu einem Empfang in seiner Residenz. Höflich hakte der Reiseleiter nach, wie es denn mit der Audienz im

Tiefe Verbeugung: Hans Imholz bei Kaiser Haile Selassie I.

Kaiserpalast aussehe. Der erfahrene Diplomat, der bei Hofe ebenfalls vorstellig geworden war, riet, die Gruppe bereit zu halten. «Die Einladung kann jederzeit kommen – oder auch nicht.» Gegen Abend fuhr die Gruppe nach Ambo und feierte den Jahreswechsel bei einem abessinischen Buffet. Imholz erinnert sich: «Wir hatten jedoch nicht mit den kaiserlichen Launen gerechnet, denn um 13 Uhr am Neujahrstag klingelte das Telefon. Aufgeregt meldete sich der Schweizer Konsul aus Addis Abeba, der mir in kurzen Worten mitteilte, dass der kaiserliche Empfang auf 17 Uhr am gleichen Nachmittag festgelegt worden sei. Ich gab zu bedenken, dass die Fahrt mit dem Bus mindestens viereinhalb Stunden benötigte. Der Diplomat blieb unbeeindruckt und erklärte mir wörtlich, dass sich die Eidgenossenschaft in einer Weise blossstellen würde, dass auf Jahre hinaus mit einem sehr kühlen und distanzierten diplomatischen Verkehr zu rechnen wäre. Kaiserliche Anordnungen seien eben in diesem Lande unantastbar.»

Hans Imholz beschloss, ohne Rücksicht auf die Kosten, sein Land vor der Schande diplomatischer Verwicklungen zu bewahren, und rief Ethiopian Air Lines an. Der Hinweis auf die Einladung in den kaiserlichen Palast öffnete alle Türen. Sofort wurde ihm eine DC-3 mit amerikanischer Besatzung als Chartermaschine angeboten. Der Reiseleiter alarmierte seine Gruppe, die gerade beim Katerfrühstück sass. Um 15 Uhr waren 58 Teilnehmer in der Halle zur Stelle: die Herren in dunklem Anzug und Krawatte, die Damen in Cocktailkleidern. In Addis Abeba wartete schon der Konsul in Frack und mit Zylinder – bei deutlich über 40 Grad im Schatten eine nicht zu unterschätzende Leistung! Noch auf dem Flugplatz führte der Diplomat einen Crashkurs in Hofetikette durch. Es muss ein Bild für Götter gewesen sein: 58 Schweizerinnen und Schweizer, vorwiegend reiferen Alters und höheren Standes, in Addis Abeba auf der sonnendurchglühten Piste Bückling und Hofknicks übend ...

Der Kaiser hatte eine aussergewöhnlich weiche und zarte Hand. Vermutlich musste er sein ganzes Leben lang nie arbeiten.

Im Palast wurde die «Schweizer Delegation» von einem Zeremonienmeister erwartet und durch einen Park voll tropischer Pflanzen geführt. An der Pforte des Gebäudes lag ein Löwe – von einem Palastdiener nur an einer dünnen Kette gehalten. Die Gruppe zögerte, doch der Reiseleiter hatte keine Wahl: «Es war klar, dass ich als erster an diesem Tier vorbei musste», erinnert sich Imholz. In diesem Moment habe er um sein Leben gefürchtet. Doch das stolze Tier war nur halb so wild wie befürchtet. Imholz erinnert sich an ein kurzes Fauchen – wie der Löwe von Metro-Goldwyn-Mayer in den Kinovorspännen.

Der prunkvolle Empfangssaal erinnerte Imholz an das Schloss von Versailles: «Alles glitzerte vor Gold.» Neben dem Kaiserthron stand ein Tisch mit einem Blumenbukett. Noch wichtiger als das Dekor war aber das Protokoll: «Der Schweizer Generalkonsul nannte mir die wichtigste Regel: «Wende dem Kaiser nie den Rücken zu.» Imholz, inzwischen zum Delegationschef befördert, fiel die Aufgabe zu, dem kleinen, bärtigen Mann mit den stechenden Augen, der offenbar der Kaiser war, die einzelnen Damen und Herren vorzustellen – beispielsweise waren da Herr und Frau Bally von der gleichnamigen Schuhfabrik. Doch nicht alle Namen hatte Imholz im Kopf: «Nach dem ersten Dutzend versagte mein Gedächtnis, aber angesichts der ernsten Situation musste ich Namen erfinden: Müller, Meier, Huber. Dies schien jedoch den Ablauf des Zeremoniells nicht zu stören.» Der Kaiser begrüsste jeden Schweizer Gast mit Händedruck. Dabei fiel Imholz etwas Besonderes auf: «Der Kaiser hatte eine aussergewöhnlich weiche und zarte Hand. Vermutlich musste er sein ganzes Leben lang nie arbeiten.»

Die Audienz verlief kaiserlich kontrolliert. In Abständen von fünf Minuten wurden die vorher bestimmten Gesprächspartner auf ein Handzeichen der Majestät hin ausgewechselt. Pagen in rot-grünen Uniformen servierten Champagner und Kaviar-Snacks. «Wieviele Kinder haben Sie?», fragte Haile Selassie eine würdige Dame. «Vier», antwortete sie stolz. «Sehr wenig», erwiderte der Kaiser mit feinem Lächeln. «Ich habe 22 oder 23, so genau weiss ich es nicht einmal.» Nach vierzig Minuten zog sich die Gruppe auf das Zeichen eines Höflings hin zurück, wie es das Hofzeremoniell vorschrieb: unter Verbeugungen rückwärts gehend – und ohne zu stolpern. Jetzt hatte der rührige Reiseleiter eigentlich nur noch das Problem, einen Bus für die Rückfahrt nach Ambo zu finden. Denn Fliegen kam nicht mehr in Frage, weil die Graspiste am Zielort nicht beleuchtet werden konnte. Er schaffte auch diese Hürde bravourös.

Die Audienz beim Kaiser wurde in der Folge zu einem festen Bestandteil von Kuoni-Reiseprogrammen in Äthiopien. Doch nach einem späteren Besuch fehlten zwölf mit den kaiserlichen Insignien gravierte Champagnergläser. Die

Ihr Flugzeug wird nicht starten, bevor die Gläser zurückerstattet sind.

Gruppe mit Reiseleiter Peter Diethelm, dem späteren Chef von Kuoni England, wurde von der Palastpolizei auf dem Weg zum Flughafen gestoppt. «Ihr Flugzeug wird nicht starten, bevor die Gläser zurückerstattet sind», lautete der Bescheid. Diethelm erreichte die Zusicherung, die peinliche Angelegenheit «in the nice way» zu bereinigen. Er versammelte seine Gruppe in der Abflughalle und bat die Teilnehmer, die Gläser diskret in der Toilette zu deponieren. Dort sammelte er sie ein – zwölf Stück – und gab sie der Palastwache zurück. Die Gruppe konnte weiterreisen. Aber seither gab es keine Einladungen in den kaiserlichen Palast mehr.

Jack Bolli (unten Mitte) ist der empathische Kuoni-Patron. Kurt Heiniger (dahinter) hält ihm den Rücken frei.

8 | JACK DER GROSSE – UND DIE SUCHE NACH DEM RICHTIGEN NAMEN

Der 1. Oktober 1961 ist der Schlüsselmoment im Berufsleben von Hans Imholz. An jenem Sonntag machte er mit seiner Firma «Hans Imholz Berufsreisen» den Schritt in die Selbstständigkeit. Sein grosses Vorbild war der alte Chef.

Es war der kühne Vorstoss eines topmotivierten jungen Mannes, der in den Zeiten bei Kuoni im Bereich der Berufs- und Verbandsreisen eine Marktlücke entdeckt hatte, aber als subalterne Arbeitskraft keine Möglichkeit besass, diese Idee umzusetzen. Ausserdem entsprach es nicht der Firmenphilosophie von Kuoni, sich zu spezialisieren. Das Unternehmen wollte ein Reiseanbieter für «alles und jedes» sein. So hatte Hans Imholz keine andere Wahl: «Ich musste den Schritt in die Selbstständigkeit wagen.» Den Worten liess er Taten folgen und reichte bei seinem Chef Jack Bolli die Kündigung ein. Dieser war darüber gar nicht erfreut und wollte seinem Angestellten die Idee ausreden. «Doch mein Plan war gefasst. Es gab kein Zurück mehr», erinnert sich Imholz. Über seinen früheren Chef Bolli spricht er in höchsten Tönen: «Er war eine grossartige Führungspersönlichkeit, ein charismatischer Leader und ein echtes Vorbild für mich.» Bolli sei beispielsweise jeden Morgen um 5.30 Uhr als erster im Büro gewesen und habe danach jeden Mitarbeiter persönlich begrüsst. Er sei im persönlichen Umgang locker, aber in der Sache hart und unnachgiebig gewesen. Und er habe Wert auf ein seriöses Auftreten und eine korrekte Aussendarstellung gelegt: «Zwar gab es keine Kleidervorschriften, aber ein anständiges Erscheinungsbild galt als Selbstverständlichkeit. Jeanshosen beispielsweise waren tabu.»

Dass sich Bolli und Imholz gut verstanden, lag wohl auch an einem ähnlichen Werdegang. Beide verschafften sich durch Leistungen und durch Arbeitswillen Respekt und Erfolg – und sie kämpften sich Schritt für Schritt die Karriereleiter hoch. Bolli wurde bei Kuoni 1945 als Stenodaktylo angestellt, weil er die Kurzschrift auch auf Englisch und Französisch beherrschte und weil gerade keine weibliche Bewerberin zur Stelle war.

Zehn Jahre später war Jack Bolli Direktor – und Kuoni eine Firma mit 30 Millionen Umsatz. Als er 1990 abtrat, setzte das Reisebüro 2,2 Milliarden um. Über Jahrzehnte verliess in wichtigen Geschäften kaum ein Brief ohne das Visum von J.B. das Haus. Die Kommunikation hielt er mit den berüchtigten gelben Zetteln aufrecht, mit denen er die Belegschaft auf Versäumnisse hinwies: «Am vergangenen Samstag war Ihre Abteilung bereits um 11.15 Uhr vollständig verwaist. Bitte um Abklärung und Bescheid!», hiess es da etwa. Aber die Schriftlichkeit blieb die Ausnahme. Entscheide fällte er meist informell, zwischen Tür und Angel. Mit seinem sportlich geprägten, freundschaftlichen Umgangsstil und seiner gewinnenden Art schuf Bolli die Firmenkultur einer verschworenen Equipe.

Bolli und Imholz blieben sich auch über das Arbeitsverhältnis hinaus immer verbunden. Als Hans Imholz 1986 in der Branche längst etabliert war und das 25-Jahr-Jubiläum seines Unternehmens feierte, erhielt er Post von Bolli. Darüber ist er heute noch gerührt: «Bolli gratulierte mir mit einem persönlichen, herzlichen Schreiben, das ich heute noch aufbewahre. Für mich war es ein absolutes Highlight, dass mein früherer Chef und mittlerweile schärfster Konkurrent die Grösse hatte, mir nach 25 Jahren zu sagen: ‹Das hast du gut gemacht›.»

Bolli gratulierte mir mit einem persönlichen, herzlichen Schreiben, das ich heute noch aufbewahre.

Aber zurück zu den Anfängen von Imholz Reisen. Der Schritt zur eigenen Firma war für Hans Imholz mit einer juristischen Diskussion um die Namenswahl verbunden. «Schweizerische Zentrale für Berufs- und Studienreisen» – so sollte die Firma ursprünglich heissen. Doch rechtliche Abklärungen ergaben, dass dies mit dem Gesetz kollidierte. Auf die entsprechende Anfrage von Hans Imholz antwortete das Advokaturbureau Walther Müller am 8. September 1961 mit einem auf einer Hermes-Schreibmaschine verfassten Brief:

«Sehr geehrter Herr Imholz,

Sie haben mich gebeten, in grundsätzlicher Weise zu Ihren Firmierungsvorschlägen Stellung zu nehmen. Ich konzentriere mich dabei auf die Begriffe ‹schweizerisch› und ‹Zentrale›, denn jede andere Zutat sachdienlicher Art wie ‹Reisebüro›, ‹Reisedienst›, ‹Reiseberatung› etc. ist selbstverständlich zulässig, wenn damit tatsächlich die Natur Ihres Betriebes umrissen und bestimmt wird.

Vorgängig spezifischer Behandlung Ihrer Probleme möchte ich jedoch generell festhalten: Die Firma ist der als individuelles Unterscheidungsmerkmal rechtlich besonders geschützte Name eines Unternehmens. Nun

In ihrem Fall aber unzulässig sind Begriffe wie ‹Zentrale› oder ‹schweizerisch›.

verlangt diesbezüglich das Gesetz, dass der Inhalt der Firma wahr sei, keine Täuschungen verursache und keinem öffentlichen Interesse zuwiderlaufe. Rein formal kommt noch dazu, dass die Einzelfirma ihren wesentlichen Inhalt aus dem Familiennamen mit oder ohne Vornamen zu bilden hat.

Demzufolge ist in erster Linie Ihr Familienname Grundstock der geplanten Einzelfirma, indem es heisst: ‹IMHOLZ› od. ‹H. IMHOLZ› od. ‹HANS IMHOLZ›. Diese Basis darf durch Zusätze erweitert werden, die wahr sind, nicht täuschend wirken und keinem öffentlichen Interesse zuwiderlaufen. Also ist zB. zulässig: ‹HANS IMHOLZ REISEBÜRO›.

In Ihrem Fall aber unzulässig sind Begriffe wie ‹Zentrale› oder ‹schweizerisch›.

Einmal ist zu sagen, dass Ihr Unternehmen ja erst startet. Es fehlt jeder Goodwill, jedes Bekanntsein. Noch sind weder nationale noch internationale Verbindungen popularisiert.»

Der juristische Sachverständige kam zu folgendem Schluss – und fasste diesen in mehr oder weniger verständlichen Worten zusammen: «So wenig sich also derjenige des Wortes ‹Fabrik› bedienen darf, der nicht dem Fabrikgesetz untersteht, so wenig sich einer ‹Grossimporteur› nennen darf, der es nicht ist, so wenig darf einer ‹Volkszahnklinik› sagen, der nur privat arbeitet. So wenig die Ausdrücke ‹Grand Hôtel› für eine Pension, ‹Universal› für eine Spezialität, ‹Besteck-Zentrale› für ein gewöhnliches Detailgeschäft (BGE 63 I 104), ‹Veritas› für eine Auskunftei oder ‹palais› für eine Bude zulässig sind, so wenig steht es Ihnen zu, sich als ‹Zentrale› zu bezeichnen. Als ‹Zentrale› lassen sich nur Unternehmungen typifizieren, die eine Mehrheit von Betrieben zusammenfassen und deren wirtschaftliche Organisation wirklich den Charakter einer Zentralstelle hat (vergl. F. v. Steiger, schweiz. Firmenrecht S. 19).»

Der Name eines Produkts ist nur von sekundärer Bedeutung. Entscheidend für den Erfolg sind immer die Leistungen.

Immerhin gab der juristische Sachverständige auch gleich den Tipp zur politisch korrekten Namenswahl: «Ich würde, wie bereits telefonisch gesagt, firmieren: ‹HANS IMHOLZ BERUFLICHE REISEN› ODER ‹HANS IMHOLZ-BERUFSREISEN›. Das scheint mir prägnant und betont Ihre Spezialität. Alles andere würde ich textlich verarbeiten.»

Damit waren alle Missverständnisse aus der Welt geschafft. Hans Imholz gründete sein Unternehmen unter dem Namen HANS IMHOLZ BERUFSREISEN. Rückblickend sagt er dazu: «Der Name eines Produkts ist nur von sekundärer Bedeutung. Entscheidend für den Erfolg sind immer die Leistungen.» Dennoch kann man das juristische Veto in diesem Fall als Glücksfall verstehen. Denn die Prägnanz und Bodenständigkeit des Namens IMHOLZ war mitverantwortlich für die grosse Popularität und Resonanz, die das Reisebüro in den folgenden Jahrzehnten erreichen sollte.

In den Anfängen konnte Hans Imholz mit dem durchschlagenden Erfolg seiner Geschäftsidee aber noch nicht rechnen: «Ich nahm immer Schritt für Schritt und dachte nie zu weit.» Dies bedeutete in den Anfängen: telefonieren,

telefonieren, telefonieren – von morgens um 8.00 Uhr bis abends um 20.00 Uhr. Im Gegensatz zu den traditionellen Reisebüros, die an ihren Schaltern auf die Kundschaft warteten, nahm Hans Imholz das Telefon in die Hand und pries seine Arrangements direkt an. Und er vermochte mit seinen Argumenten zu überzeugen: «Die Erfolgsquote lag bei rund zehn Prozent.» Doch sein strategisches Zeitfenster war aus finanziellen Gründen beschränkt: «Mein Startkapital von 50 000 Franken reichte für drei Monate. Hätte ich bis dann den Durchbruch nicht geschafft, wäre ich wohl gescheitert.»

Doch das Wort «scheitern» passt in keiner Weise zu Hans Imholz: «Als Jungunternehmen siehst du keine Risiken – sondern nur Chancen. Ich wollte etwas aufbauen und hatte einen klaren Plan.» Und seine grosse Chance war, dass er aus seiner Kuoni-Zeit wusste, wie er an die Kundschaft kam und was diese wollte.

Dem Automobil Club der Schweiz beispielsweise pries er eine Rundreise Zürich–Düsseldorf–Köln–Amsterdam–Zürich an – mit Besichtigung der Thyssen-Hütte in Duisburg, der Ford-Werke bei Köln sowie einem «mittleren Unternehmen für Apparatebau». Kosten für die viertägige Reise: 425 Franken pro Person – «inklusive Flug, sehr gute Hotels, ausgezeichnete Verpflegung, Busfahrten, fachliche Besichtigung».

In seinem Reisevorschlag schrieb Hans Imholz: «Sicher bestehen auch in Ihrer Sektion Pläne für eine gelegentliche Auslandreise, wobei sich die Verbandskasse mit einem Zustupf an den Reisekosten beteiligt. Darf ich Ihnen vorschlagen, an Ihrer nächsten Sitzung

Mein Startkapital von 50 000 Franken reichte für drei Monate. Hätte ich bis dann den Durchbruch nicht geschafft, wäre ich wohl gescheitert.

oder Versammlung auf Grund meines Projektes eine kleine Umfrage vorzunehmen? Dieses Programm ist auch für mitreisende Ehefrauen interessant, da die Besichtigungen auf ein Minimum reduziert sind. Also, warum nicht für diesmal auf Ihrer Sektionsreise das Angenehme mit dem Nützlichen verbinden?»

Auf der Suche nach neuen Kunden ging Imholz systematisch vor. Er durchforschte Zeitungen und Zeitschriften – und er blätterte stundenlang im «Schweizer Jahrbuch des öffentlichen Lebens». In dieser 900 Seiten starken Printpublikation waren alle Behörden, Verbände, Parteien, kulturellen und kirchlichen Organisationen und wissenschaftlichen Einrichtungen aufgeführt. So füllte Imholz seine Kartei sukzessive – und war auch damit seiner Zeit meilenweit voraus. Heute hat sich in allen wirtschaftlichen Bereichen die Erkenntnis durchgesetzt, dass die Daten von Kunden (»Big data») bares Geld wert sind. So führte Imholz den Schweizerischen Buchdruckerverband nach Budapest, den Hauseigentümerverband nach Berlin, die Schweizer Drogisten nach Köln, die Schweizerische Zahnärzte-Gesellschaft nach London und die Schweizer Tierärzte nach Wien – mit Besichtigung der örtlichen Rinderklinik. «Reisen wurde damals ein richtiger Trend. Und wenn man das Programm den individuellen Bedürfnissen anpasste, schuf man einen zusätzlichen Anreiz.» Die sorgte für die beste Werbung – die Mund-zu-Mund-Propaganda unter den Berufsleuten: «Mit jeder veranstalteten Gruppenreise verstärkte sich diese Entwicklung.»

Bei 30 Teilnehmern bot ich jeweils ein Gratis-Arrangement für eine Führungsperson oder den Präsidenten an.

Um seine Angebote den Entscheidungsträgern schmackhaft zu machen, wandte er einen simplen Trick an: «Bei 30 Teilnehmern bot ich jeweils ein Gratis-Arrangement für eine Führungsperson oder den Präsidenten an. Dies räumte oft die letzten Bedenken aus dem Weg.» Das Geschäftsmodell klappte perfekt – vor allem, weil Imholz eine klare Gewinnvorstellung (»Ich wollte pro Reiseteilnehmer 80 bis 100 Franken verdienen») und sehr geringe Fixkosten hatte. Neben der Büromiete musste er nur die Sekretärin, die Drucksachen und das Telefon bezahlen: «So wurde der Betrieb schnell rentabel – und weil ich die Reiseabschlüsse an eine Zahlungsfrist von 30 Tagen koppelte, floss schnell Geld in die Kasse.» Und Letzteres liess sich damals sozusagen automatisch vermehren. Der Schweizerische Bankverein – übrigens ebenfalls ein Kunde von Imholz – bot Festgeldanlagen zu 10 bis 11 Prozent an. Das Wort «Negativzinsen» existierte damals noch nicht.

Die Schweizer Verbände, Vereine und Berufsorganisationen entdeckten dank Hans Imholz das Reisen. Und das junge Reisebüro profitierte von der neuen Schweizer Expeditionslust. Das schnelle Wachstum des Unternehmens erhöhte aber den Aufwand. Bald konnte Imholz die Arbeit nicht mehr selber bewältigen. Personelle Unterstützung war gefordert.

Also suchte Hans Imholz für seine Firma via Stelleninserat in der Neuen Zürcher Zeitung vom 8. September 1962 einen kaufmännischen Mitarbeiter.

»Chance für jungen Kaufmann

Sie haben sich bis heute wertvolle Erfahrungen im Reisebüro erworben oder interessieren sich näher für dieses zukunftsreiche Gebiet.

Sie sind sprachgewandt und schätzen gelegentliche Informations- und Kontaktreisen, die Sie nach allen Teilen Europas bringen werden. Sie verstehen es, ein Mitarbeiter-Team zu führen.

Unter solchen Voraussetzungen biete ich Ihnen im Zuge eines schrittweisen Ausbaues meiner Berufsreisen-Organisation eine den Leistungen entsprechend salarierte Position mit reellen Entwicklungsmöglichkeiten, zeitgemässen Arbeitsbedingungen und aufgeschlossenem Betriebsklima.

Bitte senden Sie Ihre Bewerbung an Hans Imholz, Berufsreisen-Organisation, Usteristrasse 19, Zürich 1.»

Wer sucht, der findet. Auf die Annonce meldeten sich 35 Bewerber – darunter der 24-jährige Zürcher Edi Dietrich. Er arbeitete damals bei IBM, fühlte sich aber in dieser elektronischen-technologischen Welt nicht wohl: «Das war nicht mein Ding.» Praktische Erfahrung in Reisebranche besass er zwar keine. Aber als er das Inserat im Stellenteil der NZZ entdeckte, war Dietrich soeben von einer Ferienreise mit vier Kollegen am Wannsee in Berlin zurückgekehrt: «Ich spürte damals ganz deutlich, dass mich das Reisen faszinierte. Deshalb bewarb ich mich umgehend.» Eigentlich sei er aber schon als Kind im Letzigraben-Quartier mit dem Reisevirus infiziert worden, erzählt der heute 82-Jährige lachend: «Als ich fünf war, schnappte ich mir das Dreirad meiner Cousine und entschloss mich, die Welt zu erkunden.» Die Welt war für Diet-

Der zweite Mann: Edi Dietrich.

rich damals aber noch ein vergleichsweise enger Begriff: «Mein Ziel war Uitikon-Waldegg». Das tönt zwar wenig exotisch, ist für einen Fünfjährigen mit Dreirad aber fast so fordernd wie Gotthard, Furka und Nufenen zusammen: 10 Kilometer und 200 Höhenmeter. «Das war sozusagen meine erste Fernreise», sagt Dietrich rückblickend. Und es war die Vorbereitung auf die Stelle seines Lebens: «Hans Imholz hat mir so viel gegeben, ich würde noch heute alles für ihn tun.»

Dietrich ist gerührt, als er für dieses Buch Auskunft geben darf. Die Dankbarkeit beruht aber auf Gegenseitigkeit. Denn auch Hans Imholz fand im jungen Kaufmann 1962 die perfekte Ergänzung: «Ich war der Mann hinter den Kulissen, der in der Administration die Fäden in der Hand hielt. Und Edi war der Mann für die Front. Er wollte reisen und die Welt entdecken. Im Büro wäre ihm wohl ziemlich schnell die Decke auf den Kopf gefallen.»

Schon bald wurde der Name Imholz zu einer Marke ...

Fast wie John Lennon: Hans Imholz im Dezember 1973 kurz vor seinem 40. Geburtstag.

9 | DER CARY GRANT DER REISEBRANCHE

Hans Imholz konzentrierte sich mit seinem Geschäftsmodell ganz auf den Schweizer Markt. Doch auch in Deutschland wurde sein Erfolg mit grossem Respekt verfolgt. Der touristik report aus München schrieb am 20. April 1979 über Imholz: «Ein stahlharter Wille mit der Lust zu attackieren.»

Die deutschen Touristikexperten bezeichneten Hans Imholz als «Spezialisten der aggressiven Verkaufspolitik, der unbekümmert neue Märkte aufgreift und die Grossen unverhohlen angreift.» Sie verglichen die Schweizer Reisebranche mit einer Gruppe von Bergsteigern, die sich in einem Wettbewerb zum Gipfel befindet – und schrieben zu Hans Imholz: «Ihn würden viele Mitbewerber gerne in einer Felsspalte verschwinden sehen. Wenn auch die grossen Unternehmen wie Kuoni, Hotelplan, Airtour Suisse und Jelmoli mit breiten Schultern und wohlgefüllten Rucksäcken versuchten, den Weg zum Gipfel abzublocken, gelingt es dem immer noch flinken Unternehmen von Imholz, Marktlücken des Fernwehs zu füllen.»

Imholz nutzte damals auch die Gunst der Stunde. Denn im Gegensatz zu heute war Reisen in den 1970er- und 1980er-Jahren deutlich einfacher: weniger Vorschriften, nur rudimentäre Sicherheitskontrollen, stabile und für Reiseveranstalter verhandelbare Flugtarife, kaum hemmende politische und kriegerische Einflüsse. In diesem Umfeld ermöglichte Imholz auch weniger gut betuchten Kunden einen attraktiven Mix aus Städteflügen, Strandferien und Entdeckungsreisen auf anderen Kontinenten. Dank generell steigender Löhne wuchs der Kundenkreis von Jahr zu Jahr.

In einer Mischung aus Bewunderung und Erstaunen, dass ein Vertreter der sonst so beschaulichen Schweiz zu solch kühnen Geschäftspraktiken fähig ist, beschrieb das deutsche Fachorgan den Mittvierziger mit silbernem Haar und braunem Cordanzug als «Cary Grant des Reisegeschäfts». Hinter der ruhigen und unscheinbaren Fassade verberge sich «ein stahlharter Wille und die Lust, der grossen Konkurrenz auch mal öfter auf die Füsse zu treten».

*Innovativ: Hans Imholz
weist der Schweizer
Reisebranche den Weg.*

Viele Schweizer heben dank Imholz zum ersten Mal in einem Flugzeug ab.

Reisen als Geschenke: Imholz-Gutscheine sind hoch im Kurs.

Der Autor des Artikels erkundigte sich bei der Imholz-Konkurrenz und vermittelte deren «besonderes Missfallen am Telefonbuchungssystem». Jeder dick ausgedruckte Preis in den Imholz-Inseraten sei mit einem Sternchen und der Unterzeile versehen gewesen: «Von diesem Betrag können Sie 50 Franken Telefonrabatt abziehen.» So habe der Kunde nach der telefonischen Buchung zweimal ein Hochgefühl: «Zum einen glaubt er, das richtige Ferienziel gewählt zu haben, und freut sich auf die schönsten Wochen des Jahres, zum zweiten meint er, mit 40 Rappen Telefongebühren 50 Franken gespart zu haben.» Da könne doch etwas nicht stimmen, suggerierte der Verfasser und probierte, Imholz des «Tatbestandes» der Augenwischerei zu überführen: «Jemand müsste sich schon sehr ungeschickt anstellen, um nicht in den Genuss des Bonus zu kommen. Schliesslich erfolgen alle Buchungen telefonisch, auch wenn ein Reiseberater einem Kunden eine Reise verkauft und anschliessend die Buchung telefonisch an die Imholz-Zentrale durchgibt, der Kunde bezahlt in jedem Fall 50 Franken weniger.» Darauf angesprochen, konterte Hans Imholz souverän: «Hier wird der Beweis geliefert, dass der Kunde durch Eigeninitiative sparen kann, und wir können dadurch günstiger anbieten, weil wir beträchtlich kleinere Verwaltungskosten haben.»

Hier wird der Beweis geliefert, dass der Kunde durch Eigeninitiative sparen kann, und wir können dadurch günstiger anbieten, weil wir beträchtlich kleinere Verwaltungskosten haben.

Damals aspirierte Hans Imholz, seine Position in der Westschweiz sowie im grenznahen Ausland (Deutschland, Österreich und Frankreich) zu stärken. Zwar schloss er die Eröffnung von Filialen kategorisch aus, doch sah er die Grenzen des telefonischen Buchungssystems. Gleichzeitig aber sagte er: «Der Markt in den Grenzbereichen – insbesondere zur Bundesrepublik – ist noch nicht ausgeschöpft. Hier ist noch manches zu holen.» Deshalb wurde die Zusammenarbeit mit Agenturen (bzw. anderen Reisebüros) immer konkreter. Die Buchungsprovision von 13 Prozent, die es für Weiterverkäufer von Imholz-Reisen zu verdienen gab, machte dieses Modell für alle Beteiligten attraktiv.

Der touristik report auf jeden Fall war beeindruckt: «Der 150 Seiten starke Imholz-Gesamtprospekt weist das Angebot eines selbstbewussten Allround-Grossanbieters auf. Mit Stolz blickt der Firmeninhaber in seiner holzgetäfelten Direktionsetage auf die Zeiten seines Anfangs hin.» Sehnsucht nach Ruhe oder gar dem Aussteigen verspüre Hans Imholz nicht. Im Gegenteil. Der deutsche Chronist machte an der Birmensdorferstrasse in Zürich eine sprudelnde Geldquelle aus: «Wenn in der Buchungszentrale das Telefon klingelt, dann gibt es Geld. Beim Reiseveranstalter tröpfelt die stattliche Bilanzsumme von 85 Millionen Franken zusammen. Mit einem perfekten Telefonverkaufssystem hat sich der ehemalige Kuoni-Mitarbeiter zum guten Reiseonkel der Nation hinaufstilisiert. Der Alleininhaber spielt geschickt auf der Klaviatur der Öffentlichkeitsarbeit.»

Wenn ich verkaufen würde, wüsste ich nicht, was ich mit dem Geld machen würde. Und nichts macht mir mehr Spass als gerade dieser Job.

Die Konkurrenz werde mit ihm auch in Zukunft rechnen müssen, denn er verkünde mit treuherzigem Augenaufschlag: «Wenn ich verkaufen würde, wüsste ich nicht, was ich mit dem Geld machen würde. Und nichts macht mir mehr Spass als gerade dieser Job.» Diese Worte hatten noch zehn Jahre Bestand. So lang war Imholz Reisen unter der Führung des Firmengründers ein Fixstern im Schweizer Reisemarkt – und Hans Imholz beflügelte als «Cary Grant der Branche» die Fantasien bis nach Deutschland.

Pionier der Lüfte: Moritz Suter wird am 1. Januar 1981 von Swissair-Generaldirektor Rolf Krähenbühl im Cockpit überrascht und mit einer Tafel Schokolade beschenkt.

10 | «HANS IST EIN VOLLBLUT-UNTERNEHMER»

Der Traum vom Fliegen war für Hans Imholz mehr als nur eine Floskel. Nur allzu gern hätte er seine eigene Airline abheben lassen. Ausgerechnet Crossair-Gründer Moritz Suter riet ihm aber davon ab.

Die Handelszeitung bezeichnete Moritz Suter als «Senior fürs Grobe». Für die Solothurner Zeitung war er das «Stehaufmännchen der Schweizer Wirtschaft». Die Basler Zeitung schrieb über ihn als «Unternehmer mit Leib und Seele». Und genau in dieser Schlagzeile sieht Suter – heute 77 und noch immer voller Enthusiasmus und Leidenschaft für das Reisegeschäft – die Parallelen zu Hans Imholz: «Wir sind beide Unternehmer.» Und dieses Wort sagt alles aus: «Unternehmer sind Menschen, die etwas unternehmen.»

Dann greift Suter in sein geistiges Archiv und zitiert Winston Churchill: «Es gibt Leute, die halten Unternehmer für einen räudigen Wolf, den man totschlagen müsse, andere meinen, der Unternehmer sei eine Kuh, die man ununterbrochen melken kann. Nur ganz wenige sehen in ihm das Pferd, das den Karren zieht.» Für Suter ist es die perfekte Umschreibung dieses Ausdrucks – auch, was die Rolle von Hans Imholz betraf: «Er ging stets mit vollem Elan und grossem Esprit voran – motivierte seine Mitarbeiter und zog sie förmlich mit.» Für Suter, der 1943 in Basel als Sohn eines Komponisten geboren wurde, hat der erfolgreiche Unternehmergeist aber auch viel mit Kreativität und Inspiration zu tun: «Ein Unternehmer ist auch ein Künstler. In dieser Rolle geht es darum, ständig neue Ideen zu entwickeln und nie auf den Lorbeeren auszuruhen.» Stillstand sei immer Rückschritt.

Ein Unternehmer ist auch ein Künstler. In dieser Rolle geht es darum, ständig neue Ideen zu entwickeln und nie auf den Lorbeeren auszuruhen.

Und exakt dies habe Hans Imholz verinnerlicht und vorgelebt. Oder um es mit den Worten von Hermann Hesse zu sagen: «Damit das Mögliche entsteht, muss immer wieder das Unmögliche versucht werden.»

Suter, ein leidenschaftlicher Flieger, wagte 1975 – wie vierzehn Jahre zuvor Hans Imholz – den Schritt in die geschäftliche Selbstständigkeit. Er gründete, noch immer als Linienpilot und Flugkapitän für die Swissair arbeitend, das Luftfahrtunternehmen Business Flyers Basel AG mit 65 000 Franken Startkapital. Die Flotte bestand aus einer Cessna und einer Piper. Mit Hilfe privater Investoren expandierte er rasch und taufte am 24. November 1978 die BFB in Crossair um. Sein Geschäftsmodell: Die Crossair flog kleinere Destinationen mit kleineren (20 Plätze umfassenden) Flugzeugen an, die von den etablierten Airlines links liegen gelassen wurden.

Der Plan ging auf. Die Crossair wuchs schnell; Suter erhöhte das Kapital sukzessive. 1988 stieg die Swissair bei Crossair mit einem Anteil von 41 Prozent am Gesamtkapital von 160 Millionen Franken ein. Drei Jahre später beförderte die Crossair erstmals mehr als eine Million Passagiere pro Jahr. 1991 übernahm die Swissair mit 51 Prozent die Mehrheit, aber die Crossair blieb stets eine unabhängige börsenkotierte Gesellschaft. Mitte der 1990er-Jahre avancierte die Crossair zur grössten Regionalfluggesellschaft Europas mit 74 Flugzeugen. Ende 2001, beim erzwungenen Rücktritt von Moritz Suter als Präsident des Verwaltungsrats der Crossair, hatte diese 88 Flugzeuge, rund 4 500 Mitarbeitende und über 15 000 Aktionäre und beförderte über sechs Millionen Passagiere im Jahr.

Er war mit seinem Reisebüro einer unserer besten Kunden. Vor allem sein Städteflugangebot passte perfekt zu unserem Streckennetz.

Die Airline galt als chic und edel – klein und fein. Sie erhielt diverse Auszeichnungen, vor allem auch dank dem vorzüglichen Boardservice und der raffinierten Küche. Suter avancierte zum Mann der Stunde in der Luftfahrtbranche. Er wurde 2002 in Barcelona mit dem Doktortitel honoris causa der European University sowie der La Salle University von Philadelphia gewürdigt. Die US-Zeitschrift Aviation Week beförderte ihn als ersten und einzigen Schweizer zur «Legende der Luftfahrt» mit einer Ehrentafel im berühmten National Air and Space Museum – Smithsonian Institution in Washington und hob ihn damit auf eine Stufe mit Aviatik-Pionieren wie Wernher von Braun (Raketenbauer), Sergei Iljuschin (Flugzeugkonstrukteur) oder John Glenn (Astronaut).

Schweizer Führungspersönlichkeiten: Moritz Suter mit Bundesrat Adolf Ogi an einem Fest im Crossair-Hangar in Basel.

1979 gründet Suter die Crossair. Es ist der Beginn einer grossen Schweizer Erfolgsgeschichte.

Hans Imholz lernte Suter in den 1980er-Jahren kennen und schätzen: «Er war mit seinem Reisebüro einer unserer besten Kunden. Vor allem sein Städteflugangebot passte perfekt zu unserem Streckennetz.» Doch Imholz habe immer auch selber grosse Ambitionen im Bereiche der Luftfahrt besessen. Suter erinnert sich: «Wir diskutierten intensiv darüber, zusammen eine Charterfluggesellschaft mit Flugzeugen des Typs Boeing 737 zu lancieren – Hans wäre in diesem Betrieb für den Reisebüro-Teil verantwortlich gewesen; ich für den Airline-Part.» Suter denkt, dass das Ziel von Imholz aber noch höher lag: «Der Traum von Hans war es, eine eigene Airline zu gründen.» Man habe sich regelmässig getroffen – oft in den altehrwürdigen Hallen des Restaurants Kronenhalle an der Zürcher Rämistrasse. «Hans Röllin, der Finanzchef der Crossair, war oft auch dabei», erzählt Suter, «und wir konnten Hans so aufzeigen, wie aufwendig und teuer der Betrieb einer eigenen Fluggesellschaft ist.» Letztlich siegte bei Imholz die Vernunft: «Er sah ein, dass der administrative Aufwand zum Betrieb von zwei bis drei Charterflugzeugen viel zu gross war. Er hätte eine ganz neue Geschäftsstruktur mit einer eigenen Leitung aufbauen müssen. So aber konnte er im Auftraggeber-Verhältnis von unseren Flugleistungen profitieren – ohne selber ein unternehmerisches Risiko einzugehen.» Suter denkt, dass es kaum zu Imholz gepasst hätte, wenn er das Wagnis einer eigenen Fluggesellschaft auf sich genommen hätte: «Ich lernte ihn als sehr vorsichtigen und wohlüberlegten Geschäftsmann kennen. Die Gründung einer Airline wäre ein unnötiges Risiko gewesen.»

Er sah ein, dass der administrative Aufwand zum Betrieb von zwei bis drei Charterflugzeugen viel zu gross war.

1987 holte Hans Imholz das Vorhaben zumindest im kleinen Stil nach. Er stieg als Minderheitsaktionär bei der von Bruno Dobler, dem früheren Chefpiloten der Crossair, gegründeten Classic Air ein, einer kleinen Fluggesellschaft, die zwei historische DC-3 betrieb und dem Reiseunternehmer ein neues Geschäftsfeld ermöglichte: nostalgische Städteflüge. Hans Imholz erinnert sich an seine Idee: «Bei den Städtereisen drehte sich alles um die Destinationen. Mit den alten Maschinen der Classic Air wollte ich bereits die Reise zu einem Erlebnis machen.» Tatsächlich waren die historischen Fluggeräte eine grosse Attraktion. Wird Moritz Suter auf den Flugzeugtyp der DC-3 angesprochen, gerät er ins Schwärmen – und blickt weit in die Vergangenheit zurück: «Die DC-3 erlebte ihren Jungfernflug in den 1930er-Jahren. Sie war quasi der Prototyp des modernen Flugzeugs. Im Gegensatz zu den ersten Fliegern, die oft nur aus einem Gestänge und aus Stoffplachen bestanden, war sie komplett aus Aluminium gefertigt. Jede Airline, die etwas auf sich hielt, beschaffte sich diesen Flieger. Mit fast 15 000 produzierten Exemplaren ist die DC-3 bis heute das meistproduzierte Verkehrs- und Militärflugzeug der Welt.» Globale Berühmtheit erlangte sie vor allem auch als «Rosinenbomber» durch ihre Einsätze während der Berliner Luftbrücke 1948/49 durch die Westalliierten zur Versorgung der Zivilbevölkerung. Suter sagt dazu mit verklärter Stimme: «Auch deshalb freue ich mich noch heute jedes Mal ausserordentlich, wenn ich eine DC-3 sehe.»

Auch deshalb freue ich mich noch heute jedes Mal ausserordentlich, wenn ich eine DC-3 sehe.

Mit seinem Konzept der Nostalgiestädteflüge wollte Hans Imholz von diesem Mythos profitieren. In den Zeitungsinseraten versprach er «Reisen der besonders gediegenen Art – mit gehaltvollen Erlebnissen schon auf dem Flug nach München, Venedig und Paris». Die DC-3 sei weit mehr als ein profanes Verkehrsmittel: «Im Verlauf ihres langen Einsatzes wurde sie zum berühmtesten Flugzeug der Fluggeschichte. Nun erstrahlt sie wieder in neuem Glanz. Die perfekte Restaurierung der Maschinen war das hohe Ziel der Classic Air. 28 komfortable Sitze und extragrosse Panoramafenster garantieren ein einmaliges Flugerlebnis.»

Im Imholz-Katalog jener Zeit wandte sich die Ferienberaterin Anita Dopler unter dem Titel «Exklusives Fliegen, Logieren, Erleben und Geniessen» mit folgenden Worten an die potenzielle Kundschaft:

«Ich freue mich darauf, Ihnen mehr über die ‹Grand Old Lady› der Luftfahrt und den Top-Service erzählen zu dürfen. Ein Erstklassflug im berühmtesten Flugzeug der Welt. Die niedrige Flughöhe erlaubt eine herrliche Sicht auf Berge, Täler, Städte, Flüsse und Seen. Geniessen Sie bei einem prickelnden Glas Champagner das feine Essen in der elegant ausgestatteten DC-3. Ein Flugerlebnis, das heute in Grossraumflugzeugen nicht mehr möglich ist.» Abgerundet war das Inserat mit einem träfen Spruch von Hans Imholz höchstpersönlich: «Heb ab, heb's schön.»

So schön die Worte auch klangen, so zurückhaltend reagierte die Kundschaft. Hans Imholz bezeichnet das Projekt rückblickend als «unternehmerische Fehleinschätzung». Er habe die Situation verkannt. In der breiten Öffentlichkeit habe kein Bedürfnis für solche Reisen bestanden. Moritz Suter denkt, dass die Imholz-Kunden die falschen Ansprechpersonen für eine solche Leistung waren: «Sie wollten billig und schnell in die Ferien – mit modernen Maschinen – und legten keinen Wert auf einen geschichtlichen Exkurs und museale Atmosphäre. Damals war das Fliegen allein ein Ereignis. Die Menschen waren vom technischen Fortschritt fasziniert. Oldtimer-Flieger passten schlecht in dieses Bild.»

Der geschäftliche «Ausflug» mit der Classic Air war eine der raren Fehleinschätzungen von Hans Imholz. «Davon abgesehen hat er alles richtig gemacht», sagt Moritz Suter, «bis zum Verkauf seines Unternehmens 1989. Dass er einen so guten Preis erzielen konnte, setzt seiner Karriere die Krone auf.»

> *Damals war das Fliegen allein ein Ereignis. Die Menschen waren vom technischen Fortschritt fasziniert. Oldtimer-Flieger passten schlecht in dieses Bild.*

Für Suter ist Hans Imholz «ein Mann mit ausserordentlich gutem Gespür für Entwicklungen». Er war der Zeit oft einen Schritt voraus – und habe erkannt, dass man mit zündenden Ideen und der Disziplin in der Umsetzung fast alles erreichen kann. Das wirtschaftliche Umfeld sei damals aber dankbar gewesen: «Wir hatten die Möglichkeit, auf einer grünen Wiese etwas Grosses und Wagemutiges aus dem Boden zu stampfen.» Diese grüne Wiese gebe es heute kaum mehr, sagt Suter. Einen wichtigen Grund für den fortwährenden Erfolg von Imholz sieht er aber auch im persönlichen Umfeld: «Einen wichtigen Teil hat seine Gattin Doris beigetragen. Wer nicht eine so starke Frau hinter sich weiss, kann als Unternehmer nur schwer reüssieren.» Hans sei ein Macher und Kontrollfreak gewesen; und Doris habe dafür gesorgt, dass alles nach Plan umgesetzt wurde: «Sie war die graue Eminenz des Reisebüros und hat den Kurs nachhaltig mitbestimmt. Hans und Doris funktionieren als perfektes Team.»

Dass es mit der Nachfolgeregelung trotzdem nicht wunschgemäss klappte, liegt für Suter in der Natur der Sache: «Nach einer Führungsperson wie Hans Imholz, bei der alle Fäden zusammenlaufen und die die Firma mit

ihrem Geist, Gesicht und Namen aufgebaut und nach aussen geprägt hat,
gibt es für den neuen Mann eigentlich
gar keine echte Chance.» Dass diese
Entwicklung letztlich zum Verschwinden der Marke Imholz führte, ist für
Moritz Suter «eine arrogante unter-

Vor diesem Hintergrund dürfte das Schicksal der Swiss in Deutschland keine Priorität besitzen.

nehmerische Ignoranz der späteren Besitzer». Er vergleicht es mit dem
Verschwinden der Marke Danzas, die im Bereich der Logistik und Spedi-
tion eine weltführende Rolle gespielt habe – oder dem Verkauf der Swiss
an die Lufthansa im Jahre 2005. Man werde wohl erst bei der Bewältigung
der Corona-Krise erkennen, welch fahrlässiger Schritt dies gewesen sei:
«Die Lufthansa kämpft gegen Milliardenverluste. Vor diesem Hintergrund
dürfte das Schicksal der Swiss in Deutschland keine Priorität besitzen; der
heutige Lufthansa-Chef Carsten Spohr erklärte in einem Interview, dass
sich die Lufthansa bei der Restrukturierung nach der Krise primär auf
ihren Haupt-Hub Frankfurt konzentrieren müsse, dann auf München. Das
ist ja auch nicht nur wirtschaftlich, sondern auch politisch verständlich.
Schlussendlich ist die Lufthansa ein wichtiges deutsches Unternehmen im
Interesse des Landes, und was dann noch übrigbleibt für die weiteren
Standorte, das werden wir dann sehen.» Moritz Suter denkt, dass der
Swiss angesichts der schweren Krise bei der Restrukturierung der Luft-
hansa-Gruppe die Flügel gestutzt werden könnten – was auch für den Zürcher Flughafen höchst problematisch wäre. Gross ärgern mag er sich da-
rüber aber nicht mehr. Er ist vielmehr stolz, dass seine Crossair einen Teil
der Schweizer Luftfahrt quasi als Arche Noah retten konnte, indem sie den
Flugbetrieb der bankrotten Swissair übernahm und am 13. Mai 2002 an
der 29. ordentlichen Generalversammlung den Namen Crossair LX in
Swiss International Airline LX änderte. So hat ein prägnantes Merkmal
der Airline alle Stürme überlebt: Der IATA-Code LX, der noch heute den
Swiss-Flugnummern vorausgeht, stammt von der Crossair. Gemäss dem
Handelsregisterauszug wurde die Swiss International Airline am 14. Februar 1975 unter dem Namen Business Flyers Basel AG, den sie am 24. November 1978 in Crossair und am 13. Mai 2002 in Swiss International Airline änderte, in Basel gegründet, wo sie auch heute noch ihren Rechtssitz
hat.

Weggefährten: Edi Dietrich mit seinem Förderer und Chef Hans Imholz.

«Imholzer» der ersten Stunde: Edi und Silvia Dietrich (mitte) zusammen mit Charlotte Schneider (links) und Conny Noser (rechts).

11 | DER ZWEITE MANN

Er reiste dutzende Male um die Welt. Er war quasi der verlängerte Arm von Hans Imholz. Der Zürcher Edi Dietrich gehörte zu den prägendsten Figuren bei Imholz Reisen.

Silvia und Edi Dietrich wohnen in einem kleinen Paradies. Vom Balkon ihrer schönen Wohnung in Laax blicken sie auf das rau-romantische Signina-Bergmassiv. In ihrem Rücken liegt das Naturschutzgebiet der Tektonikarena Sardona. Es ist ein mystischer Ort – einer, der die Geschichte der Erde und der Alpen wie kaum ein zweiter veranschaulicht. An der Gebirgslandschaft um den Piz Sardona lässt sich der Zusammenstoss der Kontinentalplatten Afrikas und Europas förmlich ablesen. Es ist ein fast schon bezeichnender Flecken Erde, auf dem die Dietrichs ihr Zuhause gefunden haben. Denn letztlich war ihr halbes Leben von der internationalen Vernetzung und den Reisen in fremde und ferne Länder geprägt. Edi Dietrich war bei Imholz Reisen der Mann für die globale Frontarbeit – der «Aussenminister», wie er von Branchenkennern und Freunden genannt wurde.

Ich war wohl zehnmal auf Jamaika, immer wieder in den USA, mehrmals in China und Japan und regelmässig auf Kreuzfahrten.

Während Hans Imholz seine Ideen und Visionen quasi im stillen Kämmerchen kreierte, setzte Dietrich die Pläne seines Chefs in der Praxis um und reiste in seinem Leben dutzende Male um die Welt. Wie oft es war, kann er nicht sagen: «Ich war wohl zehnmal auf Jamaika, immer wieder in den USA, mehrmals in China und Japan und regelmässig auf Kreuzfahrten.» Ausserdem gehörte Dietrich zu jenen Reisebegleitern, die in den 70er- und 80er-Jahren die legendären Imholz-Weltreisen begleiteten. Statistik führte er über seine Autokilometer, die er zu den Geschäftsterminen bei den Agenten zurücklegte: «Zwischen 1,5 und 2 Millionen waren es. Man nannte mich auch Agenten-Vater.» So spielte Dietrich beim Aufstieg von Imholz in die Top 3 der Schweizer Reiseunternehmen eine Schlüsselrolle. Weil er jene Aufgaben übernahm, die seinem Chef weniger lagen – und weil er nie Besitzansprüche stellte: «Hans und ich haben uns perfekt ergänzt», sagt Dietrich und schiebt sich zufrieden eine Gabelspitze Laaxer Torte in den Mund.

Die Anstellung bei Hans Imholz sollte das Leben von Edi Dietrich in jeder Beziehung prägen – obwohl ihm die erste Sekretärin keinen Mut gemacht habe: «Sie empfing mich mit den Worten, dass es sich nicht lohne, hier anzufangen – weil die Geschäftsidee von Imholz zum Scheitern verurteilt sei und dieser Betrieb bald wieder zumachen werde.» Es war eine epochale Fehleinschätzung. Für Dietrich begann bei Imholz die Reise seines Lebens. Nimmt man es genau, war der loyale Mitarbeiter sogar länger im Betrieb tätig als der Chef persönlich: «Als sich Hans bereits aus dem operativen Geschäft verabschiedet hatte, blieb ich noch anderthalb Jahre.» Auch privat fand Dietrich sein Glück im Reisegeschäft. Wenn Hans Imholz mit einem Lachen sagt, «unser Reisebüro war auch ein Partnerschaftsvermittlungsinstitut», trifft dies auf die Dietrichs perfekt zu. Silvia Dietrich – geborene Oesch – bewarb sich nämlich 1964 kurz nach ihrem Handelsdiplom in Zürich auf Vermittlung der Zürcher Bäckerstochter Brigitte Berner bei Hans Imholz als Sekretärin – ohne dass sie wirklich damit rechnete, die Stelle zu kriegen: «Ich besass wenig Berufserfahrung und forderte mit 900 Franken einen für damalige Verhältnisse horrenden Lohn.»

Allerdings sprach etwas anderes für die kecke Bewerberin. Weil Silvia Oesch kurz vor dem Vorstellungsgespräch in den Skiferien in Lenzerheide gewesen war, trat sie braungebrannt und sichtlich erholt zu Hans Imholz ins Büro. Und dies schien dem Chef wichtiger zu sein als berufliche Referenzen. Ausserdem stellte sich heraus, dass auch Imholz gerne zum Skifahren nach Lenzerheide fuhr. «Es war eine in jeder Beziehung glückliche Konstellation. Zu meinem Erstaunen erhielt ich den Job», erinnert sich Silvia Dietrich. Allerdings musste sie beim Lohn Abstriche machen: «Hans Imholz sagte mir, dass ich beginnen könne, jedoch zu den Konditionen meiner Mitbewerberin – für 750 Franken pro Monat.»

> *Ich besass wenig Berufserfahrung und forderte mit 900 Franken einen für damalige Verhältnisse horrenden Lohn.*

Die Dietrichs beschreiben Hans Imholz als «sehr kreative und umgängliche Persönlichkeit». Allerdings habe er in gewissen Bereichen pedantisch aufs Geld schauen können. Silvia Dietrich erinnert sich: «Wenn ich seine Diktate mit Stenografie erfassen musste, wies er mich immer wieder an, enger zu schreiben – damit ich Papier sparen könne.» In kleinen Dingen sei Hans Imholz gelegentlich ein «Tüpflischysser» gewesen, im Grossen war er aber sehr generös und spendabel:

«Als ich mit unserer ersten Tochter schwanger war, reduzierte er mein Pensum auf 50 Prozent. Und trotzdem erhielt ich den vollen Lohn.»

Beeindruckt war Silvia Dietrich von der Cleverness und Schlauheit ihres Chefs im Umgang mit potenziellen Kunden. Zwar habe Hans Imholz ein Flair für schöne Autos besessen und sei einen knallroten Triumph TR4 gefahren, für die Verhandlungen und Vertragsabschlüsse habe er aber jeweils den rustikalen DKW seines Bru-

Wenn ich seine Diktate mit Stenografie erfassen musste, wies er mich immer wieder an, enger zu schreiben – damit ich Papier sparen könne.

ders Guido ausgeliehen: «Das wirkte bescheiden und bodenständig – und brachte niemanden auf die Idee, dass er den Preis drücken könnte.»

Mit zunehmender Dauer seiner Anstellung erhielt Edi Dietrich immer mehr Verantwortung. War es anfänglich Hans Imholz persönlich, der die Reiseprogramme für die Kundschaft zusammenstellte, übernahm später Edi Dietrich dieses Dossier. Hans Imholz habe sozusagen das grosse Bild vorgegeben – und die Detailplanung dann aber Dietrich überlassen: «Ich musste mit den Busunternehmen, den Hotels und den Reiseführern vor Ort verhandeln – und so die ganze Kalkulation erstellen.» Bei der Erweiterung des Angebots gelang Dietrich 1963 gar ein grosser Coup – wenn auch mit etwas Glück: «Wir waren mit einer Zürcher Handelsfirma nach Berlin und London gereist. Und suchten für eine weitere Reise ein neues Ziel.» Dietrich erinnerte sich an seinen Geometrieunterricht und nahm den Zirkel zur Hand. «Ich steckte die Spitze bei Zürich ein – und zog die Verbindung zwischen Berlin und London. Und als ich den Kreis weiterzog, landete ich genau auf Tunis.»

Die afrikanische Exotik wirkte auf die Kundschaft wie ein Magnet: «Quasi über Nacht hatten wir 122 Anmeldungen; dreimal so viel wie in den Jahren zuvor.» Imholz konnte gleich zwei Balair-Chartermaschinen füllen – und entwickelte daraus eine weitere Geschäftsidee, die das Unternehmen prägen sollte: die sogenannten Flugketten, die die verschiedenen Reisearrangements miteinander verbanden. Dietrich erklärt: «Wenn der Hinflug einer Gruppe an der Destination zum Rückflug einer früher gestarteten Gruppe wird – und der Rückflug dann wieder zum Hinflug der nächsten Schicht wird, lassen sich Leerflüge verhindern.» Und je länger die Kette wurde, desto günstiger konnten die einzelnen Arrangements angeboten werden.

Zu den Städtereisen kamen später die Badeferien und dann die Langdistanzreisen dazu – Angebote, die zuvor vor allem von Kuoni und Danzas erfolgreich offeriert worden waren. Imholz dagegen galt weiterhin als Niedrigpreisanbieter, der von der Konkurrenz zuweilen herablassend beobachtet wurde. Silvia Dietrich sagt: «Man hatte schon das Gefühl, dass die Kuoni-Leute auf uns herabschauten.» Vielleicht auch, weil die Hochglanzauftritte fehlten. Edi Dietrich: «Wir warben nicht mit teuren Katalogen, sondern mit Inseraten, Telefonanrufen und A5-Prospekten.»

Man hatte schon das Gefühl, dass die Kuoni-Leute auf uns herabschauten.

Immer aber beobachtete die Imholz-Belegschaft, was die Konkurrenz anbot – und da stach in den 1970er-Jahren bei Knecht Reisen eine Weltreise für zirka 10 000 Franken ins Auge. Edi Dietrich erhielt von seinem Chef den Auftrag, eine eigene Offerte zu entwickeln – aber auf einem deutlich tieferen Preisniveau. Gesagt, getan. Dietrich entwarf «eine Weltreise auf dem Reissbrett». Rund 50 Jahre später nimmt er in Laax einen Atlas zur Hand und zeichnet seine damaligen Gedanken nach: «Von Zürich flogen wir nach Mexico City. Nach einem Abstecher nach Acapulco ging es weiter nach Tahiti und von dort über die Fidschiinseln nach Sydney. Der ‹Rückweg› in die Schweiz führte über Bali, Singapur und Bangkok.» Der budgetierte Preis lag ein Jahr vor Reisebeginn bei 4950 Franken. Allerdings machten Flugpreiserhöhungen dem Veranstalter einen Strich durch die Rechnung: Letztlich kostete die erste Imholz-Weltreise 5500 Franken. Planung und Umsetzung seien ein echtes Abenteuer gewesen, erinnert sich Dietrich. Denn bei der Ausschreibung wussten wir noch nicht, ob alles sauber klappen würde. Es klappte – und so wurden die Weltreisen in den 1970er-Jahren zu einem Dauerbrenner im Imholz-Angebot.

War im Tagesgeschäft die Neue Zürcher Zeitung die bevorzugte Publikation, um Inserate zu platzieren, veranstaltete Imholz den Trip um den Globus mit der Schweizer Illustrierten als Medienpartner.

In der Ausgabe vom 8. September 1975 war unter der Überschrift «In 24 Tagen um die Welt – vier Kontinente, acht Etappen. Für rund 6000 Franken. Das ist der Fahrplan Ihrer Weltreise» folgendes ganzseitiges Inserat zu lesen:

Liebe Leser

Wir möchten Ihnen Gelegenheit geben, die meistgebuchte Südsee-Weltreise auf dem speziell für SI-Leser reservierten Datum über Weihnacht/Neujahr kennenzulernen. Es wird die «Reise Ihres Lebens». Dafür sorgt allein schon die absolut schönste Reiseroute. Während 24 unvergesslichen Tagen zeigen wir Ihnen die schönsten Orte rund um die Welt. Mexiko, das grossartige Land, das so reich ist an Kultur, Geschichte und Kunst. Sie besuchen mit uns die bedeutendsten historischen Zeugen aus der Zeit der Hochkultur der Azteken; Tahiti, Gauguins Trauminsel in der Südsee; Fidschi, eine zauberhafte Südsee-Insel jenseits der Datumgrenze; Neuseeland, ein landschaftlich ungemein reizvolles Agrarland mit einer Vielfalt an Gegensätzen; Australien, vor nicht allzu langer Zeit noch ein weisser Fleck auf der Weltkarte, heute ein hochentwickeltes Land, beeindruckend durch seine Grösse, seine Schönheit und Vielfalt sowie den Fernen Osten mit Bali und Bangkok – zwei Orte, an die Sie sich mit unvergesslichen Eindrücken zurückerinnern werden.

Imholz-Qualität trotz günstigem Preis

Eine schöne Reiseroute allein genügt noch lange nicht. Sonst wären nicht mehr als 1500 Teilnehmer seit 1972 mit uns «rund um die Welt» gereist. Bei einer Reise – und ganz speziell bei einer so grossen – müssen Preis und Qualität stimmen.

Der Grund für unsere günstigen Preise liegt in unseren Geschäftsprinzipien: keine Filialbetriebe, dafür ein perfekter Telefon-Direktverkauf. Diese ganzen Einsparungen kommen Ihnen zugute. Und sie sind enorm.

Und auf die sprichwörtliche Imholz-Qualität haben wir ganz speziell geachtet. Unsere Südsee-Weltreise genügt auch höchsten Ansprüchen unserer Kunden:

Unser Geschenk
Fr. 300.–
vergüten wir jedem SI-Leser auf dieser Südsee-Weltreise sozusagen als Weihnachtsgeschenk.

Damit wird Ihre Reise nochmals günstiger. Ein einmaliges Angebot!

Wir fliegen ausschliesslich mit Kursmaschinen der Liniengesellschaften Lufthansa, Qantas, Thai-International usw. Einzelne Langstrecken mit DC-10 oder Boeing 747 Jumbo-Jet.

Sie wohnen überall in ausgesuchten Erst- oder Luxusklassehotels. Zimmer mit eigenem Bad oder Dusche und WC sind Selbstverständlichkeit. Wo es das Klima erfordert, wird Ihr Zimmer sogar mit Klimaanlage versehen sein, und an den meisten Orten verfügen die von uns gewählten Hotels auch über einen Swimming-Pool.

Auf unseren Reisen sehen und erleben Sie viel. Wir haben aber darauf geachtet, dass Sie neben der Teilnahme an unseren Ausflügen immer wieder Zeit zum Baden und Ausruhen haben.

Für unsere Reisen setzen wir nur unsere besten und einsatzfreudigsten Reisebegleiter mit der grössten Erfahrung ein. Sie erhalten dafür Gewähr für eine aussergewöhnliche Betreuung.

Unsere Leistungen:
Die Reisekosten schliessen ein: sämtliche Flüge in Economy-Klasse mit Kursmaschinen der Lufthansa, Qantas usw. Unterkunft im Doppelzimmer (meistens klimatisiert) mit Bad/Dusche in Erstklasshotels, teilweise sogar Luxusklasse, einschliesslich reichhaltigem Frühstück. Alle Transfers Flughafen – Hotel – Flughafen; Stadtrundfahrt in Mexico-City und Sydney; Tempeltour in Bangkok; Schweizer Reiseleitung ab und zurück nach Zürich sowie lokale Führung; sämtliche Gepäckgebühren, Bedienungsgelder und Abflugtaxen; 20 kg Freigepäck auf den Flügen; Imholz-Reisetasche, Polyglott-Reiseführer und eine Weltkarte.

EINLADUNG ZUR «REISE IHRES LEBENS»

18. Dezember 1975 bis 10. Januar 1976, Weihnacht/Neujahr, 24 Tage

Silvia Dietrich kommt ins Schwärmen, wenn sie an ihre Imholz-Jahre zurückdenkt. Als junge Reiseleiterin sei sie zwar gelegentlich mit unerwarteten Aufgaben konfrontiert worden und habe auch skurrile Dinge erlebt. Beispielsweise erinnert sie sich an das Schreiben eines Teilnehmers der Reise für Angler und Fischer unter dem Slogan «Petri Heil» nach Nordeuropa. Der Mann, der noch nie ein Flugzeug bestiegen hatte und noch nie im Ausland gewesen war, machte sich im Vorfeld grosse Sorgen über die klimatischen Verhältnisse am Zielort und fasste seine Gedanken auf zwei Seiten in Worte – um letztlich nur eine Frage zu stellen: «Muss ich einen Regenschirm mitnehmen?» Hans Imholz persönlich lieferte die Antwort – ebenfalls auf dem Postweg: «Sie können den Schirm getrost zuhause lassen. Wir sorgen im Bedarfsfall für den Regenschutz.»

Feucht und fröhlich wurde es auch bei anderen Gelegenheiten, wie sich Silvia Dietrich erinnert. So habe sie beispielsweise in Frankfurt mit einer Gruppe von «derben Wirten» ein Nachtlokal besuchen oder mit dem Drogisten-Verband in Köln das erste Glas Champagner trinken müssen, aber selbst heute – im Me-too-Zeitalter – könne sie noch mit gutem Gewissen sagen: «Die Reiseteilnehmer waren mir gegenüber ausnahmslos sehr respektvoll und anständig. Ich könnte von keiner schlechten Erfahrung sprechen.» Auch Edi Dietrich spricht von einem «absoluten Traumjob».

Neben den Weltreisen, dem ersten Charterflug aus Europa nach Montego Bay auf Jamaika, den Reisen mit dem Hauseigentümerverband durch den Osten der USA und nach Japan erinnert sich Dietrich vor allem an die Südamerika-Expedition mit grossem Vergnügen. Wenn er ins Erzählen kommt, packt den Zuhörer fast automatisch das Fernweh: «In Peru sind wir von Lima über die Inkahauptstadt Cuzco nach Machu Picchu gereist – dann auf dem Landweg ins bolivianische La Paz und später zu den grandiosen Iguazú-Wasserfällen im Grenzgebiet zwischen Argentinien, Brasilien und Paraguay. Das waren unvergessliche Erlebnisse.» Und welches ist der ultimative Reisetipp des Experten? Für Sonnen- und Strandliebhaber empfiehlt Dietrich die Karibik: «Montego Bay, Grenada, Kuba, Santa Lucia, Bahamas und die Dominikanische Republik, die Imholz ebenfalls als erster mit Charterflügen bedient hatte.» Im Corona-Sommer waren diese Ziele aber faktisch unerreichbar. Und so wurden Edi und Silvia Dietrich 2020 zuhause in Laax sozusagen von der eigenen Vergangenheit eingeholt: «Alle, die sonst Strandferien machen, sind in die Bündner Berge gekommen.»

Alle, die sonst Strandferien machen, sind in die Bündner Berge gekommen.

Edi Dietrich lacht, wenn er das erzählt – und nimmt zufrieden einen Schluck Kaffee. Aber er ist froh, wenn die Ruhe in die Schweizer Berge zurückkehrt. Noch einen Corona-Sommer möchte er auf keinen Fall erleben, sagt er mit Vehemenz. Damit spricht der Reisefachmann der ganzen Branche aus dem Herzen.

Zaubermeister: Imholz-Evergreen Hans-Peter Lehmann ist auch als Magier Porrax eine grosse Nummer.

12 | SCHUNKELN IN PEKING UND FLÜGE INS ALL

Er war der Mann für die ganz speziellen Reisen. Er sah fast alle Länder dieser Erde und wollte die Touristen sogar ins Universum führen. Hans-Peter Lehmann machte die ausgefallensten Träume wahr – und war nach Feierabend auch für magische Momente zuständig.

Blickt Hans-Peter Lehmann vom grossen Balkon seiner Wohnung in Kloten, hat er sozusagen sein ganzes Berufsleben vor Augen – und seine grosse Passion: das Rollfeld des Flughafens Kloten mit den Fliegern, die sich zu Destinationen in der ganzen Welt aufmachen. Lehmann, heute 69 Jahre alt, war der Vielflieger im Imholz-Betrieb: «Ich habe über 200 Länder besucht. Allein in China war ich mindestens 30 Mal. Beim Meilenprogramm habe ich den Senator-Status erreicht.»

Das Ressort von Lehmann hiess «Spezialreisen» – und war quasi die Weiterentwicklung der ursprünglichen Geschäftsidee von Hans Imholz. Lehmann bewarb sich 1973 nach einer Speditionslehre beim Transportunternehmen Welti-Furrer sowie Sprachaufenthalten in England und in der Westschweiz bei Imholz. Am Geschäftssitz an der Birmensdorferstrasse kam es schnell und unkompliziert zum Vertragsabschluss. Lehmann erinnert sich: «Mein grosser Trumpf war, dass ich Erfahrungen in Busreisen hatte. Und dies war bei Imholz in dieser Phase wichtig.»

Meine Bühne waren Festhütten und Gemeindesäle – aber oft in prominenter Begleitung. Unter anderem wurde ich mit Unterhaltungs-Grössen wie Walter Roderer, Hansjörg Bahl oder dem Trio Eugster gebucht.

Was der Chef über seinen damaligen Angestellten allerdings (noch) nicht wusste: Hans-Peter Lehmann war auch ein Mann mit magischen Händen. Nach Feierabend trat er als Zauberkünstler Porrax auf und erreichte in dieser Rolle den Titel des Schweizer Meisters im Amateurzaubern. Lehmann, der heute noch immer als Tourguide auf dem Flughafen tätig ist, erzählt voller Vergnügen von jenen Zeiten: «Meine Bühne waren Festhütten und Gemeindesäle – aber oft in prominenter Begleitung. Unter anderem wurde ich mit Unterhaltungs-Grössen wie Walter Roderer, Hansjörg Bahl oder dem Trio Eugster gebucht.» Hans Imholz verfolgte das Hobby seines Mitarbeiters mit gemischten Gefühlen. Schliesslich hatte er Lehmann als Reiseprofi und nicht als Mann für bunte Abende verpflichtet. Gleichwohl war er von den magischen Qualitäten von Lehmann beeindruckt. In seinem Archiv finden sich auf jeden Fall Medienkritiken und Referenzen zu den Shows von Porrax: «Mit verblüffender Perfektion versetzte Porrax den Zuschauer in fassungsloses Staunen, liess brennende Zigaretten verschwinden, einen Spazierstock zu den Klängen der Musik tanzen, produzierte Billardbälle aus dem Nichts. Und bei der zum Abschluss gezeigten Glanznummer, als er Flaschen um Flaschen produzierte, blieb dem Publikum im wahrsten Sinn des Wortes der Mund vor Staunen offen.»

Doch das aufwendige Hobby korrespondierte schlecht mit dem Arbeitsethos von Imholz. Zwar liess er Lehmann an Firmenfeten auftreten. Doch eigentlich war in seinem Geschäftsmodell kein Raum für Hokuspokus und Simsalabim. Dass der Angestellte gelegentlich direkt von den Auftritten zur Arbeit erschien, passte dem Patron gar nicht. So stellte Imholz seinen Mitarbeiter vor die Wahl: «Entweder bleiben Sie Hobby-Zauberer – oder Sie machen Karriere bei mir.» Es war eine kompromisslose Frage – aber für Lehmann auch eine klare Sache: «Ich wollte unbedingt bei Imholz bleiben. So gab ich das Zaubern auf.»

Es sollte eine weise Entscheidung gewesen sein. Lehmann blieb dem Unternehmen Imholz bis zuletzt treu – und arbeitete auch dann noch für die Nachfolgefirmen, als sich Hans Imholz selber längst aus dem operativen Geschäft zurückgezogen hatte. Heute sagt er zu seinen 25 Jahren unter Hans Imholz: «Er hat mir das Handwerk beigebracht – Marketing, Verkauf, Hard-Selling. Bald rückte ich in die erweiterte Geschäftsleitung auf und erhielt die Prokura und später den Vize.» Lehmann schwärmt von seinem langjährigen Chef. Sei Imholz von einem Mitarbeiter überzeugt gewesen, habe er kompromisslos auf ihn gesetzt – ohne allerdings die nötige Distanz zu verlieren: «Wie alle anderen war auch ich mit Herrn Imholz nie per Du.»

Ich wollte unbedingt bei Imholz bleiben. So gab ich das Zaubern auf.

Lehmann machte seinen Weg auch so. Er brachte den Bäckereiverband nach Köln, die Traktorproduzenten in die USA oder die Zahnärzte nach Prag. Und meistens fungierte er bei den von ihm organisierten Reisen auch als Begleiter: «Ich war viel unterwegs, organisierte Leser-, Studien-, Verbands-, Inserate- und Parteireisen nach Mass in alle Welt. Ich betreute Grosskunden, das war ein lukratives Geschäft.» Bald einmal wurde Lehmann in der Branche «Mr. Spezialreisen» genannt. In den 90er-Jahren war er dann federführend bei der Etablierung der neuen Imholz-Städteflüge nach Übersee. Für weniger als 1000 Franken gings für eine Woche nach Peking, Kapstadt oder Rio de Janeiro. Auch die Weihnachtsshopping-Flüge nach New York und Chicago seien sehr erfolgreich gewesen.

Zu den spektakulärsten Projekten zählten auch die Themenreisen mit volkstümlichem Hintergrund. Dazu zählte beispielsweise eine zweiwöchige «Landwirtschaftliche Fachreise» im Februar 1979 durch die Südstaaten der USA. In der Einladung verpasste es das Reisebüro nicht, auf die vorteilhaften finanziellen Konditionen hinzuweisen: «Noch nie stand der Dollar so günstig für uns, und die Reisekosten sind – im Vergleich zum Gebotenen – einzigartig niedrig.» Zum Gebotenen zählte neben den Naturschönheiten Amerikas sowie dem von den amerikanischen Landwirtschaftsbehörden ausgearbeiteten Fachprogramm die Begleitung des «prominenten Imholz-Reiseleiters Wysel Gyr zusammen mit einem urchigen Schwyzer-Örgeler-Orchester».

Am Schluss verlangte Trütsch zu viel. Deshalb beendeten wir die Zusammenarbeit.

Später führte Imholz auch Reisen für Schwinger oder Jasser durch die USA durch, wobei er erneut auf den Prominentenfaktor setzte: Ländlerkönig Sepp Trütsch war oft der Mann, der den eidgenössischen Rahmen bot. So populär der Schwyzer auch war, so sehr kollidierte seine Selbstvermarktung mit dem Geschäftsgedanken von Imholz Reisen. Lehmann sagt dazu nüchtern: «Am Schluss verlangte Trütsch zu viel. Deshalb beendeten wir die Zusammenarbeit.» Davon ist auch in einem Artikel im Blick vom 17. Juli 1989 zu lesen. Offenbar hatte Trütsch seine Rolle etwas zu sportlich interpretiert: «Rheinfahrt mit Trütsch – Reinfall. Zu einem Reinfall wurde eine Rheinfahrt mit Sepp Trütsch für zwei Volksmusikfreunde: Anstatt Ländlermusik gab es Cha-Cha-Cha – der König der Volksmusik sorgte nicht für Gemütlichkeit, sondern organisierte das Frühturnen. 1280 Franken – 300 Franken mehr als für die gleiche Reise ohne Star Sepp Trütsch – hatte das Ehepaar für die Rheinfahrt bezahlt. Es beschwerte sich beim Reiseveranstalter Imholz, dass es auf dem Schiff mit Sepp Trütsch Folklore nur ab Band gab, dass der einzige Tanzabend von einem elektronischen Einmannorchester bestritten wurde.»

Hans-Peter Lehmann musste der Zeitung die Sachlage erklären: «Sepp Trütsch fungierte lediglich als charmanter Begleiter, es war also keine eigentliche Folklore-Reise. Es haben sich von 95 Reiseteilnehmern auch nur zwei beschwert. Wir versuchen diese nun mit einer fröhlichen Ländler-Schallplatte zu trösten.»

Mit Karl Moik veranstaltet Lehmann volkstümliche Reisen bis nach Peking ...

... und doppelt später mit Sepp Trütsch nach.

Ob die Schallplatte die Enttäuschung dämpfte, ist nicht bekannt. Für Hans-Peter Lehmann waren diese Reisen aber bahnbrechende Angebote – weil sie auch einer Bevölkerungsschicht den Zugang zum Tourismus eröffneten, die sonst ihr Land vielleicht nie verlassen hätte: «Der Schweizer Bezug und das Heimatgefühl waren für uns immer entscheidende Verkaufsargumente.» Diese Erfahrung nahm er auch auf seine nächste berufliche Etappe mit. Als eines seiner Highlights erlebte Hans-Peter Lehmann eine Reise nach China im Oktober 1999. Die 113. Folge des Musikantenstadls wurde in der Verbotenen Stadt in Peking ausgetragen. Mit über 4000 Gästen aus Deutschland, Österreich und der Schweiz. Im Auftrag der Unternehmen DER und Ruefa wurde Lehmann mit der Logistik dieses Grossanlasses mit über 100 Rundreisen durch China beauftragt. «Wir hatten in Peking 158 Busse im Einsatz», erzählt er noch heute voller Begeisterung. Der Sonntagsblick schrieb damals von einer «Schunkel-Invasion mit Karl Moik in Peking». Und die Sonntagszeitung warnte: «Peking-Enten nehmt euch in acht, 4000 Fans reisen zum Musikantenstadl nach China.»

FLÜGE INS ALL

Doch Peking war erst der Anfang. Mitte der 1980er-Jahre wuchsen die Bäume im Tourismus in den Himmel. Im wahrsten Sinn des Wortes. Zusammen mit amerikanischen Partnern boten die Schweizer Marktführer – Kuoni und Imholz – Flüge ins Weltall an.

Es war offenbar eine Marktlücke, die immense Fantasien weckte. Am 20. Januar 1986 schickte die nationale Presseagentur SDA unter dem Titel «Reisen ins All – Schon haben sich die ersten Schweizer angemeldet» folgende Meldung aufs Netz:

> *Der Weltraum-Zug für uns ist abgefahren: Kein Schweizer wird beim ersten touristischen Weltraumflug dabei sein – aber vielleicht beim zehnten oder zwölften.*

«Der Weltraum-Zug für uns ist abgefahren: Kein Schweizer wird beim ersten touristischen Weltraumflug dabei sein – aber vielleicht beim zehnten oder zwölften. Die ersten Spezialkabinen, die in den 90er-Jahren mit einem Space-Shuttle der Weltraumbehörde NASA zum Orbit-Flug starten sollen, sind von amerikanischen Fans längst ausgebucht. Die All-Reisen werden aber auch

Der Raumfahrt-Tourismus steht kurz vor dem Abheben. Doch die Challenger-Katastrophe lässt die hochtrabenden Pläne 1986 implodieren.

von den beiden Schweizer Reiseunternehmen Imholz und Kuoni angeboten. Bereits hätten sich auch hier erste Interessenten gemeldet. Der Spass kostet je nach Dauer des Fluges zwischen 50 000 und 500 000 Dollar pro ‹Gastronaut›.

Die auf aussergewöhnliche Reisen spezialisierte Society Expeditions in Seattle, USA, deren Schweizer Generalagentur die Kuoni AG ist, rechnet mit einem ersten Flug am 12. Oktober 1992, dem Columbus Day, an dem sich die Entdeckung Amerikas zum 500. Mal jährt. Die Imholz Reisen ihrerseits wollen sich nicht so genau festlegen: Sie kündigen das neuartige Reiseangebot für Mitte der 90er-Jahre an. Laut Hans- Peter Lehmann, Ressortleiter für Spezialreisen, hat Imholz einen andern amerikanischen Partner als Kuoni, will den Namen heute aber noch nicht nennen. Die Reise ins Universum dauert je nachdem einen halben bis drei Tage. Mit Gesundheitstest – man muss absolut gesund sein – und Schwerelosigkeits-Training vorher sowie Wiederakklimation an die Erde nachher wird sich der Orbit-Trip aber schon etwas in die Länge ziehen. All diese Zusatzleistungen sind im Preis inbegriffen. Etwa 110 000 Franken sind die voraussichtlichen Kosten für die günstigste Variante: Die Raumfähre wird dabei nach Auskunft von Christian Möhr, Direktor der Abteilung für Spezialreisen bei Kuoni, in acht bis zwölf Stunden Flug die Erde fünf- bis achtmal umkreisen. Sachverständige werden dabei die Reiseteilnehmer, falls erwünscht, über das Gesehene aufklären. Die Imholz-Reisen, bei denen sich in zehn Tagen seit dem Bekanntwerden des künftigen Angebots bereits gegen 40 Interessenten voranmeldeten, sehen auch längere Flüge bis zu drei Tagen vor. Diese werden dann eine Million Franken kosten. Für das Vergnügen, einer der ersten ‹Gastronauten› zu sein, muss man tief in die Tasche greifen. Für feste Anmeldungen nehmen die Reiseorganisatoren ein Depotgeld von 10 000 bis 20 000 Franken. Wer warten kann, kommt eventuell günstiger weg: Später sollen die All-Reisen bis zur Hälfte billiger werden, so hofft Kuoni-Partner Society Expeditions.»

Das Interesse war riesig – als wir 1985 auf einer Medienreise in Wien unser Angebot für die nächste Saison vorstellten, sprachen alle nur von den Weltraumflügen.

Der Weltraumtourismus war damals tatsächlich mehr als ein Hirngespinst im Sinne von Mr. Spock. Im von Imholz verbreiteten Hochglanz-Katalog von Society Expeditions hiess es: «Das Projekt Space Voyage verkörpert das ultimative Reiseerlebnis. Seit der Mensch davon geträumt hat, ins All zu reisen, haben wir es gewagt, uns vorzustellen, dass auch wir eines Tages über die Grenzen der Erde hinausgehen können. Nun – nach zwei Jahren der Diskussion und des Planens mit Experten aus der Raumfahrt-Gemeinschaft – können wir das Projekt ‹Space Voyage› präsentieren.» Hans-Peter Lehmann erinnert sich, dass schon zwei Schweizer eine Anzahlung von 100 000 Franken geleistet hatten: «Das Interesse war riesig – als wir 1985 auf einer Medienreise in Wien unser Angebot für die nächste Saison vorstellten, sprachen alle nur von den Weltraumflügen.»

Das Profil des Kunden wurde klar definiert: «Die Raumfahrt ist für den Entdecker, den Reisenden, den Suchenden, den Neugierigen, den Abenteuerlustigen. Für Pioniere und Neulinge, Wissenschaftler und Sozialarbeiter, Geschäftsleute und Freizeitbegeisterte.» Gleichzeitig wurde aber auf Grund der «ungewöhnlichen Natur der Raumfahrt» auf die physischen und psychischen Anforderungen hingewiesen.

Von den Passagieren waren «gute physische Verfassung und das Bestehen einer psychologischen Untersuchung» gefordert, um die Eignung für den Weltraumflug zu belegen. Gleichzeitig musste ein umfassendes physisches Vorbereitungsprogramm absolviert werden. Die versprochene Gegenleistung ist entsprechend gross: «Dank dem Projekt Space Voyage können Sie zum Pionier des Weltraumtourismus werden – und ein Abenteuer geniessen, das noch vor wenigen Jahren undenkbar gewesen wäre. Die Chance Ihres Lebens ist gekommen.»

Es sollte bei der Ankündigung bleiben. Die Imholz-Kundschaft blieb in irdischen Gefilden. Denn das Schicksal machte den Himmelsstürmern einen Strich durch die Rechnung. Am 28. Januar 1986 – acht Tage nach der Publikation der SDA-Meldung – kam es in Cape Canaveral zur grössten Katastrophe in der Geschichte der NASA. Die Raumfähre «Challenger» explodierte kurz nach dem Start in einem gigantischen Feuerball und zerbarst in Tausende von Teilen. Die sieben Astronauten hatten keine Chance. Besonders tragisch: An Bord war mit der Grundschullehrerin Christa McAuliff die erste Nicht-Astronautin, die in den Orbit fliegen durfte.

Sieben Helden seien gestorben, sagte der damalige Präsident Ronald Reagan am Abend des Unglücks in seiner Fernsehansprache. Sie hätten den

Pioniergeist der Menschheit mit ihrem Leben bezahlt, aber die Raumfahrt werde erfolgreich bleiben. «Die Zukunft gehört den Mutigen.» Für den Raumfahrttourismus galt das nicht. Imholz und Kuoni zogen die Notbremse und sistierten ihre extraterrestrischen Pläne für immer.

RESERVATION FORM

This form must be completed and returned to SOCIETY EXPEDITIONS with registration fee and deposit.

PREFERRED LAUNCH DEPARTURE DATE 1st Choice   2nd Choice

Due to the nature of this project, it is understood that departure dates are subject to change. At this time, launches are scheduled every Thursday after October 12, 1992. You will be confirmed on the first available flight closest to your requested departure date.

RESERVATION PROCEDURE

Please send two separate checks, for the following:

1)   Registration and Documentation Fee (Non-Refundable)
    Please make check payable to SOCIETY EXPEDITIONS in the amount of U.S. $200.

2)   Deposit (Refundable according to the policies outlined in the brochure).
    Please make check payable to PROJECT SPACE VOYAGE ESCROW ACCOUNT in the amount of U.S. $5000.
    The escrow account is with a major national bank.

3)   Mail this Reservation Form and the two checks to:

                Society Expeditions
                Project Space Voyage
                723 Broadway East
                Seattle, Washington 98102 USA

4)   Upon receipt of the above payments, you will receive within four weeks:
    *   Your official PROJECT SPACE VOYAGE registration certificate with your priority number, flight number and expected departure date.
    *   Documentation and information packet.
    *   Recommended reading list and preparation packet.
    *   A copy of an escrow agreement covering the terms of your escrowed $5000 deposit.
    *   Additional information as appropriate.
    *   A current copy of the Society Expeditions "Countdown" newsletter

The conditions as stated in the Project Space Voyage brochure are applicable and set out the terms under which Society Expeditions, Inc. will provide this service.

I/We have read and understand the terms and conditions presented here and in the accompanying Project Space Voyage brochure and, through making the advance payment in accordance therewith, agree to be bound by the terms thereof.

Space Traveler A   Space Traveler B

Name (Mr./Mrs./Miss)   Name (Mr./Mrs./Miss)

Address   Address

City   State   Zip Code   City   State   Zip Code

Telephone (area code)   Telephone (area code)

Date of Birth   Occupation   Date of Birth   Occupation

Height   Weight   Height   Weight

Signature   Signature

Travel Agent   Travel Agency

Address

City   City   State   Zip Code

Telephone (area code)

Abzweigung Milchstrasse: Das Anmeldeformular für den Flug ins All.

Die Imholz-Kataloge waren
bei den Kunden sehr beliebt.

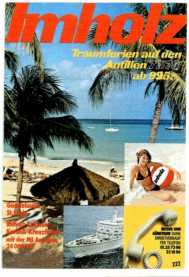

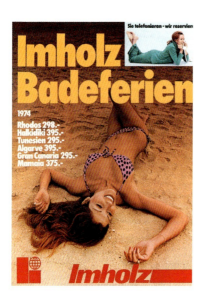

13 | TRAUMSTRÄNDE, SOMMER-SONNE UND COMPUTERTECHNOLOGIE

Mallorca statt Ascona, Mittelmeer statt Lago Maggiore. Die Schweizer erfüllen sich den Traum vom ewigen Sommer. Und das Computerzeitalter beginnt.

Mit Verbandsreisen etablierte sich Hans Imholz im Reisegeschäft, mit Städtereisen revolutionierte er die Branche. Und mit Badeferien konsolidierte er seinen Erfolg. Sein Mann für die Schweizer Strandträume war Christian Trachsel. Der Zürcher war Anfang der 1970er-Jahre in der Reiseabteilung des Finanzdienstleistungsunternehmens American Express engagiert. Ausserdem sang er in einem Chor. Und diese musikalischen Präferenzen öffneten ihm indirekt die Tür zum Reisebüro von Hans Imholz.

An einer Party eines Chormitglieds in Uster traf Trachsel nämlich den Bruder von Edi Dietrich, der schon seit einigen Jahren bei Imholz tätig war. Und dieser erzählte ihm, dass im Reisebüro ein Mann gesucht wird, der die Abteilung Badeferien aufbauen könne. Trachsel bewarb sich – und erhielt prompt die Stelle. Anfänglich habe er aber mit «allem anderen als mit Badeferien» zu tun gehabt. Eine seiner ersten Aufgaben war sozusagen Krisenmanagement für Fortgeschrittene. Nachdem für einen Städteflug nach London das vorgesehene Flugzeug (mit 140 Plätzen) ausgefallen war und auf eine kleinere Maschine (mit 120 Plätzen) ausgewichen werden musste, hatte Trachsel die undankbare Aufgabe, die pro Flug zu viel gebuchten Passagiere zu kontaktieren und auf andere Flüge umzubuchen. So ärgerlich diese Mitteilung für die betroffenen Kunden war, so sehr stand die Konstellation in gewissem Sinne für den Erfolg (und die günstigen Preise) von Imholz. Denn der Schlüssel zum unschlagbaren Preis-Leistungs-Verhältnis bestand darin, dass jeder Platz im Flugzeug belegt war – um alles in der Welt. War dies nicht der Fall,

Gab es leere Sitze in einem Flieger, riefen wir auch schon mal Bekannte an – und boten ihnen die freien Kapazitäten zu Freundschaftspreisen an.

griff man auch zu unüblichen Methoden. Trachsel erinnert sich: «Gab es leere Sitze in einem Flieger, riefen wir auch schon mal Bekannte an – und boten ihnen die freien Kapazitäten zu Freundschaftspreisen an.»

Trachsel erinnert sich mit grosser Freude an diese Zeit: «Wir waren eine verschworene Equipe und machten alles für das Unternehmen.» Der junge Mitarbeiter gewann dank seinem Einsatz und seiner Fachkompetenz schnell das Vertrauen des Chefs. Unter anderem war er auch für die Mitarbeiterrekrutierung zuständig. Eine seiner ersten «Akquisitionen» war die junge kaufmännische Angestellte Vera, die er im Verkauf für die Destinationen Amsterdam und Kairo einstellte. Es sollte eine Personalie werden, die Trachsels Leben nachhaltig prägte. Schon bald hiess Vera ebenfalls Trachsel. Heute sind die beiden seit 43 Jahren verheiratet.

Im Geschäft war er immer Herr Imholz. Das Du bot er uns erst an einem Treffen von früheren Mitarbeitern im Jahre 2000 an – 17 Jahre nachdem sich unsere beruflichen Wege getrennt hatten.

Werden sie auf ihren früheren Chef angesprochen, sind die beiden noch heute von dessen Arbeitsdisziplin und dem situativen geschäftlichen Gespür beeindruckt: «Hans hat zum richtigen Zeitpunkt das Richtige gemacht.» Er sei ein sehr strenger Chef gewesen, der kein Verständnis dafür aufgebracht habe, wenn am Morgen jemand nach 8.00 Uhr im Büro war. Erst wenn man ihn darauf hingewiesen habe, dass man am Vorabend bis um 22.00 Uhr gearbeitet habe, sei der Ärger verflogen. «Manchmal haben wir geflucht. Aber wer durch seine Schule ging, lernte etwas fürs Leben. Jeder, der sich nach der Imholz-Zeit selbständig gemacht hat, wurde selber auch erfolgreich.» Als der Betrieb noch in den engen Räumlichkeiten an der Birmensdorferstrasse 51 untergebracht war, sei ein Zuspätkommen allein aus praktischen Gründen nicht ratsam gewesen. Vera Trachsel erinnert sich: «Es gab zu wenig Bürostühle für alle. Wer zu spät kam, musste schauen, wo er blieb.» Frei nach dem Prinzip, dass Vertrauen gut, Kontrolle aber viel besser ist, veranlasste Hans Imholz die Einführung eines Zeitsystems mit Stempelkarten. Und da gab es kein Pardon: «Wer vor 8.00 Uhr im Büro war, hatte einen blauen Eintrag im Protokoll, wer nach 8.00 Uhr erschien, kassierte einen roten.» Obwohl schon der eine oder die andere über diese rigiden Kontrollmassnahmen ausgerufen habe, seien letztlich alle sehr gerne zur Arbeit gekommen –

auch weil der Chef immer mit bestem Beispiel vorausging: «Er war meistens der erste. Selbst am Morgen nach dem Sechseläuten. Auf Hans war Verlass.» Wobei die Anrede «Hans» damals selbst für die Kadermitglieder nicht in Frage gekommen wäre. Christian Trachsel erinnert sich mit einem Lächeln: «Im Geschäft war er immer Herr Imholz. Das Du bot er uns erst an einem Treffen von früheren Mitarbeitern im Jahre 2000 an – 17 Jahre nachdem sich unsere beruflichen Wege getrennt hatten.»

In seinen 12 Jahren bei Imholz Reisen war Christian Trachsel für eine der wichtigsten Neuerungen verantwortlich – die Einführung des Computerzeitalters. Bis Anfang der 1980er-Jahre wurden die Buchungen auf grossformatigen Papierbögen manuell mit Bleistiften erfasst und sowohl die Passagierlisten als auch die Zimmereinteilungen in mühsamer Kleinarbeit abgetippt und via Wachsmatrize vervielfältigt. Die Übermittlung an Airlines und Hotels erfolgte via Telex. Und wenn ein Windstoss die alphabetisch geordneten Namenszettel durcheinanderwirbelte, begann alles von vorne: «Und ich kann mich an mehr als an einen Windstoss erinnern», erzählt Vera Trachsel.

Christian Trachsel, der ein Flair für den technologischen Fortschritt besass, sagte eines Morgens zu seinem Chef: «Wir müssen etwas machen. Das bisherige Verfahren kostet zu viel Zeit, Energie und Arbeitsleistung. Teilweise tippen wir dieselben Listen mehrmals ab.»

Hans Imholz hörte genau zu, realisierte die Dringlichkeit des Gedankens – und übertrug seinem Mitarbeiter die Aufgabe, sich mit den neuen technischen Möglichkeiten zu befassen. Trachsel holte Offerten bei den Computerunternehmen Nixdorf, Honeywell und IBM ein und gab schliesslich dem früheren Branchenprimus IBM den Zuschlag. Zusammen mit der von IBM abgestellten Programmiererin Ruth Schnell wurde ein digitales Verfahren entwickelt, das alle Abläufe automatisierte und zu einer markanten Effizienzsteigerung führte. Es dauerte rund ein halbes Jahr, bis die ganzen Dateien aufgebaut waren. Mit den heutigen Modellen waren die damaligen Computer freilich nicht zu vergleichen. Christian Trachsel erinnert sich: «Die Speichereinheiten waren schrankgrosse Apparate. Und in der Schweiz hatten nur die wenigsten Erfahrung damit. Einmal wurde ich nach Brüssel geschickt, um einen Computer zu besichtigen.» Dass sich die Arbeit lohnte, wurde schnell ersichtlich: «Wir bemerkten bald einmal, dass mit dem neuen Instrument noch viel mehr möglich war, als wir zu hoffen wagten.» Obwohl sich Hans Imholz selber nie gross mit den neuen Technologien auseinandersetzte und sich kaum einmal in den Computerraum verirrte, erkannte er sofort den durchschlagenden Vorteil des neuen Modells, auch was die statistische Kontrolle betraf – nicht nur zur Freude seiner Mitarbeiter(innen) allerdings. Christian Trachsel erzählt: «Der Computer ermöglichte es uns, den Geschäftsgang jeweils exakt mit dem Vorjahr zu vergleichen – und zwar aufgeschlüsselt nach den Abteilungen Städtereisen, Badeferien, Studienreisen und Überseereisen. Hans Imholz wollte, dass jeder Tag mit dem entsprechenden Datum des vergangenen Jahres verglichen wurde. Die Statistiken für die einzelnen Abteilungen mussten mit einem Deckblatt versehen werden. War das Total der Buchungen gegenüber dem Vorjahr im Plus, war das Deckblatt grün. Ging der Wert zurück, war das Blatt rot.» Spätestens nach drei «roten Tagen» habe es ungemütlich werden können.

Doch meistens stand die «Ampel» auf grün. Denn das Reisebüro florierte und entwickelte sich prächtig: «Es ging permanent aufwärts», sagt Trachsel. Die Konkurrenz schaute mit einer Mischung aus Neid und Verwunderung zu und betrachtete Imholz noch lange als «Eintagsfliege und Eindringling». Christian Trachsel sagt dazu: «Wir waren sozusagen die Rebellen. Die Kuoni-Leute schauten auf uns herab – je länger je mehr vermutlich aber auch aus gewisser Bewunderung. Und auf Rhodos und Korfu verweigerte uns beispielsweise die Gauer-Hotelkette die Zusammenarbeit.» Imholz – so die Meinung des Establishments – stehe für Billigtourismus und einen Mangel an Klasse.

Wir bemerkten bald einmal, dass mit dem neuen Instrument noch viel mehr möglich war als wir zu hoffen wagten.

Es war eine schon fast epochale Fehleinschätzung. Denn Imholz traf den Nerv der Zeit mit seiner Idee – und wurde schnell auch von den Schweizer Medien gefeiert. In einem Interview mit der Weltwoche sagte Christian Trachsel 1980: «Das Reisen ist zu einem Bestandteil des Alltags geworden. Und Badeferien stehen beim Schweizer ganz oben auf der Wunschliste.» Und auch die Wissenschaft beschäftigte sich mit dem neuen Phänomen. Nach einer Untersuchung von Professor Schmidhauser von der Hochschule St. Gallen (Institut für Fremdenverkehr) betrafen etwa zwei Drittel der organisierten Auslandreisen damals Ferien am Meer. Rund 13 Prozent der Deutschschweizer, 17 Prozent der Romands und 30 Prozent der Tessiner verbrachten 1978 ihren Haupturlaub als Badeferien am Meer. Davon fuhren etwa 60 Prozent – meist mit dem Auto oder mit der Bahn — auf eigene Faust, während sich der Rest im Streben nach möglichst hoher Sicherheit auch in den Ferien über Reisebüros organisierte. Die Weltwoche führte aus: «Sobald die dicken Kataloge der Reiseveranstalter im Dezember oder im Januar erscheinen, beginnt der erste Ansturm: Vor allem jene, die bereits im Voraus genau wissen, wo und in welchem Hotel sie die Sommerferien verbringen wollen, sowie die leicht abschätzig als ‹Repeater› titulierten Kunden, die während Jahrzehnten den gleichen Ort aufsuchen, buchen als erste. Der Hauptverkauf fällt aber auf die Monate Februar und März, während für die Unentschlossenen von April bis Juni in der Regel nur noch die Ladenhüter übrigbleiben. ‹Stardestinationen für die Hochsaison› (Airtour) seien in der Regel bereits nach wenigen Tagen ausverkauft. Dank Zusatzrabatt hatte Hotelplan Anfang März schon rund 40 Prozent des Sommers verkauft.» Auch das Wetter beeinflusste das Konsumverhalten. Trachsel erklärte damals lapidar: «Bei Regen und Kälte steigt die Sehnsucht nach Sonne und Strand.»

Apropos Kataloge und Inserate. Deren Inhalt lieferte Hans Imholz höchstpersönlich: «Er hatte ein Flair fürs Texten und fürs Werben», erzählt Trachsel. Immer wieder boten ihm Agenturen ihre Expertenunterstützung an. Doch Hans Imholz schickte die «Werbefritzen» immer wieder nach Hause – frei nach dem Motto: «Weshalb soll ich für etwas bezahlen, wenn wir es selber besser können?»

Längst hatte sich Imholz in der schweizerischen Reisewelt seinen festen Platz erarbeitet. Sozusagen der publizistische Ritterschlag wurde ihm am 24. Juni 1982 erteilt, als ihn die Neue Zürcher Zeitung unter dem Titel «Vom Einmannbetrieb zum Grossunternehmen» mit folgendem Text würdigte:

«Im vergangenen Jahr feierte die Hans Imholz AG ihr zwanzigjähriges Bestehen. Was anno 1961 als Einmannbetrieb in einem Etagenbüro begann, hat sich inzwischen zu einem Reiseunternehmen mit einhundertfünfzehn Mitarbeitern entwickelt, dessen Hauptsitz in Zürich in einem mehrstöckigen Verwaltungsgebäude untergebracht ist.»

Dass sich Imholz praktisch auf einen Schlag eine «ansehnliche Position» im wachsenden Markt habe erkämpfen können, erklärte der NZZ-Tourismusredaktor mit verschiedenen Aspekten: «Zum einen fiel die Firmengründung in eine dafür günstige Zeit; immer breitere Bevölkerungsschichten empfanden nicht nur Lust aufs Reisen, sondern verfügten mehr und mehr auch über die finanziellen Möglichkeiten, ihre Träume zu realisieren. Zum anderen hatte Imholz mit seinen Städteflügen eine echte Marktlücke entdeckt, und zum dritten hatte sich der Reiseunternehmer von Anfang an eines damals völlig neuartigen Vertriebssystems bedient: des Direktverkaufs per Telefon. Diese Erfindung von Hans Imholz gestattete eine wesentliche Vereinfachung der Administration und des Betriebsablaufes und reduzierte damit die Kosten.»

Das Konzept von Hans Imholz habe seit zwanzig Jahren immer gleich gelautet: Keine Filialen (einzig beim Hauptsitz betrieb Imholz im Parterre ein Reisebüro, wo auch die Programme anderer Reiseveranstalter angeboten wurden), dafür Telefondirektverkauf; keine Luxusprospekte und keine Prestigereisen, dafür solide, einem Bedürfnis breiter Schichten entgegenkommende Angebote. Christian Trachsel, der von seinem Chef 1979 in den Rang des Direktors befördert wurde, erklärte der NZZ damals, dass man den Schwerpunkt anfänglich bewusst auf eher günstige Preise gelegt habe. Erst im Verlauf der Zeit seien Ferienarrangements für höhere Budgets und exklusivere Ansprüche dazugekommen: von viertägigen Tulpenflügen nach Holland über Rundreisen in nordischen Gewässern bis zu den exotisch anmutenden Badeferien in den Vereinigten Arabischen Emiraten.

Die Einführung der Computertechnologie stufte die Neue Zürcher Zeitung nicht zu Unrecht als Rationalisierungsmassnahme ein. Christian Trachsel erklärt: «Wir strichen zwar keine Stellen – angesichts des permanenten Expansionskurses ermöglichte uns die neue Technologie aber, die vorhandenen Arbeitskräfte effizienter einzusetzen und so auf eine Aufstockung der Belegschaft verzichten zu können.» Die eher dem konservativen Gedankengut verpflichtete Neue Zürcher Zeitung war tief beeindruckt: «Die für spezielle Gebiete zuständigen Ferienberater verfügen nun über eigene Terminals, auf deren Bildschirmen die geforderten Auskünfte von der zentralen Computeranlage in Sekundenschnelle abgerufen werden können. Ebenfalls via Terminal werden die Buchungen festgehalten, und der Computer fertigt alle erforderlichen Reisedokumente automatisch an.»

Christian Trachsel stuft diese Neuerung als wichtigsten Schritt in der Modernisierung des Betriebs ein – und als unabdingbar: «Wer wettbewerbstauglich bleiben wollte, konnte sich diesem Prozess nicht

«Imholzer» der ersten Generation: Christian und Vera Trachsel.

verschliessen.» Ebenso wichtig blieb aber auch die «touristische Frontar-beit». Und auch da war Allrounder Trachsel gefordert. Immer wieder re-kognoszierte er persönlich vor Ort, was den Kunden angeboten werden sollte. In einem internen Arbeitspapier vom 29. Februar 1972 für poten-zielle Badeferien-Destinationen für die kommende Saison lieferte er minu-tiöse Recherchearbeit und Situationsanalysen:

Mallorca: Obwohl die Gründe für den bisherigen Misserfolg nicht ohne weiteres zu eruieren sind, bin ich der Ansicht, dass man das Mallorca-Pro-gramm wieder aufgeben sollte.

Mein Vorschlag: Anfang Mai – ca. 20. Oktober. Jeden Sonntag 40 – 45 Per-sonen als Teilblock einer DC-8. Unterkunft für alle Teilnehmer in einem einzigen Club (z.B. Club Nautico).

Wer wettbewerbstauglich bleiben wollte, konnte sich diesem Prozess nicht verschliessen.

Vorteile: Wir haben nur ein Angebot, das entsprechend attraktiv gestaltet werden kann (Fotos, Beschreibung etc.). Es dürfte möglich sein, pro Woche 40 – 45 Plätze zu verkaufen. Die Möglich-keit, ganze Gruppen für einen Palma-Aufenthalt zu begeistern, ist in diesem Fall sehr gross. Ich denke dabei an Sportclubs, Jugendgruppen, Vereine etc.

Nachteile: Der Preis kann nicht als Aushängeschild benutzt werden, da eine Woche Vollpension auf ca. Fr. 450.— zu stehen kommt. Eventuell könn-ten zusätzlich einige Betten in einem billigen Hotel in der Nähe des Clubs reserviert werden, um einen attraktiven Grundpreis zu haben.

Tunesien: Für diese Destination wird 1972 mit einer deutlichen Zunahme des Tourismus aus der Schweiz gerechnet. Für den Beginn erachte ich 40 – 45 Plätze auf einer DC-8 als genügend, um einen risikolosen Start dieser Destination zu gewährleisten, zumal der Beginn der Reise ca. Anfang April erfolgen muss. Unsere Kunden würden in 3 – 4 Hotels aufgeteilt, die auch von der Konkurrenz (Kuoni/Airtours) benutzt werden. Als Aushängeschild könnte ein Hotel in Tunis (Basis Zimmer/Frühstück ca. Fr. 365.—/1 Woche) dienen. Obwohl die genauen Preise der Hotels noch nicht bekannt sind, kann schon heute abgeschätzt werden, dass die Differenz zu den anderen Ver-anstaltern je nach Hotel ca. Fr. 80.— bis Fr. 150.— pro Woche betragen wird.

Balaton: Es ist schwierig, im jetzigen Zeitpunkt bereits für 1973 zu planen, läuft doch die Inseratenwerbung erst jetzt an. Sollte den diesjährigen Reisen kein grosser Erfolg beschieden sein, würde ich für 1973 eine achttägige Kette von Mitte Juni bis Anfang September sehen, die während der Sommerferien durch 14-tägige Flüge (ca. 3 Flüge) unterbrochen würde.

Rhodos: Diese Destination kann ausgebaut werden. Verglichen mit den Kapazitäten der Konkurrenz stehen wir bereits in diesem Jahr an zweiter Stelle:

Hotelplan/Esco:	4800 Personen
Imholz:	3300 Personen
Kuoni:	3000 Personen
Airtour:	2900 Personen

Um das Programm zu bereichern, könnte nebst dem reinen Aufenthalt auf Rhodos ein Alternativprogramm (1 Woche Rhodos/1 Woche Kreuzfahrt) aufgenommen werden.

Von einer Kombination Rhodos/Athen sollte aus Konkurrenzgründen innerhalb der Firma abgesehen werden, obwohl diese Variante Erfolg hätte. Ich bin überzeugt, dass wir für die Promotion von Rhodos mit Hilfe (finanzieller und technischer Art) von Seiten des griechischen Fremdenverkehrsbüros rechnen können. Ich denke dabei an Insertionen, Einladungen, Filmabende etc.

Totalkapazität 1973

Aufgrund der vorstehenden Gedanken über eine mögliche Gestaltung des nächstjährigen Programms würden die Kapazitäten für die einzelnen Destinationen wie folgt aussehen:

Palma	960 Personen
Tunesien	1160 Personen
Balaton	900 Personen
Rhodos	3650 Personen
Total:	6670 Personen

Reisefachmann mit Ausstrahlung: Willy Noser kennt alle Kniffe des Geschäfts.

14 | ZWISCHEN GULASCH-KOMMUNISMUS UND DÜSTERER REALITÄT

Willy Noser war bei Imholz der Mann für alle Fälle. Er stiess hinter den Eisernen Vorhang vor und führte den Schweizern eine neue Welt vor Augen.

Das Wasser des Zürichsees schimmert in allen Grau- und Blautönen. Am Himmel drehen Möwen ihre Runden und beobachten auf der Suche nach einem Happen Essen die Wasseroberfläche ganz genau. Die Boote am Anlegeplatz schaukeln gemächlich im Wellengang. Die Fähre macht sich mit einem dumpfen Signalton auf in Richtung Meilen. In Horgen ist das Element Wasser allgegenwärtig. Aus dem dritten Stock des Delphi-Geschäftshauses an der Seestrasse 2 schaut Willi Noser aus dem Fenster: «Hier fühlt man sich schon fast wie an der ligurischen Küste.»

Willy Noser lacht, wenn er dies sagt. Der 69-Jährige weiss aus eigener Erfahrung, dass dies nicht ganz genau stimmt. Er kennt die Welt wie nur wenige Schweizer – und ist in seinen mittlerweile über 50 Jahren im Reisebusiness in rund 100 Länder gereist. In Europa kennt er alle Staaten – «abge-

Hier fühlt man sich schon fast wie an der ligurischen Küste.

sehen von Andorra und Weissrussland», wie er präzisiert, «aber vielleicht schaffe ich das auch noch.» Fast 30 Jahre arbeitete er für Imholz Reisen – bis er 2001 den Schritt in die Selbständigkeit wagte und mit Delphi Reisen seinen eigenen Betrieb kaufte und sein Berufsleben ganz der Veranstaltung von Kreuzfahrten und Schiffsreisen verschrieb. Heute sagt er: «Hans Imholz war wie ein zweiter Vater für mich. Ich habe unter ihm die beste Lebensschule genossen, die man sich wünschen kann. Ihm verdanke ich, was ich heute beruflich bin.»

Es war 1971 und Noser 20 Jahre alt, als Hans Imholz über ein Zeitungsinserat einen Allrounder für sein wachsendes Reisebüro suchte. Für Willy Noser die goldene Chance: «Ich hatte von der Branche zwar keine grosse

Ahnung, aber Imholz war ohnehin der Meinung, dass man in diesen Beruf nur hineinwachsen könne und die Aufgabe von der Pike weg lernen müsse.» Noser wurde am 2. August 1971 ins achtköpfige Team für Badeferien als «Mitarbeiter Balaton und Rumänien» aufgenommen. Sein erster Lohn betrug 1250 Franken pro Monat. Aber schon am 1. Januar 1972 wurde das Gehalt auf 1951 Franken erhöht. Noser schmunzelt, wenn er darauf angesprochen wird: «Das war eine extrem grosszügige Geste. Aber ich vermute, dass Hans Imholz meinen Anfangslohn bewusst tief ansetzte und er zuerst schauen wollte, was ich leiste.» In Nosers Pflichtenheft waren die Aufgaben wie folgt umschrieben: «Entgegennahme von Buchungen, Nachführen der Listen, Erstellen von Zimmerlisten, Einholen der Visa, Zahlungskontrollen.»

In Tat und Wahrheit fungierte er aber als «Mädchen für alles» – musste am Abend die Pakete und Briefe zur Sihlpost bringen, die Buchhaltung nachführen und die Zahlungen per Postcheck-Buch erledigen: «Wir waren zu Beginn eigentlich alles Allrounder», erinnert er sich: «Hans Imholz legte Wert darauf, dass wir in der Praxis lernen. Das Kundenbedürfnis sei immer der wichtigste Anspruch gewesen. Von theoretischen Ausbildungen hielt der Chef nicht viel.» Es habe das Prinzip

> *Das war eine extrem grosszügige Geste. Aber ich vermute, dass Hans Imholz meinen Anfangslohn bewusst tief ansetzte und er zuerst schauen wollte, was ich leiste.*

«Learning by doing» gegolten. Und exakt dies sei ein wichtiges Qualitätsmerkmal des Unternehmens gewesen. In der heutigen Reisebranche dagegen sei oft ein Fehlen von Praktikern zu beklagen: «Viele Angestellte verkaufen Reisen und Hotels, ohne wirklich über das Geschäft Bescheid zu wissen.» Hans Imholz sei ein fördernder Chef gewesen, aber auch ein fordernder. Er habe nie lange um den heissen Brei geredet. «Er war fair, aber er konnte auch harte Entscheidungen fällen.» Vor allem sei er immer unbeirrt seinen eigenen Weg gegangen. Dies galt auch fürs Marketing. Die (von Hans Imholz persönlich kreierten) Slogans: «Wer imholzt, reist besser» und «Wer imholzt, hat mehr vom Leben» schafften es in den 1970er-Jahren in den schweizerischen Sprachgebrauch.

Auch strategisch war Imholz der Konkurrenz oft einen Schritt voraus. Als erstes Reisebüro flog Imholz beispielsweise Ziele in Osteuropa an. Am Anfang stand Budapest. Der Trip in die ungarische Hauptstadt wurde dank dem direkten Draht von Imholz zur Fluggesellschaft Malév für sagenhafte 195 Franken angeboten (der Telefonrabatt von 20 Franken war in diesem Betrag bereits abgezogen). Noser erinnert sich mit Freude an diese Destination, spricht von Gulasch-Kommunismus und sagt: «Die Ungarn waren extrem zugängliche und offene Menschen. Ich denke, dass unsere Reisen auch dazu beigetragen haben, Vorurteile und Missverständnisse abzubauen.» Nicht von allen Schweizern wurde Budapest zu Zeiten des Kalten Krieges aber als politisch korrekte Destination wahrgenommen. In der Winterthurer Tageszeitung Landbote war bereits am 2. März 1966 unter dem Titel «Ostreisen für Ahnungslose» folgender Beitrag erschienen:

»Die Zürcher Firma Hans Imholz, Berufsreisen-Organisation, versandte kürzlich eine Einladung an Lehrer zu einem ‹Grossen Sonderflug für die Schweizer Lehrerschaft nach Budapest›. Kosten für die Woche nur 685 Franken. Es steht im Prospekt nicht ausdrücklich, ob die Reise zu Ehren des Zehn-Jahr-Jubiläums der Niederwalzung der ungarischen Revolution veranstaltet wird. Im Gegenteil, in drucktechnischer Heraushebung wird ver-

Das unschlagbare Budapest-Angebot für 195 Franken.

sichert, dass es sich um eine politisch absolut neutral organisierte Studien- und Ferienreise handle. Das will wohl heissen, dass sich die Teilnehmer vorwiegend dafür zu interessieren haben, wie man in Ungarn isst, trinkt und tanzt. Eine Ausnahme wird allerdings geboten: Die Baudenkmäler der Türkenzeit werden besichtigt und sollen an jene Schreckenszeit erinnern. Anschliessend und zur Erholung von diesem Schrecken sieht das Programm die Besichtigung der staatlichen Weinkellerei vor mit Kostproben des berühmten ‹Stierenblutes›. Die Schweizer Lehrer müssen wahrlich Kuhblut haben, wenn sie einer solchen Geschmacklosigkeit der Firma Hans Imholz, Berufsreisen-Organisationen, auf den Leim kriechen würden! M.S.»

Sogar mein eigener Vater stufte diese Stadt als fragwürdig ein. Er unterstellte uns sogar, dass wir mit den touristischen Aktivitäten die kommunistischen Regimes unterstützten.

Ähnlich kritische Stimmen bekam Willy Noser aus seinem Umfeld zu hören, als er die ersten Reisen nach Bukarest begleitete: «Sogar mein eigener Vater stufte diese Stadt als fragwürdig ein. Er unterstellte uns sogar, dass wir mit den touristischen Aktivitäten die kommunistischen Regimes unterstützten.» Im Reiseprospekt, in dem fünf Tage Rumänien mit einem Sonderflug nach Bukarest und anschliessenden Badeferien in Mamaia am Schwarzen Meer ab 275 Franken offeriert wurden, tönte es so: «Rumänien, der Ostblockstaat, der politisch und wirtschaftlich seinen eigenen Weg geht. Bukarest, das ‹Paris des Ostens›, mit seinen breiten Boulevards, seinen gepflegten Parkanlagen und zahlreichen Kirchen und Museen. Mamaia, der moderne Badeort an der Schwarzmeerküste, Sonne, Sandstrand, Erholung.» Wer Zweifel hegte, wurde beim Weiterlesen beruhigt: «Sie werden es zu schätzen wissen, dass wir trotz des sensationell günstigen Preises in Bukarest wie in Mamaia ein ausgezeichnetes Erstklasshotel bieten können. 1000 zufriedene Imholz-Kunden kehrten in den letzten beiden Jahren begeistert aus Rumänien zurück. Um Ihnen die Möglichkeit zu geben, das gastfreundliche Rumänien besser kennenzulernen, haben wir für Sie eine Reihe verlockender Besichtigungen und Ausflüge (teilweise fakultativ) zusammengestellt, an denen Sie ganz nach Lust und Laune teilnehmen können.»

Apropos Ausflüge. Die waren im Paketpreis nicht inbegriffen und ein essenzieller Teil von der Geschäftsidee von Imholz. Dazu sagt Firmengründer Hans Imholz selber: «Verdient haben wir vor allem mit den Extras und Ausflügen. Dies ermöglichte es uns, den Basispreis so tief zu halten, dass er für die Kundschaft extrem attraktiv war. Die Rechnung ging für alle Beteiligten auf.»

Doch zurück nach Bukarest. Dort sahen viele Schweizer eine Realität, der sie zuvor noch nie begegnet waren. Willy Noser erinnert sich: «In Rumänien war die Versorgungslage teilweise schwierig. Wir wurden mit einer Armut konfrontiert, die vielen Reisenden die Augen öffnete.» Allein aus diesem Grund war es für Noser immer legitim, dass man Destinationen im Osten anflog: «Wir brachten Devisen und verhalfen dem einen oder anderen Geschäft auch zu Extraeinnahmen. Vor allem aber lernten wir eine völlig andere Welt kennen – eine Welt, dank der wir die Schweiz noch viel mehr zu schätzen wussten.» Dabei galten für alle Beteiligten klare Spielregeln. Noser erzählt: «Westliche Zeitungen durften in Ostblockstaaten keine eingeführt werden. Und Journalisten oder Pfarrer waren von unseren Reisen hinter den Eisernen Vorhang ausgeschlossen.» Während er die Menschen in der Tschechoslowakei als sehr diszipliniert, aber durchaus zugänglich kennenlernte, habe man in Rumänien und Bulgarien deutlich gespürt, dass dort ein «hartes System» gegolten habe. Rückblickend ist er dankbar, dass er schon in jungen Jahren diese Erfahrungen machen konnte: «Die Reisen in den Osten haben meinen Horizont in jeder Beziehung erweitert. Wenn man mit eigenen Augen sieht, was man sonst nur vom Hörensagen kennt, ändert das alles.»

Erzählt Noser von diesen Zeiten, spricht er bei seinem Arbeitgeber vom «Imholz-Geist» und einer Aufbruchsstimmung, wie er sie seither nie mehr erlebt habe: «Wir entwickelten innerhalb unseres Unternehmens einen unheimlichen Zusammenhalt. Es war wie in einer erfolgreichen Fussballmannschaft. Jeder fühlte sich als wichtiger Teil des Puzzles.» Dies sei auch auf den Führungsstil des Chefs zurückzuführen gewesen: «Hatte Hans Imholz Vertrauen in einen Mitarbeiter gefasst, schenkte er ihm grosse Freiheiten und liess ihn auch die eigenen Ideen einbringen. Mich auf jeden Fall liess er immer machen. Auch deshalb ist meine Verbundenheit zum Unternehmen noch heute so gross.» Was Noser ebenfalls noch heute beeindruckt: «Imholz gab jedem eine Chance, egal woher er kam. Auf Dinge wie akademische Weihen oder Studienabschlüsse legte er keinen Wert. Was zählte, war die Leistung.»

Dazu gehörte in der Reiseleitung auch ein ausgeprägtes Improvisationstalent. Willy Noser erinnert sich an eine Schiffsreise mit dem Bäckermeisterverband übers Mittelmeer. Zielhafen war Venedig. Doch als das Schiff anlegen wollte, war die See so rau, dass es zu gefährlich wurde, um direkt ins Dock zu fahren. Das Boot musste ankern – und die Passagiere wurden tranchenweise in Beibooten an Land gebracht. Doch damit geriet der Zeitplan durcheinander. Denn der Zug, der die Reisenden nach Zürich zurückbringen sollte, drohte ohne die Imholz-Gruppe abzufahren. Noser erzählt amüsiert: «Dummerweise war die italienische Bahn genau an diesem Tag vermutlich das erste und einzige Mal pünktlich. Ich stand auf dem Perron und realisierte, dass es nie und nimmer alle unsere Gäste rechtzeitig auf den Bahnhof schaffen würden.» Guter Rat war teuer – und das in Sekundenschnelle. Willy Noser schritt zur Tat – und zog beim ausfahrenden Zug kurzerhand die Notbremse: «Nach wenigen Metern standen die Wagen wieder still. Und weil es nach einem derartigen Manöver längere Zeit braucht, um die Bahn wieder fahrtüchtig zu machen, schafften es nun trotzdem alle Reisenden noch auf den Zug.»

Auch die ersten Charterflüge nach Israel waren von Abenteuergeist und Improvisation umweht. Noser erzählt: «Wir besassen die Flugrechte nach Eilat am Roten Meer. Doch unser Ziel war es, auch Reisen nach Tel Aviv anbieten zu können.» Imholz setzte diesen Plan unkompliziert um und schrieb die Arrangements aus – obwohl er die Genehmigung noch nicht besass. Er wollte unbedingt die ersten Schweizer zu Charterkonditionen ins Heilige Land fliegen. Noser rechnet vor: «Die Swissair bot den Linienflug nach Israel für 736 Franken an. Bei uns waren im selben Preis der Flug mit CTA, sämtliche Transfers sowie die Hotelübernachtungen in Tel Aviv und Eilat inbegriffen.» Was aber selbst vier Tage vor Reiseantritt fehlte, war die Landeerlaubnis. Erneut war Willy Noser gefordert. Als die Zeit allmählich knapp wurde, formulierte er den Reisegrund der Imholz-Gruppe neu: «Ich erklärte dem israelischen Verkehrsministerium, dass wir eine Gruppe von christlichen Pilgern ins Heilige Land bringen.» Die Finte gelang. In Tel Aviv schalteten die Ampeln für Imholz quasi über Nacht auf Grün. «Wir gaben aber jedem Kunden ein Pilgerbüchlein mit», erklärt Noser die flankierenden Massnahmen.

Es war die Art von Bauernschläue, die Hans Imholz bei seinen Mitarbeitern schätzte. Noser sagt dazu: «Als Reisebegleiter war man oft Seelsorger, Berater und Krisenmanager in einem.» Und von Hans Imholz habe man gelernt, dass es einen Weg aus jeder Sackgasse gab: «Imholz betrachtete jedes Problem als Herausforderung – und suchte aktiv nach Lösungen.» Als beispielsweise während des Zy- pernkonflikts im Sommer 1974 der Luftraum über dem östlichen Mittel- meer geschlossen wurde, sass eine Im- holz-Gruppe während fast einer Wo- che auf Rhodos fest. Da sei es darum

Als Reisebegleiter war man oft Seelsorger, Berater und Krisenmanager in einem.

gegangen, die Reisenden zu beruhigen und ihnen das Gefühl der Sicherheit zu vermitteln, erzählt Noser. Die Kunden seien für die Betreuung sehr dankbar gewesen und hätten geduldig ausgeharrt. Dies galt aber auch für alltägliche Situationen. Denn Reisen war damals quasi per se ein Aben- teuer: «Nur wenige hatten Erfahrung damit», erzählt Noser, «und deshalb war die Rolle der Reiseleiter viel wichtiger als heute.» Hans Imholz er- kannte dies ganz genau – und verlangte deshalb von seiner Belegschaft am Firmensitz an der Birmensdorferstrasse die grösstmögliche Flexibilität. Noser: «Wenn wir am Morgen im Büro erschienen, mussten wir immer den Reisepass und die Zahnbürste dabei haben. Denn es war immer mög- lich, dass der Arbeitstag, der im Zürcher Kreis 4 begonnen hatte, in Buka- rest, Rhodos oder Istanbul endete.»

Das Fest-OK: David Frauch, Peter Hausmann, Susy Malic, René Zinniker und Willi Biber (v. l. n. r.)

Überraschung! Susy Malic übergibt Hans Imholz das Jubiläumsalbum.

15 | «ÜBERSTUNDEN ZU MACHEN WAR EHRENSACHE»

Sie wollte nie in einem Büro arbeiten. Doch dann verbrachte sie 44 Jahre im Reisebüro. Die ungewöhnliche Geschichte von Imholz-Evergreen Susy Malic.

«Wir waren wie eine grosse Familie. Wenn es am Feierabend noch viel zu tun gab, bestellten wir eine Pizza und arbeiteten bis in die Nacht hinein. Es war Ehrensache, dass wir Überstunden leisteten.» Susy Malic ist noch immer voller Enthusiasmus, wenn sie von ihrer Zeit bei Imholz Reisen erzählt. Und das war eine sehr lange Zeit.

Sie stieg 1971 – unter ihrem Mädchennamen Susy Beck – ins Unternehmen ein – ohne jegliche Vorkenntnisse in der Reisebranche. Die Lehre hatte sie in der traditionsreichen Bijouterie Wilburger am Zürcher Limmatquai erfolgreich abgeschlossen und danach ein Auslandjahr in England eingelegt. Zurück in der Schweiz, fand sie bei Türler Uhren und Schmuck am Flughafen in Kloten eine Anstellung: «Damals konnte man aus den Angeboten auswählen», erzählt sie. Die internationale und weltoffene Atmosphäre am Flughafen gefiel ihr ausserordentlich gut, doch der Schichtbetrieb beeinträchtigte ihr Privatleben: «Ich sah meine Freundinnen und Freunde kaum mehr – und weil durch meine Zeit in England mein soziales Netz schon arg gelitten hatte, wollte ich unbedingt etwas ändern.»

Von einem Taxichauffeur hörte sie, dass in Baden ein neues Uhrengeschäft fachkundige Mitarbeitende suchte. Wieder erhielt sie den Zuschlag, wieder war das Glück von kurzer Dauer: «Der Besitzer hatte sich übernommen und konnte schon nach wenigen Wochen die Löhne nicht mehr bezahlen.» Guter Rat war teuer – umso mehr, als die Stellensuche in der Vorweihnachtszeit unter erschwerten Bedingungen stattfand: «Immer, wenn ich mich irgendwo bewerben wollte, war der Posten schon weg.» Dies galt aber nicht für die Stelle bei Imholz Reisen, die in der Neuen Zürcher Zeitung ausgeschrieben war. Gesucht wurde eine belastbare und flexible Sachbearbeiterin.

Du, in einem Reisebüro? Mit deinen lausigen Geografiekenntnissen? Du bist ja verrückt.

Ein Fall für Susy Beck – obwohl ihr vom eigenen Vater keine gute Prognose gestellt wurde: «Du, in einem Reisebüro? Mit deinen lausigen Geografiekenntnissen? Du bist ja verrückt.»

Es sollte eine gröbere Fehleinschätzung gewesen sein. Denn als Susy Malic 2015 in Pension ging, war sie geografisch auf der Höhe. «Vermutlich kenne ich die Welt besser als die Schweiz», sagt sie lachend. Vor allem hatte sie dank ihrer Ausdauer und Firmentreue alle ihre Arbeitskolleginnen und Kollegen «überlebt» und Erfahrungen gesammelt, die (ungefähr) für drei Berufskarrieren reichen würden: «Wer sich bei Imholz etablierte, genoss alle Entfaltungs- und Selbstverwirklichungsmöglichkeiten.» Hans Imholz sei kein Chef gewesen, der jedem Mitarbeiter ständig auf die Schultern geklopft und ihn mit Komplimenten überhäuft habe, aber er habe seine Leute spüren lassen, dass sie geschätzt werden.

Zunächst versuchte sich Susy Beck auch als Reiseleiterin. Doch dies sei nicht «ihr Ding» gewesen. So nahm sie dort Platz, wo sie eigentlich nie hinwollte: im Büro. Als Leiterin des «Team Süden» wurden ihr schnell erweiterte Verantwortung übertragen. Unter ihren Kompetenzbereich fielen Städtereisen nach Rom, Lissabon und Athen. Später wurde Dubrovnik im damaligen Jugoslawien ins Imholz-Angebot aufgenommen – ein Novum, das für Aufsehen sorgte. Die Fachpresse beschrieb die kroatische Adriaküste als «neue Côte d'Azur» und «eine der schönsten Destinationen der Welt».

> *Ich konnte in meinen 44 Jahren fast immer das tun, was mir Spass machte. Suchte ich neue Entfaltungsmöglichkeiten, wechselte ich die Abteilung.*

Nicht ohne Grund – Filmstars und Multimillionäre steuern ihre Luxusyachten durch das Labyrinth der zahlreichen Inseln vor Split und Dubrovnik. Unter anderem seien schon Sharon Stone, Clint Eastwood, Caroline von Monaco und Ralf Schumacher beim Baden im angeblich saubersten Wasser des Mittelmeers gesichtet worden, hiess es beispielsweise im amerikanischen Magazin Newsweek.

Toni Glowatzky, der spätere kroatische Generalkonsul in Zürich, pries seine Heimat in blumigsten Worten an: «Als Gott die Welt erschuf, kam ein Kroate zu ihm und fragte nach einem Stück Land. Es sei schon alles weg, habe der liebe Gott gesagt. Der Kroate schaute ihn traurig und bittend an. Da habe der liebe Gott ein Einsehen gehabt und entgegnet: ‹Na gut. Ich habe noch ein Stück Land, eigentlich hatte ich das für mich reserviert. Aber ich schenke es dir.››»

Susy Malic lacht herzlich, wenn sie darauf angesprochen wird. Denn anfänglich wehrte sie sich dagegen, als ihr Chef Armin Leuppi sie für eine Rekognoszierungsreise an die neue Destination aufbot: «Ich war voller Vorurteile – und wollte auf keinen Fall dorthin. Doch Leuppi kannte keine Gnade.» Glücklicherweise kannte er keine Gnade, wie sich schon bald herausstellen sollte. Denn Susy Beck entdeckte nicht nur, welch schönes Land Jugoslawien war – sie traf in Dubrovnik auch ihr persönliches Glück (bzw. ihren Ehemann Marko). Beruflich aber fand sie ihre Erfüllung in der Imholz-Zentrale in Zürich-Wiedikon: «Ich konnte in meinen 44 Jahren fast immer das tun, was mir Spass machte. Suchte ich neue Entfaltungsmöglichkeiten, wechselte ich die Abteilung. So hatte ich eigentlich nie das Gefühl, dass ich immer am selben Ort gearbeitet hatte. Es warteten ständig neue Aufgaben und Herausforderungen.»

Dazu gehörte der Einzug des Computerzeitalters und die Digitalisierung der Arbeitsabläufe. Susy Malic sollte in diesem Prozess zusammen mit Christian Trachsel eine Schlüsselrolle spielen. Als die ersten Computer installiert wurden, habe sie den externen Beratern genau über die Schultern geschaut und sich nach dem Prinzip «learning by doing» die Kenntnisse in der neuen Technologie angeeignet. Dies machte sie auch für den Firmenbesitzer zu einer fast unersetzlichen Arbeitskraft. Denn das Computerwissen überliess Hans Imholz gerne den anderen. «Dies interessierte ihn nie gross», erinnert sich Susy Malic. Für sie galt das Gegenteil. Als in den 1990er-Jahren TUI beim Unternehmen einstieg und ein neues Computersystem einführte, war es Frau Malic, die sich in Hannover in die neue Materie einführen liess und später in der Schweiz das Personal schulte.

Und als sie 2015 in Pension ging, fungierte sie unter anderem als Leiterin des hauseigenen Helpdesk. Aus der Sachbearbeiterin (vermeintlich) ohne Geografiekenntnisse war eine EDV-Spezialistin geworden.

Hans Imholz war der typische Patron alter Schule. Er hatte das Sagen – und das letzte Wort.

In der Susy – Lounge wurde an der 50-Jahr-Feier die Nacht zum Tag.

Fast wie auf Ibiza: Der DJ heizt den Jubiläumsgästen mächtig ein.

Als turbulenteste Zeit bezeichnet Susy Malic die 1990er-Jahre, als sich Hans Imholz aus der operativen Leitung verabschiedet hatte, sein Erbe von immer neuen Händen verwaltet und das Unternehmen mehr als einmal quasi auf den Kopf gestellt wurde: «Da ging es teilweise recht chaotisch zu und her. Ich erlebte in dieser Zeit viele neue Chefs», erinnert sich Malic. Dies habe indirekt sicher mit der jahrzehntelangen Führungsstruktur zu tun gehabt: «Hans Imholz war der typische Patron alter Schule. Er hatte das Sagen – und das letzte Wort.» Er habe seine Mitarbeiter zwar oft um ihre Meinung gefragt – letztlich habe er aber nach seinem Gefühl entschieden. Für Malic war dies einer der Hauptgründe des grossen Erfolges: «Herr Imholz hatte ein enorm gutes Gespür für Entwicklungen. Er besass die Fähigkeit, eine Situation richtig zu antizipieren. Und dass er fast immer selber die Entscheidungen getroffen habe, machte zwei Dinge einfach: Der Dienstweg war enorm kurz – und die Verantwortung lag immer bei ihm persönlich.» In den letzten Jahren des operativen Wirkens von Hans Imholz arbeitete auch die junge Zürcherin Romy Obrist fürs Unternehmen als Leiterin der Abteilung USA-Reisen. Obrist, heute Besitzerin und Geschäftsleiterin von «Bischofberger Reisen», erinnert sich amüsiert an eine Planungssitzung, als es darum ging, die einzelnen Destinationen den Abteilungen zuzuordnen. Bei New York schieden sich die Geister. Obrist stellte sich auf den Standpunkt, dass es sich dabei um ein Reiseziel in ihrer Abteilung handle; Hans Imholz dagegen pochte darauf, dass New York unter Städtereisen angeboten wurde. Obrist verteidigte ihren Standpunkt mit jugendlicher Vehemenz; Hans Imholz aber liess seine Mitarbeiterin abblitzen. Obrist erinnert sich: «Nach der Sitzung kamen diverse Kolleginnen und Kollegen zu mir und sagten mit mitleidigem Blick: ‹Morgen bist du nicht mehr da. Das tut uns leid.›» Es war Fehlalarm. Am nächsten Morgen überbrachte Hans Imholz seiner meinungsstarken Mitarbeiterin nicht die Kündigung, sondern einen Blumenstrauss, und entschuldigte sich dafür,

Herr Imholz war in seinem Führungsstil kompromisslos und sehr gradlinig. Aber er besass ebenso Charme und Schalk.

dass er nicht mit sich habe reden lassen. Obrist ist noch heute gerührt von dieser Geste: «Herr Imholz war in seinem Führungsstil kompromisslos und sehr gradlinig. Aber er besass ebenso Charme und Schalk.»

Mit dem Abgang des Gründers und Chefs entstanden aber ein schwer zu füllendes Machtvakuum und ein Mangel an Entscheidungskompetenz. So verflüchtigten sich Konstanz und die alte Führungsphilosophie quasi über Nacht. Von November 1991 bis Juni 1997 fungierte der Finanzfachmann Peter Kurzo als Direktionsvorsitzender. Er beschleunigte das Wachstum durch kostspielige Akquisitionen. Als der Ertrag aber einbrach und zahlreiche Kaderleute das Unternehmen verliessen, ging auch er von Bord. Hans Imholz sagt zu dieser Personalie diplomatisch: «Kurzo war ein guter Finanzfachmann und hat die Buchführung professionell reorganisiert.» Von Juli 1997 bis November 1998 dauerte die kurze Regentschaft von André Haelg. Er fusionierte Imholz mit Vögele Reisen und dem Schweizer Ableger der deutschen TUI und schuf damit das Konstrukt ITV. Der ehemalige Krankenkassen-Manager profilierte sich in der Öffentlichkeit bei der Bewältigung des Luxor-Attentats, schaffte den Turnaround aber nicht. Auch ihm fehlten die Branchenkenntnisse. Von November 1998 bis Juni 1999 schliesslich durfte der Basler Peter Waldner sein Glück versuchen. Doch auch er konnte die Talfahrt nicht stoppen – und musste schliesslich dem Kuoni-Mann Martin Wittwer Platz machen.

Spätestens unter Wittwer habe sich die Unternehmenskultur radikal geändert, erinnert sich Susy Malic: «Plötzlich waren alle Mitarbeiter per Du.» Unter Hans Imholz wäre dies undenkbar gewesen: «Herr Imholz duzte im Betrieb wohl nur seine Ehefrau. Er sah es auch nicht gern, wenn sich die Mitarbeiter untereinander mit Du angesprochen haben.»

Wenn wir uns an Anlässen der ehemaligen Mitarbeiter wieder treffen, findet man sogar mit Menschen sofort wieder ein gemeinsames Thema, die man zuvor während 30 Jahren nicht mehr gesehen hat.

Unabhängig davon sei der Patron aber ein grosser Motivator gewesen: «Er war ein harter Chef – aber sehr fair zu allen.» Dies habe im Unternehmen einen Zusammenhalt geschaffen, den man sich heute kaum mehr vorstellen könne: «Wenn wir uns an Anlässen der ehemaligen Mitarbeiter wieder treffen, findet man sogar mit Menschen sofort wieder ein gemeinsames Thema, die man zuvor während 30 Jahren nicht mehr gesehen hat.» Oder mit anderen Worten: einmal Imholz, immer Imholz.

Vor allem habe Hans Imholz die Mitarbeiter grosszügig an seinem Erfolg teilhaben lassen, erzählt Malic. Ihr Anfangslohn (1750 Franken pro Monat) habe zwar keine grossen Sprünge erlaubt. Und auch als sie beim Auszug aus dem Elternhaus 1976 um eine Lohnerhöhung gebeten habe, sei diese mit 50 Franken eher moderat ausgefallen. Aber nach dem Verkauf an Jelmoli habe sie beim Erhalt des Bonus-Checks ihren Augen nicht getraut: «Es ging das Gerücht um, dass wir 2000 Franken Feriengeld kriegen plus 1000 Franken pro Dienstjahr. Damit wäre ich wunschlos glücklich gewesen.» Die Realität sah dann noch viel besser aus: «Weil ich im mittleren Kader war, kriegte ich noch 10 000 Franken obendrauf – insgesamt also 30 000 Franken.» Dies habe sich wie Weihnachten, Geburtstag und Ostern zusammen angefühlt, erzählt Susy Malic lachend. Noch viel mehr wert als der finanzielle Bonus sei aber etwas anderes gewesen: «Bei Hans Imholz habe ich den Job meines Lebens gefunden. Dafür bin ich ihm auf ewig dankbar.»

Grosse Ehre: Jean de Préaumont, der stellvertretende Bürgermeister von Paris, überreicht Hans Imholz die prestigeträchtige Medaille.

16 | EINE MEDAILLE FÜR DEN STÄDTEFLIEGER

Normalerweise brachte Hans Imholz die Touristen nach Paris. Am 6. November 1979 erhielt er selber hohen Besuch aus der Stadt der Liebe – und eine aussergewöhnliche Auszeichnung.

Paris ist für Hans Imholz eine Herzensangelegenheit: «Es gibt kaum ein attraktiveres Reiseziel. Die einzigartige Verbindung aus Kultur, Kunst, Geschichte, Architektur und dem ganz speziellen Flair heben die französische Metropole auf ein überragendes Niveau.» Dabei hatte Imholz lange gezögert, Paris in sein Programm für Städteflüge aufzunehmen. Die Stadt liege zu nahe an der Schweiz und sei eher für Reisen mit dem Auto oder der Bahn prädestiniert. Als er sie 1974 eher contre cœur in seinen Katalog aufnahm, wurde er aber schnell eines Besseren belehrt. Praktisch auf Anhieb avancierte Paris zu einer der beliebtesten Destinationen für Schweizer Reisende. Allein in den ersten fünf Jahren reisten rund 25 000 Kunden mit Imholz in die Stadt der Liebe. Davon profitierten auch andere Reiseanbieter. Die Fluggesellschaften Swissair und Air France reagierten unverzüglich auf den Imholz-Erfolg und verstärkten (und verbilligten) die Verbindung zwischen Zürich und der Seine-Stadt schnell und markant.

Es gibt kaum ein attraktiveres Reiseziel. Die einzigartige Verbindung aus Kultur, Kunst, Geschichte, Architektur und dem ganz speziellen Flair heben die französische Metropole auf ein überragendes Niveau.

Im November 1979 fiel Hans Imholz für seine «besonderen Verdienste für die Stadt Paris» eine ganz spezielle Ehre zu: die Auszeichnung mit der «Médaille d'argent de la ville de Paris». Der damalige Pariser Bürgermeister (und spätere Premierminister und Staatspräsident Frankreichs) Jacques Chirac persönlich veranlasste auf einen Hinweis des Air-France-Direktors Le Berre die Auszeichnung an den Schweizer.

Auf dem Weg zur Preisübergabe musste Imholz aber Referenzen und Statistiken nach Frankreich schicken. Denn auch in Paris gilt: Vertrauen ist gut, Kontrolle ist besser.

So wies er zuhanden des Preisverleihungs-Komitees für die Periode zwischen 1975 und 1979 folgende Passagierzahlen für Imholz-Arrangements nach Paris aus:

1975: 1950 Flugpassagiere
1976: 3850 Flugpassagiere
1977: 4350 Flugpassagiere
1978: 5500 Flugpassagiere
1979: 6150 Flugpassagiere

Imholz legte dem Schreiben diverse Medienberichte bei, die das Wachstum und die solide wirtschaftliche und strukturelle Basis seines Unternehmens belegten. Unter anderem hob er die erfolgreiche Zusammenarbeit mit Agenten und Agenturen hervor: «Wir erwarten für das Geschäftsjahr zwischen dem 1.12. 1978 und dem 31. 10. 1979 einen Buchungszuwachs von rund 15 Prozent und bei insgesamt 125 000 Kunden einen Umsatz von leicht über 100 Millionen Franken.»

Der Chef schloss den Brief mit einem Kurzbeschrieb der Unternehmensentwicklung: «Ich habe meine Firma 1961 gegründet. 1968 wurde sie in eine Aktiengesellschaft umgewandelt. Der Unterzeichnende ist Alleininhaber dieses Unternehmens. Er ist Verwaltungsratspräsident, Verwaltungsratsdelegierter und Direktionsvorsitzender in einer Person.»

Dabei würdigte Préaumont den Schweizer Unternehmer als «Mann, der mit seinen Städteflügen die grossen Metropolen Europas verbindet und sie gleichzeitig einer weiteren Bevölkerungsschicht zugänglich macht».

Hätten in Paris zu diesem Zeitpunkt noch Zweifel an der Legitimation von Imholz für den Erhalt des prestigeträchtigen Preises bestanden, waren sie somit ausgeräumt. So reiste in Jacques Chiracs Auftrag dessen Stellvertreter Jean de Préaumont in die Schweiz, um Hans Imholz im Hotel Savoy en Ville am Paradeplatz in einem feierlichen Akt die Medaille zu überreichen. Dabei würdigte Préaumont den Schweizer Unternehmer als «Mann, der mit seinen Städteflügen die grossen Metropolen Europas verbindet und sie gleichzeitig einer weiteren Bevölkerungsschicht zugänglich macht». Im Fall von Paris wies er darauf hin, dass die Entwicklungsmöglichkeiten aber noch gross seien. Bei

Die Stadt der Städte: Paris war die beliebteste Städte-Destination der Imholz-Kunden

einem jährlichen Passagieraufkommen von 300 000 Personen zwischen der Schweiz und der französischen Metropole im Jahre 1979 fielen nur 20 Prozent auf den Tourismussektor. Préaumont sagte: «Wenn man bedenkt, welch unendliche Vielfalt touristischer Sehenswürdigkeiten und kultureller Begebenheiten Paris und die Île-de-France zu bieten haben, muss man feststellen, dass das Potenzial auf diesem Gebiet noch sehr gross ist. Und dank visionären Unternehmern wie beispielsweise Hans Imholz lässt sich dieses in den kommenden Jahren zweifellos ausschöpfen.»

In seiner Replik betonte der sichtlich gerührte Hans Imholz, wie sehr ihm daran gelegen sei, gerade Paris seine besondere Aufmerksamkeit zu schenken, weil er überzeugt sei, dass diese Weltstadt auch auf die Schweizer eine besondere Faszination ausübe. Entsprechend sorgfältig werde er dann auch sein Städteflugprogramm gestalten, in dem nicht nur bewährte Hotels enthalten sind, sondern auch die Betreuung durch kompetente Reiseführer gewährleistet ist. Imholz erkannte schon damals, dass bei der wachsenden Konkurrenz im Reisegeschäft jedes Detail entscheiden kann. So bot er in Zusammenarbeit mit der Air France ideale Flugzeiten an – den Hinflug am Morgen, den Rückflug am Abend. Die Hotels wählte er ausnahmslos an zentraler Lage – bevorzugt im Quartier Montmartre, von wo die Gäste den Eiffelturm auch zu Fuss erreichen konnten.

In den Schweizer Medien war die Auszeichnung des Zürcher Unternehmers ein grosses Thema. Das St. Galler Tagblatt sprach in seiner Grossauflage in dicken Buchstaben «Ein Hoch auf Hans» aus. Der Züri Leu schrieb unter dem Titel «Städteflug der Medaillen»: «Ob in der Politik, im Sport, auf kulturellem Gebiet oder in Sachen Tourismus – wer auch immer sich auf besondere Weise um die Stadt Paris verdient macht, der erhält von deren Bürgermeister die ‹Médaille de la ville de Paris›. Am 6. November war beispielsweise die Reihe an der Sängerin Line Renaud, aber einige Stunden vor dieser Ehrung hatte bereits Jean de Préaumont als Vertreter des Bürgermeisters im Zürcher ‹Baur en Ville› den Reiseunternehmer Hans Imholz dermassen ausgezeichnet.»

Die Hotels wählte er ausnahmslos an zentraler Lage – bevorzugt im Quartier Montmartre, von wo die Gäste den Eiffelturm auch zu Fuss erreichen konnten.

Die Preisübergabe fand im Rahmen eines gediegenen Mittagessens und in Anwesenheit des Zürcher Stadtrats Edwin Frech, des Verkehrsdirektors Erich Gerber sowie Vertretern des französischen Generalkonsulats, der Swissair, des französischen Verkehrsbüros sowie der Air France statt. Der Züri Leu hob die Einmaligkeit des Ereignisses hervor: «Hans Imholz ist der erste Schweizer überhaupt, dem diese Ehre teilhaftig wird.» Die Zürichsee Zeitung würdigte die 20 000 Paris-Reisenden unter der «Imholz-Flagge» als «höchst respektablen Anteil am Gesamtmarkt». Mit seinen Ganzjahresangeboten und den immer noch erstaunlich günstigen Preisen vermittle Hans Imholz vielen Schweizern das erste Flug- und oft auch das erste Paris-Erlebnis.

Stadtrat Frech stellte die Auszeichnung in einen grösseren politischen Zusammenhang: «Ein Teil des Glanzes der Medaille fällt auch auf die Stadt Zürich, weil diese dem visionären Unternehmer eine ideale Basis bietet.» Entsprechend überreichte er Imholz eine blaue und eine weisse Zürcher Stadtkerze. Der Beschenkte konterte die Anspielung Frechs mit dem Hinweis, dass sein Reisebüro die Steuern in Zürich entrichte; dass er als Privatmann aber in Herrliberg dem Fiskus unterstellt sei – «womit sowohl die blau-weisse Stadt als auch der blau-weisse Kanton zu ihrem Recht kommen».

Ein Teil des Glanzes der Medaille fällt auch auf die Stadt Zürich, weil diese dem visionären Unternehmer eine ideale Basis bietet.

Die Medaillenübergabe wurde letztlich zu einem bilateralen Austausch. Denn der Stadtrat wollte es nicht auf sich sitzen lassen, dass Monsieur de Préaumont Zürich mit leeren Händen verlassen musste. Er beauftragte seine Sekretärin kurzerhand, ins nahe Stadthaus zu laufen, um eine Medaille zu holen, die die Zürcher Regierung für «ehrungswürdige Ausländer» in Bereitschaft hält. Zwanzig Minuten später hatte auch der Gast aus Paris seine Auszeichnung – und Stadtrat Frech konnte zufrieden zu Protokoll geben: «Die besten Ideen kommen halt bei Speis und Trank.»

Dass die Reisebranche stark vom politischen Gleichgewicht und vom Sicherheitsdenken der Kundschaft abhängig ist, lässt sich am Beispiel von Paris im Herbst 1986 ablesen.

Bei einem Bombenattentat vor einem Kaufhaus in der Innenstadt wurden sieben Menschen getötet und rund 55 verletzt. Der Anschlag reihte sich in eine Serie von Attentaten eines pro-iranischen Terrornetzwerks in den Jahren 1985 und 1986 ein. Insgesamt starben bei diesen Anschlägen 13 Menschen, mehr als 300 erlitten (teilweise erhebliche) Verletzungen.

Nach diesen Attentaten wurde die französische Hauptstadt von Schweizer Touristen mehr und mehr gemieden. Die Reisebüros verzeichneten Annullationen von Arrangements und Pauschalangeboten. Gemäss einer damaligen Umfrage der Nachrichtenagentur SDA verzichteten 20 bis 40 Prozent von Reisebüro-Kunden auf den vorgesehenen Besuch der Seine-Stadt, um sich anderen Destinationen zuzuwenden.

Auch die Jungen zog es damals weniger in die Stadt mit dem Eiffelturm. Beim Schweizerischen Studentenreisedienst in Zürich wurde ein Drittel der gebuchten Reisen abgesagt.

Roger Rouvinez, Direktor des Reiseveranstalters Frantour, bezeichnete die Situation als «richtiggehend katastrophal». Die auf Eisenbahnreisen mit Bestimmungsort Paris spezialisierte Agentur organisierte normalerweise wöchentlich für 1500 bis 2000 Kunden die Reise in die französische Hauptstadt. 2000 waren auch für das Bettags-Wochenende 1986 vorgesehen. Aber in der Woche vor dem Bettag seien täglich über hundert Annullationen eingegangen. Vor allem waren es Gruppenreisende, die auf den Städtetrip verzichteten. Auch die Buchungen für den weiteren Verlauf des Jahres sanken erheblich, sagte Rouvinez. Bei Railtour in Bern war die Situation zunächst noch nicht alarmierend. Aber es zeichnete sich auch kein erfreuliches Bild ab, sagte Direktor Kaspar Woker: Über 200 Personen hätten bislang Reservationen für die nächsten vierzehn Tagen annulliert. Fast 800 Personen pro Woche buchten normalerweise in dieser Saison einen Aufenthalt in Paris. Bei Imholz wurden in jenen Tagen etwa 100 Destinationsänderungen verlangt, wie Vize-Direktor Armin Leuppi erklärte. Immerhin dürften seiner Auffassung nach die Paris-Annullationen 20 Prozent der gebuchten Reisen nicht übersteigen. Imholz «schickte» täglich rund 100 Reiselustige in die französische Kapitale. Auch die Jungen zog es damals weniger in die Stadt mit dem Eiffelturm. Beim Schweizerischen Studentenreisedienst in Zürich wurde ein Drittel der gebuchten Reisen abgesagt. Schwieriger war die Lage im privaten Reiseverkehr abzuschätzen: Ein Sprecher der Kreisdirektion I der SBB in Lausanne erzählte, wohl seien einige Verzichte auf Paris-Reisen zu registrieren, aber der TGV mit Bestimmung Seine-Stadt sei allemal «gut gefüllt».

Die Meldungen von damals muten heute wie ein düsterer Ausblick in die heutige Zeit an. Denn das Netz des Terrors hat sich wieder mit einer beklemmenden Dichte über die französische Hauptstadt gelegt. Am Reiseverhalten der Schweizer änderte sich aber kaum etwas. Paris hat wohl auf ewig in jeder Umfrage über die beliebtesten Reiseziele einen Platz auf dem Podest auf sicher – nicht nur in den Augen von Hans Imholz.

17 | IN DER STRIPTEASE-FALLE

Reisen bildet. Doch im Dunkeln der Nacht lauern an fremden Orten auch maliziöse Fallen. Der Teilnehmer einer Städtereise nach Hamburg richtete sich unter der Überschrift «Vertraulich» am 15. Mai 1973 mit folgenden Worten an Hans Imholz:

«Sehr geehrter Herr Imholz

Erstmals machte ich mit Ihrem Unternehmen eine Reise nach Hamburg, vom 6.–9. Mai mit den Reisebegleitern Frisch und Strolz, die beide prima waren. Die ganze Reise war wunderschön und vorzüglich organisiert. Durch meine eigene Dummheit bin ich an der Reeperbahn aber unter die Räuber geraten, was ich Ihnen kurz schildern möchte.

Am Montagabend wollte meine Frau nicht mehr ausgehen. Sie zog es vor, im Hotel ‹Am Holstenwall› zu bleiben – um zu lesen und zu ruhen. So entschied ich mich dann, alleine noch etwas bummeln zu gehen. Ich besichtigte den ‹Michel› mit dem Luther-Denkmal und wollte anschliessend zur ‹City› hinunterschlendern. Dann begann es zu regnen, und ein Gewitter zog auf. So schwenkte ich planlos links ab, um vorzeitig den Rückweg anzutreten. Unvermittelt gelangte ich so in die Reeperbahn. Da es regnete, schlug ich den Kragen des Regenmantels hoch und drückte mich möglichst den Hausmauern entlang, nicht ohne Blicke in die verschiedenen Sex-Läden zu werfen.

Unvermittelt hielt mich ein junger Mann an und forderte mich auf, einen Striptease anzuschauen. Ich wehrte ab und wollte weitergehen, doch der Mann stellte sich erneut vor mich und sagte: ‹Was wollen Sie im Regen herumlaufen? Schauen Sie sich die Sache rasch an, es kostet ja nichts.› Da ich noch nie einen Striptease gesehen hatte, dachte ich ‹warum eigentlich nicht?› Ich stieg die Treppe hinunter, wo sich eine schumlige Dame produzierte. Ich setzte mich, und schon erschien ein junges Ding, setzte sich neben mich und stellte mir die Frage: ‹Was wollen Sie trinken?›

Ich orderte eine Limonade. Diese stellte sie mir nebenan in eine Nische und forderte mich auf, zu ihr zu kommen. Nun dachte ich: Nur fest bleiben, dich nicht einlassen. Aber schon lagen ihre Beine auf meinen Knien. Sie umschlang mich und fragte, was sie für sich bestellen dürfe, denn Limonade möge sie nicht.

Ich sagte: ‹Dann bestellst du dir was anderes› – allerdings ahnend, dass mich das wohl an die 100 Mark kosten könnte. Aber ich wollte mir die Sache nun doch mal ansehen. Auf ihr Klatschen brachte der Kellner eine Flasche mit zwei Gläsern, doch wehrte ich für mich ab und liess mir nur recht wenig einschenken, das ich dann mit der Limonade noch verdünnte. Während der gesamten Zeit lief ein himmelschreiender Sexfilm, aber ich führte mit Barbara, so stellte sie sich vor, ein philosophisches Gespräch über das Dirnenwesen und die blöden Sexfilme, ohne auf viel Verständnis zu stossen. Sie klatschte noch zweimal, und jedes Mal erschien der Kellner und füllte die Gläser nach, wobei das meinige stets nur sehr wenig aufzunehmen vermochte, da ich nur daran nippte. Schliesslich erkundigte ich mich nach dem Preis. Barbara erklärte: ‹Ich koste gar nichts. Das ist im Getränkepreis inbegriffen.› Dann wollte ich wissen, was die Getränke kosten und verlangte die Rechnung. Und jetzt kam die grosse Ernüchterung, indem folgende Aufstellung präsentiert wurde:

Während der gesamten Zeit lief ein himmelschreiender Sexfilm, aber ich führte mit Barbara, so stellte sie sich vor, ein philosophisches Gespräch über das Dirnenwesen.

Frisca	DM 5.—
1 Schaumwein	DM 279.—
1 Krim	DM 349.—
1 Krim	DM 349.—
Total:	DM 982.—

Ich erklärte den Kellner für wahnsinnig, denn ich hätte doch nie drei Flaschen getrunken. Aber man behauptete stur, jedes Klatschen von Barbara habe nicht einfach ein Nachfüllen bedeutet, wie ich angenommen hatte, sondern eine neue Flasche. Na gut, erklärte ich, dann würden die drei Flaschen zudem zusammen keine DM 100.— kosten. Diesen Betrag würde ich bezahlen, aber keinen Pfennig mehr. Es begann ein wüstes Palaver hin und her, ich musste mein Portemonnaie hinlegen und den Inhalt von 180 Mark als Anzahlung leisten. Nun wollte der Kellner noch zu mir ins Hotel kommen, um den Rest des Geldes abzuholen, doch erklärte ich ihm, dass ich dort nur noch einen kleinen Betrag in Schweizer Franken hätte. Wieder begann ein grosses Rededuell. Anhand meiner Identitätskarte notierte er sich meine Adresse und wollte mich zur Unterzeichnung eines Wechsels zwingen. Ich weigerte mich und verlangte die Polizei. Der Besitzer dieser Bar, der sich sehr bald auch eingefunden hatte, sandte den Kellner zur Polizei. Ich verlangte frische Luft und wollte ins Freie, was mir nach einiger Zeit auch gelang. Dort stand der Kellner, und als ich fragte, was mit der Polizei los sei, erklärte er mir, dass er gleich hingehen werde. Nach zirka einer Viertelstunde kam er in Begleitung eines Polizisten zurück. Wieder ging es in die Bar hinunter, wo sich der angebliche Ordnungshüter den Vorfall beschreiben liess. Da erklärte er mir, dass dies eben die üblichen Preise seien. Denn im Preis seien halt auch die ‹Damen› inbegriffen.

In mir kochte es immer mehr, und ich erklärte, dass auch dann der Preis für eine knappe halbe Stunde übersetzt sei, dass ich niemals drei Flaschen getrunken hätte usw. usw. Aber alles half nichts. Ich musste den Wechsel unterschreiben. Verfalldatum: 3. Juni 1973. Der Kellner fuhr mit mir zum Hotel, wo sich meine Frau in grösster Aufregung beim Portier befand, obgleich es knapp 22.30 Uhr war. Ich holte 200 Franken, die mir mit 180 Mark angerechnet wurden. So lautete dann der Wechsel auf:

	DM 982.—
abzüglich	DM 180.—
abzüglich	DM 180.—
total:	DM 622.—

Und jetzt kommt meine Frage an Sie, Herr Imholz: Soll ich den Wechsel einlösen, falls er überhaupt vorgewiesen wird? Ich beabsichtige nämlich, ihn protestieren zu lassen - in der Meinung, dass das kaum halbstündige ‹Vergnügen› mit Barbara und die zu Unrecht verrechneten Schnäpse mit 360 Mark schon allzu reichlich entgolten seien, sodass ein Prostest vor Gericht – trotz der mir bekannten Wechselstrenge – sicher geschützt werden dürfte – oder was raten Sie?

Der Schelm, der meine grenzenlose Einfalt ausnützte, heisst:

Michael Helms, Reeperbahn 3, Intim-Bar, 2 Hamburg 4.

Der Reiseleiter hatte uns auf die Gefahren der Reeperbahn aufmerksam gemacht und geraten, immer erst eine Preisliste zu verlangen.

Der Reiseleiter hatte uns auf die Gefahren der Reeperbahn aufmerksam gemacht und geraten, immer erst eine Preisliste zu verlangen. Das tat ich leider nicht, denn ich dachte, mehr als 100 Mark werden sicher nicht flöten gehen. Aber mit einer derartigen Gaunerei hätte ich nie gerechnet. Stets versuche ich, das Gute im Menschen zu sehen, und wurde nun richtig hineingelegt. Ich möchte Sie daher bitten, Ihre Reisegesellschaften nach Hamburg noch viel nachdrücklicher auf diese Ausbeuter aufmerksam zu machen. Aber bitte: strengste Diskretion meinem Namen gegenüber.

Schmelztiegel der Sünden und Falle für naive Städtereisende: die Reeperbahn in Hamburg .

Und noch eine Bitte: Meine Frau weiss nichts von diesem Wechsel. Sie hatte genug am anderen zu kauen, mussten wir uns doch wegen meiner Kalberei stark einschränken und konnten die beabsichtigten Geschenke und Reiseandenken für unsere Enkel nicht kaufen.

Sofern Sie mir irgendwie raten können, dann telefonieren Sie mir bitte ins Geschäft.

Vielen Dank im Voraus.

Bitte Entschuldigen Sie meinen etwas langen Erlebnisbericht. Persönlich bin ich restlos geheilt und mache mir keine Illusionen mehr.

Mit freundlich Grüssen.

O.H.

Im Eiskanal: Hans Imholz wartet in St. Moritz auf den Start. Pilot Erich Schärer kontrolliert das Material.

Ein Prost auf den Olympiasieger. Hans und Doris Imholz bei einem Empfang mit Erich Schärer im Dracula Club beim Bobrun in St. Moritz.

18 | EINE GROSSE MÄNNER-FREUNDSCHAFT UND EIN DICKES COUVERT

Erich Schärer (74) gewann vor 40 Jahren im Silberpfeil Olympia-Gold. Einer seiner grössten Fans ist Hans Imholz. Der Reisebüro-Patron beglich einst sogar eine Busse von 6000 Franken für seinen Freund.

Erich Schärer ist in altbewährter Kampfeslaune: «Im Schweizer Bobsport wurde in den vergangenen Jahren viel verschlafen. Uns fehlt der Nachwuchs.» Der 74-jährige Herrliberger weiss genau, wovon er spricht. Als er in den 70er- und 80er-Jahren die Eiskanäle dieser Welt hinunterraste, setzte die Schweiz die Pace – und oft waren Schärer und sein Anschieber Sepp Benz am schnellsten. 19 WM-Medaillen gewann Schärer – acht aus Gold. Doch ein Erfolg überwiegt alles: der Olympiasieg im Silberpfeil 1980 in Lake Placid: «Olympisches Gold ist mehr wert als zehn WM-Titel.»

Der Bauernsohn war immer ein unbequemer Geist. Er stellte oft öffentlich die Frage, was denn die Verbandsfunktionäre abgesehen von Sitzungsteilnahmen und Spesenverschwendung so alles leisteten. Er sagte immer, was er dachte, und provozierte. Er opponierte, wenn er mit Selektionsentscheiden oder Regeländerungen nicht einverstanden war. Eine denkwürdige Auseinandersetzung lieferte er sich mit dem Verband, als er mit drei Streifen auf der Schlittenhaube fuhr. Er werbe damit verbotenerweise für seinen Ausrüster, befand der damalige Vizepräsident Fritz Peter und sprach eine Busse von 6000 Franken aus. Noch heute fragt sich Schärer, was damals in Peter gefahren sei. Schliesslich waren Peter und er befreundet und als Mitglieder des Bob-Clubs Zürichsee sogar Klubkollegen.

Mit der schlitzohrigen Argumentation, die Streifen stünden für seine drei WM-Titel, drang Schärer nicht durch. Letztlich war es allen klar, was das Zeichen auf dem Schlitten des langjährigen Adidas-Botschafters bedeutete. Doch bezahlen musste Schärer die Busse gleichwohl nicht. Denn wenige Tage nach der Publikation des Verdikts lag ein Couvert mit 6000 Franken in seinem Briefkasten. Hans Imholz, der in der Nachbarschaft wohnte, hatte es seinem alten Freund vorbeigebracht. Schärer ist noch heute gerührt über diese Geste: «Das war typisch für Hans. Er macht kein grosses Aufheben um seine Person, aber ist für seine Freunde und Partner immer da. Respekt, Fairness und Anstand sind bei ihm tief verankert.»

Schärer und Imholz – das ist eine Männerfreundschaft zwischen zwei Persönlichkeiten, die auf den ersten Blick unterschiedlicher kaum sein könnten. Hier der lautstarke und zuweilen polternde Vollgassportler, der keine Konfrontation scheut und von sich sagt: «Ich bin immer fadegrad und ehrlich. Wenn mir etwas nicht passt, halte ich mit meiner Meinung nicht zurück.» Da der zurückhaltende und vorsichtige Unternehmer, der zeitlebens einen grossen Bogen ums öffentliche Scheinwerferlicht machte und selbst dem befreundeten Weltwoche-Chef Roger Köppel aus Diskretionsgründen nicht erlaubte, ein Porträt über ihn zu schreiben.

Das war typisch für Hans. Er macht kein grosses Aufheben um seine Person, aber ist für seine Freunde und Partner immer da. Respekt, Fairness und Anstand sind bei ihm tief verankert.

Wann sich Imholz und Schärer das erste Mal begegnet sind, können beide nicht mehr so genau sagen: «Es muss an einer Feier in der Vogtei in Herrliberg irgendwann zu Beginn der 1970er-Jahre gewesen sein. Vielleicht haben wir uns aber schon früher einmal getroffen. Schliesslich wohnte auch Hans lange in Herrliberg», sagt Schärer. Später kaufte Imholz eine Liegenschaft direkt neben Schärers Haus – mit einer gemeinsamen Garageneinfahrt. So oder so: Die Bekanntschaft sollte nachhaltige Wirkung haben. So gehörte Hans Imholz am 21. Mai 1976 auch zu den Taufpaten des legendären Bob-Clubs Zürichsee, der bis heute mit grossem Abstand erfolgreichste Verein in diesem Sport.

Die Gründung des Klubs ging auf eine spontane Idee von Erich Schärer und dem Zolliker Verleger Heinz Moergeli am Rande der Olympischen Winterspiele 1976 in Innsbruck zurück. Und weil das Erlebnis im Eiskanal traditionshalber eine grosse Anziehungskraft auf Grössen aus Wirtschaft, Gesellschaft und Politik ausübt, fand Moergeli mit dem damaligen Bundesrat Fritz Honegger sowie den Regierungsräten Albert Mossdorf, Hans Künzi und Jakob Stucki eine breite Lobby in der Zürcher Politik. Es war ein Zeichen, das die Elite mobilisierte. Vom ersten Tag an. Dem «Klub der

Durchhaltewillen am Laufklassiker: Hans Imholz auf dem hügeligen Parcours zwischen Murten und Fribourg.

Weltmeister und Olympiasieger» gehörten schnell einmal alle an, die sportlich, wirtschaftlich oder politisch etwas auf sich hielten – von Polit-Lady Rita Fuhrer über Christoph Blocher, Formel-1-Pilot Clay Regazzoni, den dreifachen Motorrad-Weltmeister Luigi Taveri, Viererbob-Weltmeister Max Forster, Kapellmeister Hazy Osterwald, die Sportreporter Gody Baumberger und Sepp Renggli, Doppel-Olympiasiegerin Marie-Theres Nadig bis zu Hans Imholz. Und selbstredend für diesen Klub nicht etwa nur als pseudosportliche Staffage, sondern getreu dem Motto: Wer dabei ist, macht auch wirklich mit. Und wenns sein darf, fährt er (oder sie) auch Bob.

So erhielt jedes Klubmitglied einmal im Jahr die Möglichkeit, sich in einen Bob zu setzen und die 1722 Meter und 19 Kurven vom Kulmpark in St. Moritz in die 130 Meter tiefer gelegene Nachbargemeinde Celerina hinunterzurasen. «Durch Erich Schärer lernte ich die Faszination des Bobsports kennen», sagt Hans Imholz. Von seinem Ferienhaus in St. Moritz ist er in wenigen Minuten am Start der ältesten Schweizer Sportanlage. Es ist ein mystischer Ort für den Schweizer Sport – nicht nur, weil dort schon zwei Olympische Winterspiele (1928 und 1948) stattfanden. Alle 19 Kurven des Bobruns tragen einen Namen. Sie heissen beispielsweise «Wall», «Snake», «Sunny Corner» (auch bei Nebel), «Horse-Shoe» oder «Tree». Englischkenntnisse sind erwünscht. Wer im «Shamrock» (Kleeblatt) mit Glück durchkommt, kann bereits im «Devils Dyke» (Teufelsdamm) das Fegefeuer erleben. Falls jemand seinen Namen im Bobrun verewigt haben möchte, sollte man entweder das Zeitliche segnen oder etwas auf der hohen Kante haben. Der «Portago Corner» erinnert an den dort verunfallten Spanier Marques Alfonso de Portago. Die «Gunter-Sachs-Kurve» ist dem früheren Präsidenten des St. Moritz Bobsleigh-Clubs gewidmet. Sachs stand auf Kurven.

Durch Erich Schärer lernte ich die Faszination des Bobsports kennen.

Nicht ohne Stolz präsentiert Hans Imholz heute zwei von Gunter Sachs unterschriebene Diplome, die ihm den Höllenritt durch den Eiskanal bescheinigen – beide Male mit Erich Schärer an den Steuerseilen: am 2. März 1977 und am 24. Februar 1984. Beeindruckend ist vor allem die Leistungssteigerung: Hatte die Fahrt bei der Imholz-Premiere 1:19,39 gedauert, brauchte er sieben Jahre später rund sieben Sekunden weniger. Schärer sagt dazu mit einem Augenzwinkern: «Wir konnten dank intensivem Training auf der Anschiebepiste in Herrliberg die Startzeit markant verbessern.» So oder so: Schneller als die Rhätische Bahn waren Imholz und Schärer beide Male. Der ÖV braucht von St. Moritz nach Celerina rund dreimal so lang wie die Bobfahrer.

Aber nicht nur Schärer wies den Weg. Für Reisen in ferne Länder war quasi per Definition Hans Imholz zuständig. Immer wieder lud er die Bobfahrer an exotische Destinationen ein: «Hans war immer sehr grosszügig. Wir mussten nie einen Franken bezahlen», erzählt Schärer. So konnte er mit seinen Kollegen mehr als einmal die Sommerpause am Strand geniessen. Besonders gut ist ihm eine Reise nach Marrakesch in Erinnerung geblieben. Dafür war an der Zürcher Goldküste aber eine Gegenleistung gefordert. Schärer, in jungen Jahren Zürcher Kantonalmeister im Zehnkampf und mit einer 100-Meter-Bestzeit von 11 Sekunden einer der schnellsten Schweizer jener Tage, erinnert sich: «Plötzlich entdeckte Hans das Sporttreiben – und ich war sein bevorzugter Joggingpartner.» Der Ehrgeiz habe den Reiseunternehmer oft zu Höchstleistungen getrieben: «Er war beseelt vom Gedanken, einen Olympiasieger zu bezwingen.»

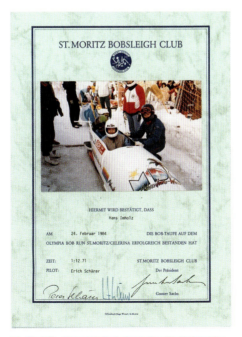

Verbrieft: Hans Imholz besteht die Bobtaufe mit Bravour.

Die Strecke um den Rumensee in Küsnacht wurde zum Schauplatz manch erbitterten Rennens – wobei die Kräfteverhältnisse wesentlich ausgeglichener waren, als man annehmen könnte. Schärer erzählt: «Im Endspurt war ich stärker. Aber Hans hatte dank seinem regelmässigen Langlauftraining konditionelle Vorteile – und er kostete es jeweils aus, wenn er vor mir im Ziel war. So gab ich jeweils alles, um ihn auf den letzten Metern noch abzufangen.»

Schnell war Imholz auch im Auto unterwegs; am liebsten in einem Wagen aus seiner Ferrari-Kollektion. Auch hier liess er Schärer ans Steuer – was einem ultimativen Vertrauensbeweis gleichkommt. Einmal allerdings ging die Sache schief. Schärer erinnert sich reumütig: «Ich durfte den Ferrari Testarossa testfahren. Doch als ich die Türe von innen schliessen wollte, zog ich etwas gar fest am Griff – und hielt plötzlich das halbe Interieur in der Hand. Hans war wenig amüsiert darüber.»

Heute können beide darüber herzhaft lachen. Sowohl Schärer wie Imholz sind in ihrer Karriere an einem Punkt angelangt, an dem sie niemandem mehr etwas beweisen müssen. Umso angeregter diskutieren sie bei den regelmässigen gemeinsamen Mittagessen über vergangene und zukünftige Projekte. Und wenn sich Erich Schärer für den Bobsport auf Promotion- und Sammeltour begibt, steht ihm Hans Imholz jeweils diskret, aber handfest zur Seite. Für die neue Anschiebepiste in Filzbach beispielsweise spendete er einen namhaften Betrag: «Ich dachte zuerst, dass er sich um eine Null geirrt hat», erzählt Schärer lachend, «aber es war kein Fehler, sondern reine Grosszügigkeit. Danke Hans.»

> *Ich durfte den Ferrari Testarossa testfahren. Doch als ich die Türe von innen schliessen wollte, zog ich etwas gar fest am Griff – und hielt plötzlich das halbe Interieur in der Hand. Hans war wenig amüsiert darüber.*

Vor drei Jahren sass Schärer das letzte Mal an den Steuerseilen – bei einer Taxifahrt in Königssee. Seine grosse Passion ist das Golfspielen, das er unter anderem im eigenen «Giants Golf Club» mit guten Freunden im Zweiwochenrhythmus jeweils am Donnerstag pflegt. Und immer wieder trifft er Hans Imholz: «Es ist jedes Mal ein Vergnügen, mit Hans Zeit zu verbringen. Es müsste mehr Menschen wie ihn geben in der Schweiz.» In gewissem Sinne erinnere ihn Hans an dessen Namensvetter Hausi Leutenegger: «Beide haben eine beeindruckende Tellerwäscherkarriere hingelegt, beide engagieren sich heute in Kultur und Sport. Beide lassen die Öffentlichkeit an ihrem Wohlstand teilhaben.»

Wenn Schärer dies erzählt, ist seine Dankbarkeit Hans Imholz gegenüber deutlich spürbar. Denn es sind gerade in einem finanziell aufwendigen Sport wie Bob oft die pekuniären Mittel, die den Unterschied zwischen Sieg und Niederlage ausmachen. Und es ist auch das richtige Gespür für das eigene Talent: «Vermutlich realisieren 80 Prozent der potenziellen Bobfahrer gar nicht, dass sie eigentlich talentiert wären – weil sie gar nie mit diesem Sport in Berührung kommen.»

Schärers Hoffnungen für den Schweizer Bobsport liegen in der modernen Anschiebebahn im Sportzentrum Kerenzerberg, dem neuen Eiskanal im österreichischen Bludenz und der neuen Disziplin Monobob, die der Jugend den Einstieg erleichtert und 2022 in Peking erstmals olympisch ist. Es sind vielleicht die Steinchen, die zu einem goldenen Schweizer Mosaik werden könnten – wie damals vor 40 Jahren in den USA, als er später mit Hans und Doris Imholz seine olympische Goldmedaille im Restaurant Roseg im Oberengadin feierte.

Firmageschichte: einmal anders.

Es war einmal ...

... ein Pionier

1979: Hans Imholz mit charmanter Gattin Doris

1971: Willy Noser

1969: Armin Leuppi

1972: Schon damals gab es Grund zur Freude.

1980: Der Katalog ist da – und der Mini auch wieder

1979: Interview mit Roger Schawinski

1980: Peter Kurzo

1969: Peter Seiler

1962: Edi Die

1979: H.P. Lehmann

1978: Der Rohbau

Die Idee: Das Ferientelefon

1979: Der Neubau – die Zukunft hat begonnen

19 | TAGESTRIP INS SCHLARAF-
FENLAND

25 Jahre Imholz. Der Chef entführt anlässlich des Jubiläums seine ganze Belegschaft nach «irgendwo».

Man soll die Feste feiern, wie sie fallen. Das galt auch für Hans Imholz und sein Unternehmen – ganz besonders 1986. Das 25-Jahr-Jubiläum seines Reisebüros markierte eine spezielle Wegmarke. Es war der Moment, um zurückzuschauen, den Erfolg zu geniessen und mit den Mitarbeitern auf das Erreichte anzustossen: «Es sind diese Augenblicke, um dem Personal etwas zurückzugeben und ihm zu zeigen, dass es grossen Anteil am Erfolg hat. Denn letztlich ist jeder Beitrieb nur so gut wie die Menschen, die dahinterstehen.» Doris Imholz, die von 1979 bis zum Verkauf der Firma (1989) im Betrieb ihres Mannes arbeitete, sagt dazu: «Es herrschte bei Imholz ein ganz spezieller Zusammenhalt unter den Mitarbeitern – weil sich alle mit den Produkten identifizierten. Praktisch jede und jeder fühlte sich als Teil eines grossen Gedankens.» Am meisten freute sich Hans Imholz damals über eine Wertschätzung von nicht erwarteter Seite. Imholz erzählte später dem Konsumentenmagazin Beobachter: «Jack Bolli, der frühere Präsident des Kuoni-Verwaltungsrats, hat mir zum 25-Jahr-Jubiläum von Imholz Reisen mit einem persönlichen, herzlichen Schreiben gratuliert, das ich heute noch aufbewahre. Für mich war es ein absolutes Highlight, dass mein früherer Chef und mittlerweile schärfster Konkurrent die Grösse hatte, mir nach 25 Jahren zu sagen: ‹Hans, das hast du gut gemacht.›»

Es herrschte bei Imholz ein ganz spezieller Zusammenhalt unter den Mitarbeitern – weil sich alle mit den Produkten identifizierten.

Gut machte es Hans Imholz auch in den Augen seiner Mitarbeiter: «Wir waren eine verschworene Einheit, die wesentlich mehr verband als nur derselbe Arbeitsplatz», erzählt der langjährige Mitarbeiter Willy Noser. Es habe ein «echter Imholz-Groove» geherrscht: «Wir gingen füreinander durch dick und dünn – auch weil uns Hans Imholz immer zu spüren gab, wie sehr er uns vertraute.» So lud der Patron die gesamte Belegschaft am 3. Juni 1986 zu einem «Jubiläums-Sonderflug ins Blaue» ein. In der aufwendig produzierten sechsseitigen Einladung war nicht nur auf der «VIP-Liste» in alphabetischer Abfolge der Name jeder Teilnehmerin und jedes Teilnehmers aufgelistet – von Carmen Agostini bis Ursula Zuber –, sondern auch der Überraschungseffekt im sprachlichen Freistil hervorgehoben:

«Ein Balair-Airbus-Intercontinental fliegt uns irgendwohin. Wir imholzen dann kreuz und quer durch eine lebensfrohe Stadt. Alles per Bus wäre zu wenig lustig und originell. Eine Stadt entdeckt man am besten zu Fuss und per? Mit?

Auch eine Brise Kultur werden Sie in Kauf nehmen müssen. Zum Essen gibt es alles, was Land und Meer bieten. Auch Disco-Time schwingt mit.

Eine Glücksfee verteilt Reisen in andere Erdteile.

Kurz, es ist fast wie im Schlaraffenland.»

Für den Dresscode galten patriotische Auflagen: «Wir kleiden uns, wenn immer möglich, in den Firmenfarben Rot und Weiss. Ihre Schuhe sollten sich fürs Tanzen sowie für einen Stadt-Spaziergang auch bei etwas Regen eignen. Für das Unterhaltungsprogramm bestehen Umziehungsmöglichkeiten. Handgepäck kann im Bus (ab Flugplatz) bleiben.»

Hans Imholz verstand das Spiel auf der medialen Klaviatur schon immer – obwohl er sich selber (und sein Privatleben) rar machte und abseits seines beruflichen Umfelds in den Medien nur selten in Erscheinung trat. Am 3. Juni 1986 wandte er sich im redaktionellen Teil des Blicks mit folgenden Worten an die Leserschaft:

«1961 – ich erinnere mich noch genau, – als ich an jenem Montagmorgen die Türe zum ersten Geschäftsdomizil an der Usteristrasse 19, 8001 Zürich, öffnete.

Doch keine Angst: Weder taufen wir uns in Imstolz um, noch beabsichtigen wir, uns auf unseren Lorbeeren auszuruhen.

Mit viel Elan, grossem Engagement, handfesten Plänen und einer gesunden Portion Optimismus sind wir auf die Reise gegangen. Und haben dabei in den letzten 25 Jahren einige interessante Kapitel Schweizer Reisegeschichte geschrieben. Darauf dürfen wir, glaube ich, zu Recht stolz sein. Doch keine Angst: Weder taufen wir uns in Imstolz um, noch beabsichtigen wir, uns auf unseren Lorbeeren auszuruhen.

Lieber versuchen wir, unseren Erfolg kurz zu analysieren. Warum ging es steil nach oben? Vielleicht, weil Qualität immer Priorität hatte. Vielleicht aber auch, weil wir den Kunden konsequent in den Mittelpunkt stellten. Und so ein feines Gespür für seine Wünsche und Bedürfnisse entwickelten.

An dieser Stelle danke ich unseren Kunden, die durch ihre Anregungen und ihre positive Kritik viel dazu beigetragen haben, aus Imholz das zu machen, was unser Unternehmen heute ist. Und natürlich geht mein Dank auch an alle Mitarbeiter, die ihr Wissen und Wollen ganz in den Dienst unseres Unternehmens gestellt haben. Selbstverständlich werden wir auch in Zukunft alles daran setzen, im Bereich Reisen und Ferien etwas auf die Beine zu stellen, das Hand und Fuss hat. Denn Ideen wie unsere Pioniertat Städteflüge oder der Telefonirektverkauf sind eine Verpflichtung, die für uns Herausforderung zu neuen innovativen Taten ist.

Einigen Gerüchten zufolge soll der Alleininhaber Hans Imholz (49) seine Mitarbeiter als Geiseln genommen haben, um vom Steueramt einen Grossteil der seit 25 Jahren bezahlten Steuern zurückfordern zu können.

Übrigens: Wenn wir jetzt ein bisschen feiern, feiern wir nicht Vergangenes, sondern Gegenwärtiges und Zukünftiges. Denn unser Optimismus hat sich in den vergangenen 25 Jahren nicht verändert.»

Wie genüsslich Hans Imholz sein Jubiläum zelebrierte, zeigten auf der selben Seite nicht nur zwei Strandnixen mit einem Imholz-Journal in der Hand, sondern auch der (vermeintlich redaktionelle) Text unter dem Titel «Ghost Town in Zürich»:

«Mitten in Zürich steht seit heute Morgen ein sechsgeschossiges Bürogebäude leer. Kein Mensch kam heute zur Arbeit und niemand weiss, wann hier wieder Menschen ein- und ausgehen werden. Das Gebäude war bis gestern Sitz des renommierten Reisebüros Hans Imholz AG. Heute Morgen

Imholz macht seit 25 Jahren Ferien und heute, 3. Juni '86 sein Reisebüro zu!

VON HANS IMHOLZ

Aus Anlass zu seinem 25. Firma-Jubiläum lädt der immer noch jugendlich aussehende und sympathische Unternehmer zusammen mit seiner charmanten Gattin sämtliche Mitarbeiter zu einem «Flug ins Blaue» ein. Blick wünscht viel Spass und gute Reise.

1961 – ich erinnere mich noch genau – als ich an jenem Montagmorgen die Türe zum ersten Geschäftsdomizil an der Uraniastrasse 19, 8001 Zürich, öffnete.

Mit viel Elan, grossem Engagement, handfesten Plänen und eine gesunden Portion Optimismus sind wir auf die «Reise» gegangen. Und haben damit ...

Hans Imholz, der Erfinder des Telefons und Pionier für Städteflüge erzählt in Stichworten seine Erfolgsstory.

bei in den letzten 25 Jahren einige interessante Kapitel Schweizer Reisegeschichte geschrieben. Darauf dürfen wir, glaube ich, zu Recht stolz sein. Doch keine Angst, weder taufen wir uns in Imstolz um, noch beabsichtigen wir, uns auf unseren Lorbeeren auszuruhen. Lieber versuchen wir, unseren Erfolg kurz zu analysieren. Warum ging es so steil nach oben? Vielleicht, weil bei uns Innovation zur Tradition wurde. Vielleicht, weil Qualität immer Priorität hatte. Vielleicht aber auch, weil wir den Kunden konsequent in den Mittelpunkt stellten und so ein feines Gespür für seine Wünsche und Bedürfnisse entwickelten.

An dieser Stelle danke ich unseren Kunden, die durch ihre Anregungen und ihre positive Kritik viel dazu beigetragen haben, aus Imholz das zu machen, was unser Unternehmen ist. Und natürlich auch allen Mitarbeitern, die ihr Wissen und Wollen ganz in den Dienst unseres Unternehmens gestellt haben. Selbstverständlich werden wir auch in Zukunft alles daran setzen, im Bereich Reisen und Ferien etwas auf die Beine zu stellen, das Hand und Fuss hat. Denn Ideen wie unsere Pionierat Städteflüge oder der Telefondirektverkauf sind eine Verpflichtung, die für uns Herausforderung zu neuen innovativen Taten ist.

Übrigens: Wenn wir jetzt ein bisschen feiern, feiern wir nicht Vergangenes, sondern Gegenwärtiges und Zukünftiges. Denn unser Optimismus hat sich in diesen 25 Jahren nicht verändert.

Ghost Town in Zürich

Zürich, 3. Juni 1986. Mitten in Zürich steht seit heute morgen ein sechsgeschossiges Bürogebäude leer. Kein Mensch kann heute zur Arbeit und niemand weiss, wann hier wieder Menschen ein- und ausgehen werden. Das Gebäude wird bis gestern Sitz des renommierten Reisebüros Hans Imholz AG. Heute morgen vereiste die Direktion mit allen Mitarbeitern der Firma mit unbekanntem Ziel per Flugzeug im Ausland. Einigen Gerüchten zufolge soll der Alleininhaber Hans Imholz (49) seine Mitarbeiter ins Gesicht genommen haben, um vom Steueramt einen Grossteil der ab 25 Jahren bezahlten Steuern zurückzufordern zu können. Ein Nachbar zu Blick: «Herr Imholz war stets ein netter, ruhiger Typ. Ich kann es nicht fassen. Mir tun die armen Mitarbeiter leid, was können denn die dafür?» Ein Polizeisprecher wollte bis heute morgen noch keine genaueren Hinweise abgeben. Sicher sei lediglich, dass Imholz ab Zürich-Kloten mit einer Maschine des Typs Airbus A310 weggeflogen sei. Die Reichweise dieses neuesten Balair-Vogels genügt ohne weiteres, um sich und seine Mannschaft nach Südamerika abzusetzen.

Ein Zöllner am Flughafen erinnert sich: «Mir kam es zuerst auch spanisch vor, dass an einem gewöhnlichen Dienstagmorgen eine ganze Firma auf einen Betriebsausflug verreisen will. Nachdem die Burschen und Mädchen aber einen recht fröhlichen Eindruck machten, liess ich alle passieren.» Beim Steueramt wollte man keine Auskünfte geben. Es sein bis zur Stunde noch keine Forderungen gestellt worden. Die Polizei ist im Zusammenhang mit dieser möglichen Entführungsgeschichte nach Zeugen. Wer hat etwas Verdächtiges bemerkt? Wer hat mit Imholz-Mitarbeitern gesprochen? Hinweise nimmt jede Polizeidienststelle entgegen. Auch das Telefon von Heinzen Blick ist ständig offen. Rufen Sie Blick an, Tel. 259 62 62. Ein Reporterteam ist bereits nach Südamerika unterwegs, um einer Spur zu folgen. Eine entsprechende Reportage lesen Sie im nächsten Sonntagsblick.

Sehen Sie auch die Sondersendung der Rundschau von heute abend auf dem Kanal von TV DRS um 21.05 Uhr. Erich Gysling wird zusammen mit Fachleuten aus der Reisebranche die Hintergründe aufzudecken versuchen.

Imholz fliegt mit neustem BALAIR-Airbus A310 ins Blaue . . .

Der neue BALAIR-Airbus bietet touristisch und wirtschaftlich sehr viele Vorteile. Wie Blick aus relativ seriöser Quelle erfuhr, rechnen die Reisebüros in Zukunft mit ca. 20 % günstigeren Flugpreisen. Reisefreudige Blick-Leser bedanken sich jedenfalls schon bei BALAIR und Imholz!

Airbus A 310-322	
Anzahl Passagiere	241
Flügelspannweite	43,90 m
Länge	46,66 m
Höhe	15,21 m
Max. Startgewicht	153 000 kg
Max. Reichweite	7900 km
Reisegeschwindigkeit	890 km
Normale Reiseflughöhe	10 600 m
Tankkapazität	61 100 l
Triebwerke	

2 Pratt&Whitney JT90-7R4E1

Monster von Loch Ness existiert tatsächlich

In Inverness wurde das bisher Unglaubliche wahr: «Nessie», das Tiefseemonster, tauchte auf. Den verdutzten Reportern erklärte es: «Ich stehe unter Vertrag mit dem Schweizer Reisebüro Imholz.» H. Imholz (49): «Ich will auch Yeti unter Vertrag nehmen.»

Blick war dabei:
Bei der Geburt vom Hans Imholz-
Ferienkatalog Herbst-Winter-Frühling 86/87

Hurra, ein Junge!

Oder nein. Wieder ein Mädchen auf der Titelseite. Und was für eins! Doch ganz ehrlich, total überzeugt waren die Geburtshelfer noch von den Vorschlägen der Werbeabteilung. Sie immer haben aber Werber für alles Argumente. «Ich habe mich leider wieder einmal mehr erweichen lassen», meinte Hans Imholz bereits reumütig. Falls Sie dazu auch etwas sagen möchten, so schreiben Sie uns doch. Wir werden gerne auf Ihre Anregungen eingehen und allenfalls noch Korrekturen veranlassen.

Das neue Titelbild
Zielt Blickfang, Urinstinkt, resp. Urbedürfnisse gemäss Sigmund Freud ansprechen.

Die Rückseite
Ziel: Slogan penetrieren mit möglichst einfacher, einleuchtender Umsetzung.

Imholz – 25 Jahre
Qualität und supergünstige Preise!

DER Blick INS KINO
Film-Hitparade

Die meistbesuchten Filme der letzten Wochenendes in Zürich, Basel und Bern. (In Klammern der Platz in der Vorwoche.)

Unterhaltungsfilme

❶ Out of Africa (2)
Dem Alt-Regisseur, der nach eigenen Angaben eher ein «itis»- als ein «out»-Spezialist ist, gelang wieder einmal ein Kassenschlager.
Regisseur: Pete Sailer

❷ Goldfinger (3)
Ein Thriller nach typischer Bond-Manier, der die Gold- und Dollarkurse ... in die Höhe treiben wird.
Regisseur: Willy N. the Pilot

❸ Tod am Nil (1)
Schwerverständlicher und komplizierter aufgebauter Film. Wir sind gespannt auf das nächste Werk: «900 Schweizer in Paris».
Regisseur: Allah Leuppi

❹ Dr. Schiwago (5)
Die herzzerreissende Story lässt ganze Kinosäle aufheulen. Obwohl der Film nie mehr aufzuhören scheint, rechnen Fachleute mit weiteren Folgen.
Regisseur: Pierre Maison-Homme

❺ Psycho III (6)
Es läuft ihnen heiss und kalt den Rücken herunter! Plötzlich und unerwartet schlägt der Täter wieder zu!!!
Regisseur: ED

❻ Strahlende Ukraine (18)
Nur dank grossem Werbeaufwand (wie immer) ist es wohl gelungen, den Streifen unter den Top-Ten zu platzieren.
Regisseur: H.P. Leemanski

❼ Untergang der Titanic (4)
Niemand kann es glauben, dass ein so erfolgreiches Schiff auch zum Sinken gebracht werden kann. Schauerlich!
Regisseur: H.P. Leemanski

❽ Die Vögel (7)
Kein Mensch ist sicher vor ihnen. Überall treiben sie ihr Unwesen. Hüten Sie sich vor ihnen!
Regisseur: Imholz-Werbeagien

❾ 4 Fäuste für ein Hallelujah (13)
Der gutgebaute, kurlige Hauptdarsteller ist den Publikumsliebling, der weniger hart ist, als er aussieht . . .
Regisseur: H.R. Kohl E.R. ET (11)
Das muntere Stehaufmännchen ist der zweitälteste Imholz-Planetbewohner. Trotzdem hat er manchmal nur noch ein Gedanke: . . . nach Hause.
Regisseur: ED

Helvetix der Schreckliche

Imholzen ist besser als Hotelplanieren, Escopieren oder Popularisieren (nur Kündigen ist schöner).

Die Imholz-Jubiläumsreise macht grosse Schlagzeilen.

verreiste die Direktion mit allen Mitarbeitern der Firma mit unbekanntem Ziel per Flugzeug ins Ausland. Einigen Gerüchten zufolge soll der Alleininhaber Hans Imholz (49) seine Mitarbeiter als Geiseln genommen haben, um vom Steueramt einen Grossteil der seit 25 Jahren bezahlten Steuern zurückfordern zu können. Ein Nachbar zu Blick: ‹Herr Imholz war stets ein netter ruhiger Typ. Ich kann es nicht fassen. Mir tun die armen Mitarbeiter leid, was können denn die dafür?› Ein Polizeisprecher wollte bis heute Morgen noch keine genaueren Hinweise abgeben. Sicher sei einzig, dass Imholz ab Zürich-Kloten mit einer Maschine des Typs Airbus A310 weggeflogen sei. Die Reichweite dieses neuesten Balair-Vogels genügt ohne weiteres, um sich und seine Mannschaft nach Südamerika abzusetzen.

Ein Zöllner am Flughafen erinnert sich: ‹Mir kam es zuerst auch spanisch vor, dass an einem gewöhnlichen Dienstagmorgen eine ganze Firma auf einen Betriebsausflug verreisen will. Nachdem die Burschen und Mädchen aber einen recht fröhlichen Eindruck machten, liess ich alle passieren.› Beim Steueramt wollte man keine Auskünfte geben. Es seien bis zur Stunde noch keine Forderungen gestellt worden. Die Polizei sucht im Zusammenhang mit dieser möglichen Entführungsgeschichte nach Zeugen.

Wer hat etwas Verdächtiges bemerkt? Wer hat mit Imholz-Mitarbeitern gesprochen? Hinweise nimmt jede Polizeidienststelle entgegen. Auch das Telefon vom heissen Draht ist ständig offen. Rufen Sie Blick an: Tel. 01 259 62 62. Ein Reporterteam ist bereits nach Süd-

Die Einladung zum 25- Jahre-Imholz-Jubiläum.

amerika unterwegs, um einer Spur zu folgen. Eine entsprechende Reportage lesen Sie im nächsten Sonntagsblick.

Sehen Sie auch die Sondersendung der Rundschau von heute Abend auf dem Kanal von TV DRS um 21.05 Uhr. Erich Gysling wird zusammen mit Fachleuten aus der Reisebranche die Hintergründe aufzudecken versuchen.»

Hans Imholz ist noch heute stolz, wie er das Geheimnis des Reiseziels bis zuletzt wahren konnte: «Nur meine Gattin Doris und ich wussten Bescheid.» Weil die Wolken an diesem Tag tief über der Landschaft lagen, ahnten von den 180 Reiseteilnehmern noch bei der Landung am Zielflughafen nur die wenigsten, wo es hinging. Das Ehepaar war zuvor rekognoszierungshalber nach München gereist und hatte in der Feinkost Käfer GmbH & Co. Delikatessen KG den perfekten Partner für den gesellschaftlichen Rahmen erhalten. Doris Imholz erinnert sich: «Das war ein wunderbarer Ausflug. Aber eigentlich gingen wir auch ein fahrlässiges Risiko ein. Bei einem Unfall wäre die gesamte Belegschaft betroffen gewesen.»

Das war ein wunderbarer Ausflug. Aber eigentlich gingen wir auch ein fahrlässiges Risiko ein. Bei einem Unfall wäre die gesamte Belegschaft betroffen gewesen.

Es sollte aber alles gut gehen – und die Schweizer Delegation einen unvergesslichen Tag erleben. Nach einer kurzen Busfahrt stieg die rot-weiss gekleidete Reisegruppe in ein Münchner Tram ein und machte sich auf eine Stadtrundfahrt. Der Redaktor des Branchenmagazins Schweizer Touristik, der den Jubiläumsausflug exklusiv begleiten durfte, war vom gesellschaftlichen und gastronomischen Rahmen sichtlich beeindruckt: «Bayrische Musikklänge, einheimisches Bier und rotbackige Radieschen liessen die Städtefahrt noch einmaliger werden.»

Die in der Einladung angedrohte «Brise Kultur» erlebte die Imholz-Crew bei einem kurzen Rundgang durch das Residenzmuseum. Schon beim anschliessenden Besuch des Viktualienmarktes gab es dann aber bereits wieder Gelegenheit, den Bildungsanspruch hinter sich zu lassen und stattdessen einem «spritzigen Sekt» zuzusprechen.

Zum Höhepunkt des Jubiläumsausflugs wurde das von Feinkost Käfer in einem grossen Zelt am Isarufer servierte üppige Mittagessen, das sich bis in die Abendstunden erstrecken sollte. Der Chronist von Schweizer Touristik war voll des Lobes für die Veranstaltung: «Fein gedeckte Marmortische, Musik und beste Unterhaltung erwarteten die festliche Gemeinschaft.» Gelöst, locker, lässig und lustig ging es den ganzen Tag zu und her. Auch protokollarisch wurde der Ball offenbar angenehm tief gehalten: «Treueschwüre, Ehrungen und leere Phrasen – so wie es an manchen solchen Jubiläen vorkomme – blieben aus. Lediglich Edi Dietrich, der Mann der ersten Stunde, sowie die jüngste Angestellte, Claudia Eppler, wurden vom Chef speziell mit einem Blumenstrauss geehrt.»

Auch die Ansprache von Hans Imholz wurde als «locker und frisch» wahrgenommen. Imholz dankte seinen Mitarbeitern für die Treue und führte aus, dass er das Glück gehabt habe, mit seinen Angestellten «25 Jahre Tourismus zu erleben, die zu den interessantesten in der Geschichte des Reisens gehörten.» Als der Chef das Glas auf die nächsten 25 Jahre erhob, sagte er zu seiner Belegschaft: «Ich persönlich habe den Ehrgeiz, dass unsere Firma langfristig und über Generationen hinweg einen sicheren Stellenwert im Schweizer Reisegeschäft einnimmt und einnehmen wird – und sogar an Bedeutung noch zunimmt.» Das Fazit des publizistischen Begleiters war von grosser Zuversicht geprägt: «Hans Imholz hat mit dem in jeder Beziehung gelungenen Fest für seine Mitarbeiter mit Sicherheit einen wichtigen und unvergesslichen Meilenstein gelegt.» Der Tagestrip ins Schlaraffenland sollte allerdings gleichzeitig das erste und letzte grosse Jubiläumsfest gewesen sein. Denn als 2011 das 50-Jahr-Jubiläum angestanden wäre, gab es die Marke Imholz nicht mehr.

Ein grosser Moment: Hans Imholz wird für sein Lebenswerk ausgezeichnet.

20 | EIN TRAURIGES ADIEU UND EIN AWARD FÜRS LEBEN

2006 verschwindet die Marke Imholz aus der Reisewelt. Patron Hans Imholz beschwört an einem grossen Nostalgiefest den Geist der Vergangenheit herauf und wird vom wichtigsten Schweizer Reisemagazin für sein Lebenswerk ausgezeichnet.

Ausschweifende Partys und überbordende Feiern waren nie das Ding von Hans Imholz: «Dafür fehlten mir Zeit und Lust», sagt er rückblickend. Selbstdisziplin und Eigenverantwortung standen dem Reisepionier immer näher als gesellschaftliche Anlässe oder öffentliche Auftritte. Auch an die geschäftsfördernde Wirkung eines Businesslunches glaubt er nicht: «Ich habe Privates und Berufliches stets getrennt.» Dazu gehörte, dass er das Zeitfenster fürs Mittagessen sehr knapp hielt: dreissig Minuten für ein Birchermüesli und eine Tasse Kaffee im Café Arcade an der Birmensdorferstrasse 67. «Nicht einmal ein Glas Wasser hat er sich gegönnt», sagt Ehefrau Doris Imholz.

Ende September 2006 war dann aber alles anders. Aus Anlass des 45. Geburtstags seines Unternehmens lud

«Nicht einmal ein Glas Wasser hat er sich gegönnt»

der Patron die ehemaligen Mitarbeiter zu einem grossen Fest in die Zürcher Maag-Halle ein: «Ich hatte das Bedürfnis, meine früheren Weggefährten wieder einmal zu sehen und mit ihnen über die guten alten Zeiten zu sprechen.» Auf ein grosses Unterhaltungsprogramm verzichtete Imholz nicht nur aus Kostengründen: «Die Leute wollten ja vor allem miteinander reden.»

Der Anlass wurde zu einem berührenden Wiedersehen. Vera Trachsel, die zu Beginn der 1970er-Jahre als Reiseberaterin und später als Personalchefin für Imholz gearbeitet hatte, erinnert sich: «Viele Imholz-Mitarbeiter pflegten auch lange nach Beendigung ihrer Anstellungen einen privaten Kontakt. Wer sich für diese Firma entschied, steckte viel Herzblut in die Arbeit. Deshalb waren die Firmenfeste immer ganz besondere Anlässe.» Insgesamt dreimal traf sich die Imholz-Belegschaft zu einer Feier – mit wachsenden Kapazitäten der Lokalität: 2001 im Schützenhaus Albisgüetli, 2006 in der Maag-Halle, 2011 im Kongresshaus.

Dabei war auch immer eine grosse Dichte an Prominenz. Denn so mancher späterer Schweizer Erfolgsmanager hatte in seiner Jugend das erste Geld als Reiseleiter bei Imholz verdient. Beispielsweise Thomas Kern, der langjährige CEO der Globus-Gruppe. Er jobbte von 1976 bis 1979 während seines Studiums als Reiseleiter für Imholz. Wie er sagte, sei die Juristerei nicht allzu streng gewesen und habe Raum für andere Aktivitäten gelassen. Oder Walter H. Diggelmann, der spätere Direktor der Swiss-American Chamber of Commerce. Er verdiente sich 1963/64 mit der Führung von Touristengruppen durch europäische Städte sein Studium.

Auch der nachmalige Berner Stadtpräsident Alexander Tschäppät machte seine ersten Schritte im Berufsleben zwischen 1972 und 1978 als Imholz-Tourguide. Zunächst betreute er Städtereisen nach Wien und Budapest zu 199 Franken mit der Caravelle. Erst als er sich an den europäischen Destinationen bewährt hatte, durfte er Reisegruppen in die USA begleiten. Als er 2016 als Stadtpräsident zurücktrat, bezeichnete er seine Erfahrungen als Reiseleiter als wegweisend für seine Führungsqualitäten. Er habe immer versucht zu spüren, welche Art von Führung in welcher Situation angebracht gewesen sei: «Als Reiseleiter musst du dich jeweils der Gruppe anpassen können und klar kommunizieren», sagte er. Wenn man am ersten Tag mit fünf Minuten Verspätung zur Tour aufbreche, kämen die Gäste am zweiten Tag zehn Minuten zu spät.

Auch der nachmalige Berner Stadtpräsident Alexander Tschäppät machte seine ersten Schritte im Berufsleben zwischen 1972 und 1978 als Imholz-Tourguide.

Vom Reiseleiter zum Stadtpräsidenten: Alexander Tschäppät.

In der Maag-Halle waren 2006 alle pünktlich beim Imholz-Fest – wie es der frühere Chef schätzte. Insgesamt kamen an jenem Abend über 500 Gäste nach Zürich-West. In gewissem Sinne markierte der Anlass aber auch einen Schlusspunkt – und erzeugte eine Spur Wehmut und Melancholie. Denn nur kurz davor hatte TUI die Marke Imholz vollständig in die deutsche World of TUI integriert und den vierjährigen Integrationsprozess abgeschlossen. Entsprechend wurden ab Winter 2005/2006 die Angebote von Imholz unter dem Brand TUI geführt. Hans Imholz verfolgte diesen Prozess schon damals mit zwiespältigen Gefühlen: «Wer sein Geschäft verkauft, hat danach zwar kein Mitspracherecht mehr. Aber die Marke Imholz hätte weitaus mehr Möglichkeiten geboten – wenn man den Namen gepflegt hätte.»

Mit weiteren 15 Jahren Abstand wird Hans Imholz noch deutlicher: «Die Namensänderung und die Streichung der Marke Imholz waren Riesenfehler. Heute sehnen sich die Menschen nach verlässlichen Schweizer Werten – und dafür stand der Name Imholz.» Er habe eigentlich immer damit gerechnet, dass sein Unternehmen ihn überleben werde. Dass es doch anders gekommen ist, sei auch auf den Zeitgeist

Die Namensänderung und die Streichung der Marke Imholz waren Riesenfehler. Heute sehnen sich die Menschen nach verlässlichen Schweizer Werten – und dafür stand der Name Imholz.

an der Jahrtausendwende zurückzuführen. Die grossen deutschen Unternehmen TUI und Neckermann drängten damals mit aller Macht in den Schweizer Markt und richteten mit der grossen Kelle an. Und Platz für Sentimentalitäten oder helvetische Traditionen liessen sie nicht zu. Entsprechend feierte Martin Wittwer, der damalige CEO von TUI Suisse, den Namenswechsel unter der Ankündigung «Die Zukunft hat begonnen, aus Imholz wird TUI» mit grossspurigen Worten und fast schon triumphalem Unterton: «Imholz wird im Winter weg sein. Der Schriftzug Imholz erscheint nicht mehr auf den Katalogen und bis Mitte September werden auch die 70 Reisebüros von TUI Suisse ausnahmslos ‹TUI Reise Center› heissen.» Begründet wurden diese Massnahmen mit dem «diffusen Markenkern» von Imholz und den Kosten für die Markenpflege.

Im Scheinwerferlicht: Hans Imholz steht dem Schweizer Fernsehen 2011 Red und Antwort.

Doch zurück zum Fest in der Maag-Halle. An diesem Anlass wurde Imholz vom Branchenmagazin Travel Inside mit dem «Lifetime Achievement Award» für sein Lebenswerk ausgezeichnet. Die Gäste erhoben sich von ihren Sitzen; Angelo Heuberger, der Herausgeber der Zeitschrift, überreichte Imholz den Preis. Der Applaus erfüllte den Saal bis in den letzten Winkel. Noch heute hat Hans Imholz die Auszeichnung aus Plastik und Plexiglas – mehr oder weniger kunstvoll verziert mit einem goldenen Stern – schnell zur Hand: «Das war eine schöne Geste. Aber mindestens die Jahreszahl hätte man auf der Plakette anbringen können.»

Es war der zweite grosse Preis, den Imholz während seiner Karriere erhalten hatte – und emotional der schönste. Politisch besitzt eine andere Auszeichnung aber wohl noch mehr Gewicht – die «Médaille de la Ville de Paris», die Hans Imholz in den 1980er-Jahren überreicht wurde. Grund für die seltene Ehre war die grosse Zahl Touristen, die dank dem Schweizer in die französische Hauptstadt gekommen waren und die lokale Wirtschaft belebten. Unter den Würdeträgern befindet sich Imholz in einem erlauchten und ziemlich vielschichtigen Kreis – beispielsweise mit Opernsängerin Cecilia Bartoli, Fussballer Zlatan Ibrahimovic, Modeikone Karl Lagerfeld, Tennisstar Rafael Nadal, mit der US-Schauspielerin Jane Fonda oder mit dem palästinensischen Staatspräsidenten Mahmoud Abbas. Aber auch ein früherer Nachbar aus Herrliberg, der 1982 verstorbene ungarische Pianist Andor Foldes, besass eine solche Medaille. Doris Imholz erinnert sich an ein Treffen mit dem Musiker, als eher zufällig das Gespräch auf die Pariser Medaille gelenkt wurde. Da habe man zur allgemeinen Erheiterung realisiert, dass in Herrliberg gleich zwei Würdenträger wohnen. Hans Imholz erzählt: «Ich habe meinen Preis bei einem Besuch zu Herrn Foldes mitgebracht – und siehe da: es waren wirklich die exakt gleichen Medaillen.»

21 | SO PACK ICH DEN KOFFER RICHTIG

Reisen war noch in den 1970er-Jahren für viele Menschen Neuland. Deshalb bot Imholz auch praktische Tipps – beispielsweise von Frau Dr. Charlotte Peter über die Wissenschaft, wie ein Koffer richtig zu packen ist. Die damalige Chefredaktorin der Zeitschrift Elle richtete sich im März 1976 im Imholz Reise Journal mit folgenden Ratschlägen an die Leserschaft. Dabei galt es vor allem, zwei Anfängerfehler zu vermeiden – zu umfangreiches Gepäck und unangemessene und unpraktische Kleidung.

- Misstrauen Sie den Modellen, die an Modeschauen speziell zum Reisen empfohlen werden. Der karierte Hosenanzug mit assortierter Mütze und passendem Schal ist so auffällig, dass Sie ihn nur einmal tragen können – es sei denn, Sie wollen in der Gruppe als «die Karierte» bekannt werden. Aber auch das Modell «Airport» – ein weisser Flauschmantel mit Fuchskragen – bewährt sich in der Praxis schlecht. Es ist viel zu heikel.
- Wählen Sie statt Kostüme und Hosenanzüge besser Jupes, Jeans, Blusen und Pullis in nicht zu auffälligen Farben und Mustern und achten Sie darauf, dass möglichst jedes Stück zu jedem anderen passt.
- Machen Sie die Probe aufs Exempel: Wenn Sie mehr als eine Handtasche und mehr als zwei Paar Schuhe einpacken müssen, haben Sie die Garderobe falsch gewählt.
- Falls Sie an einen Badestrand fliegen, ist dies kein Grund, sich schon vor dem Abflug auszuziehen. Ihr Badekleid nimmt im Koffer wenig Platz in Anspruch und wirkt zudem unter Palmen hübscher als in der Zement- und Plastikwüste des Flughafens Kloten.
- Chemische Reinigung und Waschservice sind in den meisten Ländern bedeutend billiger als in der Schweiz. Schleppen Sie deshalb nicht sechs Paar helle Jeans nach Griechenland oder Spanien.
- Zu den Empfängen der Königin Elizabeth dürfen keine Pelze und keine aufwendigen Schmuckstücke getragen werden. Doch auch auf den Imholz-Reisen geht es im Allgemeinen schlicht zu und her. Für die Opern-, Ballett- und Nachtlokalbesuche, die Folklore-Abende, Gulasch-Partys, Barbecues, Weinlese-Feste usw. genügt eine hübsche Bluse – allenfalls assortiert zu einem langen Jupe.
- Lassen Sie den bodenfegenden Plüsch-Morgenrock, der den halben Koffer

füllt, zuhause im Schrank hängen. Ein kurzes Nylon- oder Baumwoll-Mäntelchen erfüllt den gleichen Zweck.

- Gewöhnen Sie sich an eine bestimmte Kofferordnung. Zum Beispiel: Toilettensachen rechts hinten, Schuhe in der Mitte hinten, Reiseführer und Broschüren links hinten, Handtasche rechts vorne, Pyjama und Wäsche in der Mitte vorne, Badeanzug und Badetuch links vorne usw. So brauchen Sie auf Rundreisen nicht jeden Tag auszupacken und finden trotzdem alles sehr schnell.
- Seien Sie kein Etui-Fetischist. Plastiksäcke eignen sich zur Aufnahme fast aller Reiseutensilien und versperren kaum Platz.
- Reisen Sie mit einem soliden, braven, ordentlichen Koffer. Gepäckstücke mit Schnurverschluss, vergammelte Segelsäcke und ähnliche Hippie-Scherze wirken auf Zöllner geradezu aufreizend, was zur Folge hat, dass deren Besitzer an gewissen Grenzen selbst die Zahnpaste öffnen müssen.
- Achten Sie darauf, dass im Koffer stets Platz für Souvenirkäufe frei bleibt.
- Was Sie unbedingt mitnehmen müssen: Pass, Geld, Reisedokumente (inklusive Rechnungskopie), spezielle Medikamente und Antibabypillen. Alles andere können Sie nötigenfalls auch in der Ferne kaufen.
- Die oben erwähnten «Musts» gehören – zusammen mit den Toilettensachen – ins Handgepäck. Trotz aller Imholz-Perfektion könnte es im Ausnahmefall geschehen, dass ein Koffer verspätet eintrifft.
- Verwechseln Sie eine Reise nicht mit einem Trachtenfest. Neueste Mode-Gags wirken in Ländern, welche die westliche Mode nur bedingt mitmachen, eher komisch als elegant.
- Last but not least. Beherzigen Sie den Ratschlag erfahrener Globetrotter: Nehmen Sie halb so viel Gepäck mit, wie ursprünglich geplant – dafür aber doppelt so viel Geld.

So sieht der perfekt gepackte Koffer aus ...

Grundsolid: Ein stilvolles und zurückhaltendes Auftreten gehört zum Erfolgsmodell von Imholz.

22 | EIN TRIUMVIRAT FÜR ELF MONATE

1979 ordnete Hans Imholz die Firmenstruktur neu. Doch der Weg ans Ziel war eine weite und beschwerliche Reise.

Der 1. Januar 1979 bedeutete eine Zeitenwende bei Imholz Reisen. 18 Jahre nach Firmengründung ordnete Hans Imholz die Strukturen an der Unternehmensspitze neu, verteilte die Verantwortung auf mehrere Schultern und setzte auf eine Kollegialdirektion, in der neben ihm der bisherige Vizedirektor Christian Trachsel sowie der vormalige Hotelplan-Stabschef René Keller fungierten. Besonders die Verpflichtung von Keller sorgte in der Branche für Aufsehen – hatte der Zürcher doch zuvor während 21 Jahren für einen der grössten Konkurrenten gearbeitet. Die Handelszeitung schrieb: «Mr. Hotelplan hat die migroseigene Reiseorganisation im besten Einvernehmen verlassen, um sich neuen, interessanten Aufgaben zuzuwenden.»

Mr. Hotelplan hat die migroseigene Reiseorganisation im besten Einvernehmen verlassen, um sich neuen, interessanten Aufgaben zuzuwenden.

Die Wirtschaftszeitschrift Bilanz schrieb über die Neuorganisation:

«An der Spitze seines 100-Millionen-Unternehmens hat Hans Imholz seit Anfang Jahr eine Troika installiert: den Firmeneigner als Präsidenten und Delegierten des Verwaltungsrates, Christian Trachsel (Operating, Administration) und vorab René Keller, 42, der die Ressorts Marketing, Einkauf, Verkauf und Werbung leiten wird. Ihn holt sich Imholz, der sein expansives Unternehmen mehr oder weniger als ‹One Man Show› betrieb, vom Konkurrenten Hotelplan.»

Die Fachzeitung touristik revue ging davon aus, dass Imholz versuchen werde, vom Image des Städtefliegers wegzukommen und die Bereiche Badeferien und Rundreisen auszubauen. «Der Konkurrenzkampf im Schweizer Reisegeschäft dürfte sich weiter verstärken.» Die Rollen waren gleichwohl klar verteilt. Kuoni dominierte mit einem Jahresumsatz von 450 Millionen Franken den Schweizer Markt deutlich; dahinter folgten Hotelplan (175 Millionen) und Imholz (100 Millionen).

Spekuliert wurde vor allem darüber, ob das Unternehmen damit eine Expansionspolitik einschlage oder ob es Hans Imholz vor allem darum gehe, Verantwortung abzugeben und sich so etwas mehr Freiräume (bzw. Freizeit) zu verschaffen.

Wie auch immer: Die Nachhaltigkeit der neuen Führungsstruktur war bescheiden. Im Rückblick sagt Imholz, dass er die Neuorganisation falsch angegangen sei und mit René Keller nicht den passenden Mann gefunden habe. Christian Trachsel, der dritte Mann im Triumvirat, bestätigt diese Einschätzung. Keller sei seine Aufgabe «etwas übermotiviert» angegangen: «Er hatte das Gefühl, er müsse die Firma retten.» Konkret hiess das, dass Keller schon im Morgengrauen im Büro gesessen habe, um Organigramme und Stellenbeschriebe zu erstellen. Trachsel denkt, dass er Struktur und Kultur von Hotelplan bei Imholz einbringen wollte. Bei Hans Imholz sei dies verständlicherweise nicht sonderlich gut angekommen. Trachsel spricht von einem «Kulturkonflikt», aber auch von einem unüberbrückbaren Sachzwang: «Wenn der Besitzer in einem dreiköpfigen Direktionsgremium sitzt, beansprucht er immer das letzte Wort.» Der Konflikt habe sich an Keller entladen, weil dieser in Bereichen tätig war, die Hans Imholz für sich in Anspruch nahm: Verkauf, Einkauf und Marketing. Trachsel selber – als grundsolide Administrationskraft meist im Hintergrund tätig – habe dagegen kaum Angriffsflächen geboten: «Für meine Gebiete hat sich Hans Imholz weniger interessiert. Das verschaffte mir die wesentlich grössere Sicherheit.»

Vor allem aber kannte René Keller die Firmenkultur und den hauseigenen Spirit bei Imholz nicht. Trachsel sagt dazu: «Wir funktionierten wie eine grosse Familie und brauchten keine Organigramme oder Theorieseminare aus der Wirtschaftslehre. Bis René Keller dies realisiert hatte, war er bereits wieder weg.»

Wir funktionierten wie eine grosse Familie und brauchten keine Organigramme oder Theorieseminare aus der Wirtschaftslehre.

In jene Zeit fiel auch die erste Anstellung von Karl Bischofberger. Der erfahrene Reisefachmann wurde im Rang eines Vizedirektors und als Leiter der Ressorts Übersee sowie Kommunikation eingestellt. Sein Handlungsspielraum aber blieb beschränkt: «Hans Imholz behielt alle Fäden in der Hand.» Man habe in

Appenzeller Volkstümlichkeit: Karl Bischofsberger mit seiner Ehefrau.

dieser Phase aber noch immer vom «ungestümen Wachstum» profitieren können, sagt Bischofberger. Darauf habe auch die Firmenstruktur basiert: «Man lebte quasi von einem Tag zum anderen und versuchte, die sprudelnden Umsätze so gut es ging zu kanalisieren und aufrechtzuerhalten.»

Nach drei Jahren verliess Bischofberger das Unternehmen. 1986 wurde er von Hans Imholz aber zurückgeholt und zusammen mit Armin Leuppi und Peter Kurzo in die neuformierte Dreier-Direktion berufen. Hans Imholz verfolgte damals die klare Absicht, seiner Firma unter der Leitung des Management Zentrums St. Gallen unter der Bezeichnung «Management by Objectives» neue Strukturen, zu verpassen, um sie später in eine börsenkotierte Publikumsgesellschaft umzuwandeln, in der auch die Beteiligung der Kaderleute vorgesehen war. Auf Neuenglisch nennt sich dies «Management-Buy-out».

Dass Hans Imholz letztlich von diesem Plan abrückte und zur Überraschung der eigenen Belegschaft 1989 auf die Kaufofferte von Jelmoli eintrat, beurteilt Karl Bischofberger differenziert: «Wir arbeiteten damals voll auf das Ziel des Börsenganges hin. Mit dem Verkauf löste sich diese Perspektive über Nacht in Luft auf. Für Hans Imholz selber war es das Beste – aber für sein Unternehmen faktisch das Todesurteil.» Er habe nach mehreren Jahren Erfahrung in Grossbetrieben (American Express, Hotelplan, Popularis) das Scheitern der Liaison Imholz/Jelmoli vorausgesehen, so Bischofberger: «Deshalb stieg ich im vorgerückten Alter von 55 Jahren kompromisslos aus und machte mich selbstständig.» Bischofberger, der 1990 zusammen mit seiner Ehefrau Helga sein eigenes Reisebüro (Bischofberger Reisen) gründete, bezeichnet Hans Imholz als «harten Verhandler, genialen und kompromisslosen Unternehmer, der als Arbeitgeber voll auf materiellen Erfolg ausgerichtet war und wenig Empathie verströmte». Für Bischofberger markiert rückblickend der «bahnbrechende mehrtägige Städteflug nach Budapest für nur 198 Franken» den Durchbruch von Imholz-Reisen. Der Direktverkauf an die Endverbraucher und der legendäre Telefonrabatt als Marketing-Instrument habe die Reisebranche gehörig aufgemischt: «Darauf sprachen die Leute an.»

Auf den «Imholz-Groove» angesprochen, erinnert sich Bischofberger an das rigorose Kontrollsystem: «Täglich wurden die Buchungsstände erhoben und mit dem Vorjahresergebnis verglichen. Lagen die Werte im Plus, wurden sie auf grünem Papier ausgedruckt; waren die Zahlen rückläufig, kamen sie auf hellrotem Papier daher. Dann war der Teufel los.»

Von Hans Imholz habe er vor allem gelernt, in den Verhandlungen hartnäckig und zielorientiert aufzutreten und vor wichtigen Entscheidungen möglichst viele andere Meinungen einzuholen und diese zu analysieren. Gleichzeitig sagt Bischofberger aber auch: «Ich habe von Hans Imholz gelernt, dass man nicht so materiell denken soll wie er.»

Die wichtigste Zäsur in der Firmengeschichte von Imholz Reisen bildete aber der 31. Juli 1991. Es war der Tag, als Hans Imholz seinen definitiven Abschied aus der Geschäftsleitung per 31. Oktober jenes Jahres ankündigte und die operative Verantwortung für sein Lebenswerk in die Hände von Peter Kurzo übergab.

Täglich wurden die Buchungsstände erhoben und mit dem Vorjahresergebnis verglichen. Lagen die Werte im Plus, wurden sie auf grünem Papier ausgedruckt; waren die Zahlen rückläufig, kamen sie auf hellrotem Papier daher. Dann war der Teufel los.

Unter dem Titel «Reisepionier Hans Imholz tritt ab» war dies beispielsweise im Wirtschaftsteil des Tages-Anzeigers die wichtigste Meldung des Tages. Auf die Gründe für seinen Rücktritt angesprochen, sagte der damals 56-jährige Imholz: «Ich freue mich darauf, einmal ohne schlechtes Gewissen an den Salzburger Festspielen dabei sein zu können.» Bisher habe er immer das Geschäft im Hinterkopf gehabt: beim Reisen, beim Sport, in den Ferien, an jedem freien Tag – sofern es einen solchen überhaupt je gegeben habe. Von seinen Mitarbeitern wurde Imholz als «unermüdlicher Chrampfer» bezeichnet. Früher, da habe der Chef sogar jeden einzelnen Katalog vor Veröffentlichung persönlich auf Komma- und Textfehler durchgesehen. Delegieren, nein, das sei nicht seine Stärke gewesen. Rückblickend bestätigt Imholz diese Einschätzung mit einem sanften Lächeln: «Wenn man eine Firma selber aufbaut und praktisch bei jeder wichtigen Entscheidung involviert war, fühlt man sich für alles verantwortlich – vor allem für die Mitarbeiter.» Dies sei auch der Hauptgrund gewesen, dass er sich 1989 zum Verkauf an Jelmoli entschieden habe: «Ich wollte sicher sein, dass die Nachfolge in zuverlässigen Händen ist und das Unternehmen mit kompetenten Führungskräften weiterlebt.» Hans Imholz hielt zu jenem Zeitpunkt noch 16 Prozent des Aktienkapitals – und blieb dem Unternehmen als Präsident des Verwaltungsrates erhalten. Dass es ihm mit dem Abschied aus der operativen Leitung ernst war, sagte er dem Tages-Anzeiger damals in aller Deutlichkeit: «Mein Nachfolger soll von Anfang an volle Freiheit haben und volle Verantwortung tragen.» Entsprechend räumte Imholz sein Büro am Firmensitz an der Birmensdorferstrasse und zügelte in seine Firma Hans Imholz Treuhand und Verwaltungs AG nach Zollikon.

Wenn man eine Firma selber aufbaut und praktisch bei jeder wichtigen Entscheidung involviert war, fühlt man sich für alles verantwortlich – vor allem für die Mitarbeiter.

Trotz des Abgangs des Gründers wurde die Marke Imholz damals wieder gestärkt. Die Neupositionierung am zunehmend umkämpften Markt strebte der neue Direktor Peter Kurzo mit der Rückkehr zu Imholz als alleiniger Produktmarke an und verzichtete darauf, die Angebote in Jelmoli-Katalogen zu publizieren.

Im Branchenmagazin Schweizer Touristik äusserte Hans Imholz damals seine grosse Zuversicht, dass das Schiff auch ohne den langjährigen Kapitän auf Kurs bleiben werde: «Ich habe ein gutes Gefühl. Das Schiff ist seetüchtig und fährt einen sicheren Kurs. Zudem verfügt es in Peter Kurzo über einen ausgewiesenen Steuermann und über eine sehr gute Mannschaft.» Auf seine persönliche Laufbahn angesprochen, bilanzierte Imholz: «Meine sogenannte Traumkarriere basierte in erster Linie auf jahrzehntelanger harter Arbeit. Dadurch konnte ich Ziele erreichen, von denen ich als junger Mann nie zu träumen gewagt hätte. Dies erfüllt mich mit grosser Befriedigung und Genugtuung.» Er sei sich aber auch voll bewusst, dass er dies nur dank fähigen und loyalen Mitarbeiterinnen und Mitarbeitern erreichen konnte: «Lassen Sie mich stellvertretend für alle Edi Dietrich hervorheben, der mich seit 1962 in allen wichtigen Phasen loyal unterstützte und so entscheidend zum Erfolg beitrug.»

Als wichtigste Wegmarke des Erfolges bezeichnete Imholz damals den Schritt in die Selbstständigkeit 1961: «So konnte ich in Sachen Angebot und Vermarktung für die Branche neue Wege beschreiten. Ich denke da in erster Linie an die Städteflüge und an den 1967 lancierten Telefondirekt-verkauf.» Garantien für den nachhaltigen Erfolg habe es aber nie gegeben. Dieser müsse täglich neu erkämpft werden: «Langfristigen Erfolg erreicht man nicht mit kühnen und riskanten Würfen, sondern mit konstant seriö-ser und disziplinierter Arbeit.» Dazu gehören aber auch verpasste Chan-cen. Das geschehe praktisch jeden Tag. Deshalb dürfe man ihnen aber nie nachtrauern. Denn zwei Dinge wusste Hans Imholz immer: «Aus Fehlern muss man lernen. Und jeder Tag bringt eine neue Chance.»

Reiseromantiker: Armin Leuppi wollte bei seiner Anstellung bei Imholz «die Welt kennenlernen».

23 | INSPIRATION IN DER SILBER-KUGEL UND MILITÄRINVASION IN DER DDR

Imholz wird königlich – und erfindet aus der Not die Ägyptenrundreise. Der langjährige Mitarbeiter Armin Leuppi erzählt, wie sein Chef für jedes Problem eine Lösung fand.

«Es wird nie gelacht über einen Vorschlag» und «wir wollen unserer Kundschaft jedes Jahr etwas Neues bieten». Das sind zwei der Grundsätze, die Armin Leuppi aus seinen über zwanzig Jahren bei Imholz Reisen verinnerlicht hat. Der heute 69-jährige Aargauer stiess 1971 «eher per Zufall» zur Imholz-Crew, wie er sich heute gerne erinnert, «aber dieser Zufall sollte meine Berufslaufbahn prägen wie kein anderes Ereignis.» Er sei schon in seiner Kindheit und Jugend vom Reisevirus infiziert gewesen, erzählt er: «Im Alter von 13 Jahren fuhr ich beispielsweise mit dem Velo ins Tessin. Und mit 17 reiste ich per Anhalter durch ganz Europa.» Doch dann rief die vaterländische Pflicht. In Losone musste Leuppi in die Grenadier-Rekrutenschule einrücken – und im Verlauf dieser «hundeharten Zeit» habe er zu einem Kollegen gesagt: «Wenn wir diesen Mist überleben, gönnen wir uns einen Ausflug an einen schönen Ort.»

Leuppi überlebte die RS ohne grössere Kratzer, und ein Katalog von Imholz wies ihm den Weg an den «schönen Ort»: «Vier Tage Lissabon für 275 Franken.» Im NZZ-Inserat erklärte Hans Imholz den günstigen Preis: «Wenn man Kunden billig reisen lassen will, muss man sich etwas einfallen lassen. Man könnte (und das wäre Ihr Nachteil) einfachere Hotels wählen, ein weniger kostspieliges Aufenthaltsprogramm zusammenstellen, das erstbeste Flugzeug chartern, kurz, an allen Ecken und Enden sparen. Man kann aber auch den eigenen Betrieb so vereinfachen, dass sich die administrativen Kosten wesentlich verringern. Und das haben wir gemacht: zu Ihrem Vorteil. Da wir wissen, dass Sie reisen wollen (und wir Sie

Wenn wir diesen Mist überleben, gönnen wir uns einen Ausflug an einen schönen Ort.

nicht an unserem Schalter für eine Reise überreden müssen), haben wir ein ganz einfaches Anmeldesystem eingeführt: Sie telefonieren uns, wir reservieren für Sie. Ohne Anzahlung und sonstige Formalitäten. Sie sparen sich den Weg zu unserem Büro, wir sparen Geld und auch Personal für kostspielige Ladenlokalitäten in der ganzen Schweiz. Unsere Formel hat sich bewährt. Wir stehen heute in der Schweiz mit jährlich mehr als 50 000 Reiseteilnehmern an Städte-Sonderflügen an absolut erster Stelle. Und auch das kommt Ihnen zugute. Als Grossauftraggeber erhalten wir die Reise nämlich noch viel günstiger. Für Sie.» Und am Ende fasste Imholz die ganze Überzeugungskraft des Angebotes in fünf Worte: «Zu Hause bleiben wäre teurer.»

Armin Leuppi ist noch heute begeistert von der Geschäftsidee von Hans Imholz – und er war 1971 ebenso begeistert von den vier Tagen in Lissabon: «Wir flogen mit einer Caravelle der Schweizer Chartergesellschaft SATA, wohnten in einem hervorragenden Hotel und liessen Strapazen und Ärger des Militärdienstes weit hinter uns.» Gleichzeitig realisierte er aber schnell, wie Imholz trotz des günstigen Basispreises auf seine Kosten kam: «Die Ausflüge, Rundfahrten und sonstigen Extras wurden alle zusätzlich verrechnet. So machte das Reisebüro trotz des günstigen Basispreises ein gutes Geschäft.»

Die Ausflüge, Rundfahrten und sonstigen Extras wurden alle zusätzlich verrechnet. So machte das Reisebüro trotz des günstigen Basispreises ein gutes Geschäft.

Die Reise in die portugiesische Hauptstadt war für Leuppi horizonterweiternd – auch beruflich. Zurück in der Schweiz, wollte er sich eigentlich auf das vereinbarte Bewerbungsgespräch bei einer Schweizer Grossbank vorbereiten – als er in der Zeitung auf ein Stelleninserat von Imholz Reisen stiess: «Ich kam am Montag nach Hause, am Dienstag sah ich die Annonce im Tages-Anzeiger.» Noch euphorisiert von seinem Städtetrip nach Lissabon, griff er zum Telefonhörer und wählte die Nummer der Imholz-Zentrale an der Zürcher Birmensdorferstrasse. Es meldete sich die Sekretärin von Hans Imholz – Irène Leutwyler – und kam auf die Frage Leuppis nach der offenen Stelle gleich zur Sache: «Bringen Sie morgen Ihre Unterlagen mit. Sie können Hans Imholz um 10.00 Uhr im Café Marabu an der Werdstrasse zu einem Bewerbungsgespräch treffen.»

Leuppi sortierte sein Dossier und war am nächsten Morgen pünktlich am vereinbarten Ort. Mit seinem Enthusiasmus fürs Reisen und den begeisterten Erzählungen vom Besuch in Lissabon eroberte er die Gunst von Hans Imholz im Sturm. Leuppi erinnert sich: «Noch am selben Nachmittag klingelte bei mir das Telefon – Frau Leutwyler war am anderen Ende und fragte mich: ‹Wann können Sie bei uns anfangen?›»

Leuppi konnte und wollte sofort. Sein Anfangslohn betrug 1800 Franken pro Monat. Die Monatsmiete (130 Franken) für das möblierte Zimmer im Haus der Bäckerei Imholz an der Zentralstrasse wurde ihm vom Salär abgezogen. Doch für den neuen Mitarbeiter stand das Geld an zweiter Stelle: «Ich wollte durch meinen neuen Job die Welt kennenlernen.»

Ein Traum ging in Erfüllung. Ich reiste in eine neue Stadt – und erhielt Geld dafür.

Allerdings war Armin Leuppi zunächst auch an der «Heimatfront» gefordert. Denn im boomenden Betrieb gab es kaum Zeit für Kaffeepausen und Tagträume: «Meine Einführung dauerte ungefähr fünf Minuten. Dann war ich sofort Teil des Teams und wurde der Abteilung für Städtereisen nach Budapest zugeteilt.» Leuppi erinnert sich an ein «kreatives Chaos» im Betrieb: «Am Direktionstisch beispielsweise sassen neben dem Chef auch diverse Mitarbeiter, die die Reiseprogramme sortierten und mit Bostitch zusammenhefteten. Und Hans Imholz telefonierte ununterbrochen.»

Armin Leuppi anfangs der 1970er-Jahre.

Wie es seiner Absicht, die Welt kennenzulernen, entsprach, bot sich der neue Mann schnell selber als Reiseleiter an. Und weil damals vieles sehr unkompliziert und unbürokratisch lief, flog er schon nach 2 ½ Wochen mit einer 100-köpfigen Reisegruppe nach Budapest. «Ein Traum ging in Erfüllung. Ich reiste in eine neue Stadt – und erhielt Geld dafür.»

Seine Aufgabe in dieser Funktion sei umfassend gewesen, denn die Imholz-Arrangements zeichneten sich auch dadurch aus, dass die Kunden «von A bis Z» betreut wurden; schliesslich seien Reisen damals noch etwas Spezielles und Abenteuerliches gewesen – und die meisten Passagiere ohne Erfahrungen.

Er ging mit offenen Augen durchs Leben und liess sich gerne durch überraschende Inputs inspirieren.

Eine zentrale Aufgabe des Reiseleiters war (schon im Flugzeug) der Verkauf von Ausflügen und Exkursionen (also das Generieren der Extraeinnahmen). Der Ablauf sei eingespielt und tausendmal erprobt gewesen, erzählt Leuppi – und das Bonussystem für den Verkäufer funktionierte nach einem exakten Prinzip: «Ging man von einem Flieger mit 100 Imholz-Kunden aus, verdiente der Reiseleiter ab 50 verkauften Ausflügen je fünf Franken, ab 61 je 10 Franken, ab 71 je 12.50 Franken und ab 86 Ausflügen je 15 Franken. Am Ende jeder Reise war der Leiter auch für das Verteilen und Auswerten der Fragebogen verantwortlich – es war quasi eine Zweiweg-Kontrolle. Denn einerseits konnten die Kunden ihre Komplimente, Anregungen oder Kritikpunkte einreichen, andererseits ergab die Auswertung der Fragebogen auch ein exaktes Bild über die Zuverlässigkeit des Reiseleiters.» Leuppi spricht von einem «perfekten Controlling-System» und erklärt: «Brachte ein Imholz-Mitarbeiter von einer Reise mit 100 Passagieren nur 80 ausgefüllte Fragebogen nach Hause, war schnell klar, dass einige negative Reaktionen verschwunden waren. Normalerweise bedeutete dies für den Reiseleiter nichts Gutes.»

Armin Leuppi erinnert sich mit Vergnügen an die kreativen und inspirierenden Arbeitsmethoden von Hans Imholz: «Er ging mit offenen Augen durchs Leben und liess sich gerne durch überraschende Inputs inspirieren.» Beispielsweise seien sie über Mittag einmal im Restaurant Silberkugel an der Löwenstrasse eingekehrt und sahen auf der Speisekarte einen Hamburger namens «Beefy mit Pfiff». Hans Imholz habe den Gedanken aufgegriffen und schon bald «Städteflüge mit Pfiff» angeboten. Ein weiterer Quantensprung sei 1984 die Einführung des Gratis-SBB-Tickets vom Wohnort an den Flughafen gewesen: «Davon wagte man damals nicht einmal zu träumen. Aber Imholz überzeugte die SBB-Chefs davon, indem er ihnen den PR-Wert im Zusammenhang mit der Etablierung des 1980 eröffneten Bahnhofs am Flughafen Kloten vorrechnete.»

In der zweiten Hälfte der 1980er-Jahre führte Imholz die Kategorie «royal» ein – also eine Reisklasse, die sich vom ursprünglichen Billigpreissegment abhob: mit separatem Check-in, reserviertem Sitzplatz im Flieger (was damals nicht üblich war), Privattransport zur Unterkunft sowie Vier- oder Fünfsternhotels. Der Name «royal» habe damals dem Zeitgeist perfekt entsprochen, erinnert sich Leuppi: «Es waren die Jahre, als die Welt von der Liaison zwischen Lady Diana und Prince Charles fasziniert war. Und Hans Imholz realisierte, dass man dies geschäftsfördernd einbringen konnte.»

Imholz habe auch als einer der ersten in der Geschäftswelt realisiert, dass nur topmotivierte Mitarbeiter die optimale Leistung erbringen. Deshalb habe er die Angestellten immer am Erfolg beteiligt. Je mehr Reisen man verkauft habe, je grösser sei der Bonus ausgefallen. Am Prinzip der steilen Hierarchien habe dies aber nichts geändert. Im Imholz-Imperium habe jeder gewusst, wem er zu rapportieren hatte: Zuoberst waren die Direktoren, darunter die Ressortleiter, die Abteilungsleiter, die Teamchefs und die «normalen» Angestellten. Die strikte Ordnung habe ihn an seine Zeit im Militär erinnert, erzählt Leuppi, der es als Gebirgsgrenadier in den Rang eines Hauptmanns brachte. Bei Hans Imholz – im Militär nur ein Gefreiter – habe sich die Abgrenzung zwischen Entscheidungsträgern und Befehls-

Hans Imholz war immer sehr zielstrebig und diszipliniert. Er besass die Fähigkeit, in seinen Mitarbeitern die Stärken zu sehen und die Schwächen zu ignorieren.

empfängern auch in der ausgeprägten Siez-Kultur gezeigt. Dies sei so weit gegangen, dass er einmal einem Mitarbeiter, mit dem er auf privater Basis per Du gewesen sei, in den Geschäftsräumen dieses Privileg wieder entzogen habe: «Hier bin ich für Sie Herr Imholz.»

Erinnert sich Leuppi an seinen langjährigen Chef, kommen ihm fast ausschliesslich positive Gedanken: «Hans Imholz war immer sehr zielstrebig und diszipliniert. Er besass die Fähigkeit, in seinen Mitarbeitern die Stärken zu sehen und die Schwächen zu ignorieren.» Das habe zu diesem grossartigen Teamgefühl geführt, bei dem es zwar durchaus Platz für interne Konkurrenz gegeben habe, aber diese vor allem als Motivation empfunden wurde. Letztlich habe man bei Imholz Reisen immer zusammengearbeitet – und nie gegeneinander.

Zu den grossen Innovationen zu Leuppis Zeit als Imholz-Mitarbeiter zählte die Einführung von Ägypten als Destination für Rundreisen und Badeferien. Dies sei quasi aus der Not geboren – in einem geopolitisch problematischen Umfeld im Jahr 1974. In Griechenland herrschte eine Militärdiktatur, in Zypern spaltete sich der türkische Norden vom Rest der Insel ab, in Spanien war das Franco-Regime in den letzten Zügen, in Portugal formierte sich die Nelkenrevolution, in Italien jagten sich die Streikwellen.

Die Passagiere waren vom Erlebnis, in diesen Riesenjets zu reisen, begeistert. Sie erlebten ein Gefühl, dass man sonst nur von Fernreisen kannte.

«Es waren miserable Voraussetzungen für das Badeferiengeschäft», erinnert sich Leuppi, «aber die grosse Chance für Ägypten.» Zwar standen schon vorher Städteflüge nach Kairo im Imholz-Programm, aber nun wurde das Angebot sukzessive ausgebaut und Rundreisen zu den Tempelanlagen in Luxor angeboten. «Innerhalb von vier Jahren verkauften wir 8000 Flüge nach Kairo – 6000 Kunden buchten ausserdem die Rundreise mit Ziel Luxor.»

Hans Imholz habe ein «extrem gutes Gespür für spektakuläre Aktionen mit Werbewirksamkeit besessen.» So habe er in der zweiten Hälfte der 1970er-Jahre für Städtereisen oft Grossraumflugzeuge eingesetzt – nach Rom beispielsweise einen Jumbo der Alitalia mit 375 Plätzen, nach Paris einen Air-France-Airbus mit 250 Plätzen oder nach London eine TriStar der British Airways für 300 Passagiere. «Die Passagiere waren vom Erlebnis, in diesen Riesenjets zu reisen, begeistert. Sie erlebten ein Gefühl, das man sonst nur von Fernreisen kannte.» Anders habe es die Konkurrenz gesehen: «Die dachten, dass wir spinnen.»

Leuppi erzählt mit Begeisterung, wie Hans Imholz für jedes – noch so kurzfristige – Problem meistens eine Lösung gefunden habe. Beispielsweise habe er ab 1973 Arrangements für Wien verkauft – ohne aber die Landerechte auf dem Flughafen Wien-Schwechat zu besitzen. Bei der Swissair ging man damals noch von einer – quasi gottgewährten – Lufthoheit aus. Imholz liess sich davon nicht aus dem Konzept bringen. Er hielt auch ohne Landerechte an seinen Wien-Plänen fest – und flog mit seinen Chartern kurzerhand in die tschechoslowakische Stadt Bratislava. Von dort sind es per Bus kaum 45 Minuten nach Wien. Ähnlich verhielt es sich mit der Destination Berlin. Der Innenstadtflughafen von Westberlin, Tegel, war für die Imholz-Charter tabu. Also steuerte der Schweizer Reiseunternehmer kurzerhand Schönefeld im sozialistischen Osten an. Für Armin Leuppi 1973 ein gravierendes Problem: «Ich hatte mich während des Abverdienens meines Unteroffiziersgrades an einem freien Wochenende als Reiseführer zur Verfügung gestellt. Als ich mich dann plötzlich im Osten Berlins wiederfand, hätte dies im schlimmsten Fall zu einer diplomatischen Krise führen können.» Glücklicherweise blieb die Schweizer Militärpräsenz in der DDR unbemerkt. Sonst wäre der junge Reiseleiter Armin Leuppi vielleicht unverhofft in die Weltgeschichte eingegangen.

Peter Hausmann: «Zwischen Herrn Imholz und mir bestand
ein extremes Vertrauensverhältnis.»

24 | «BEIM ZWEITEN SCHENKEL SIND EINIGE FAST ERSTICKT»

Evergreen. Kaum einer war länger in der Firma, kaum einer erlebte den Übergang von Imholz zu TUI näher. Peter Hausmann erzählt, weshalb man mit Hans Imholz lieber Müesli als Edel-Poulets ass.

»TUI Suisse ohne Peter Hausmann; ist das möglich?», fragte das Branchenorgan Travel Inside im Januar 2014 – und gab die Antwort gleich selber: «Es muss möglich sein. Denn nach über 34 Jahren im Unternehmen, von Imholz über TUI Suisse, über ITV und wieder TUI Suisse, verabschiedet sich der Branchenprofi in den vorzeitigen Unruhezustand.»

Der heute 70-jährige Zürcher war 1979 von Kuoni zu Imholz Reisen gestossen. Damit gehörte er quasi zur zweiten Generation des Personals – der erste, der bereits auf Erfahrungen in der Branche zurückgreifen konnte. Der Kontakt zu Hans Imholz war über dessen Ehefrau Doris zustande gekommen, die Hausmann von seiner Kuoni-Zeit her kannte. Deshalb war Hausmann der einzige, der Doris Imholz duzen durfte. An Firmenanlässen nutzte er jeweils die Gelegenheit und forderte die «First Lady zum Tanz auf». Mit einem Lächeln erinnert er sich: «Als Gentleman fragte ich selbstverständlich auch Hans Imholz um Erlaubnis – und es kam immer die gleiche Antwort: ‹Ja, aber nur für einen Tanz›.»

Als Gentleman fragte ich selbstverständlich auch Hans Imholz um Erlaubnis – und es kam immer die gleiche Antwort: ‹Ja, aber nur für einen Tanz›.

Als Verkaufs- und später Ressortleiter Städtereisen wurde Hausmann schnell nicht nur auf dem Tanzparkett mit einer Schlüsselaufgabe betraut. Seine Beziehung zum Firmenbesitzer bezeichnete er als «extremes Vertrauensverhältnis»: «Ich besass alle Freiheiten und konnte meine ganze Kreativität einbringen.» Gleichzeitig habe Hans Imholz die Abläufe aber immer im Auge behalten und von Zeit zu Zeit seine wichtigsten Mitarbeiter zu einem Standortgespräch aufgeboten. Fand dieses im Café Arcade bei einem Birchermüesli statt, war alles in Ordnung. Sorgen habe man sich dagegen machen müssen, wenn das Gespräch im Poulet-Spezialitäten-Restaurant Emilio stattfand: «Das bedeutete Schelte und Ärger», erinnert sich Hausmann – spätestens beim zweiten Schenkel sei der eine oder die andere ob den Worten von Imholz fast an den Knochen erstickt.

Hans Imholz sei ein Patron alter Schule gewesen – durchaus jovial, stets ehrlich und «fadegrad», aber immer distanziert. Dies liess sich auch am Dresscode ablesen – obwohl reglementarisch nichts festgehalten war, trugen die Kaderleute dunklen Anzug und Krawatte: «Das war wie ein ungeschriebenes Gesetz.»

Hausmanns Anstellung fiel in die grosse Boomzeit der Reisebranche – und bei Imholz herrschte fast ungebremste Aufbruchsstimmung. Kuoni sei zwar die unantastbare Nummer 1 gewesen, aber Imholz Reisen hatte sich eine attraktive Nische erkämpft und intensivierte den Angriff aufs Establishment Jahr für Jahr. Vor allem die Ägypten-Arrangements mit der Kombination aus Kairo und Luxor lösten einen gewaltigen Schub aus, erinnert sich Hausmann. Dieses auch kulturell hochstehende Angebot habe das Image des Unternehmens deutlich aufgewertet: «Plötzlich wurden wir nicht mehr ausschliesslich als Billiganbieter wahrgenommen.»

Plötzlich wurden wir nicht mehr ausschliesslich als Billiganbieter wahrgenommen.

Aber noch immer waren die Städtereisen in jenen Jahren hoch im Kurs. Die Schweizer Illustrierte schrieb in ihrer Ausgabe vom 31. Oktober 1988 zum Reiseverhalten der Schweizer: «Zweiundzwanzig Jahre nachdem der Newcomer Hans Imholz die Reisebranche mit seinem ersten Städteflug schockierte (4 Tage Budapest für 198 Franken), sind die Flug-Hopser noch immer ein Dauerbrenner. In der Gunst der Schweizer liefern sich die Destinationen London und Paris seit Jahren ein Kopf-an-Kopf-Rennen, mit je einer Viertelmillion Besuchern aus unserem Land – mit leichtem Vorteil für die Seine-Stadt.»

Peter Hausmann, damals bei Imholz auch als Pressechef in der Verantwortung, sagte: «Paris hat sich touristisch sehr angestrengt. Die TGV-Verbindung macht sie auch für Bahnstädtereisen attraktiv. Bei London dagegen stimmt das Preis-Leistungs-Verhältnis nicht mehr ganz.»

Hinter Paris und London folgten im helvetischen Städtereise-Ranking damals – mit allerdings erheblichem Abstand – Wien und Berlin sowie Rom, Florenz, Venedig, Amsterdam und München.

Rund eine Million Schweizer pro Jahr unternahmen in jener Zeit einen Städtetrip. Während auch andere Reisebüros von dieser grossen Nachfrage profitieren wollten und beispielsweise bei Airtour Suisse die Städtereisen 30 Prozent des Umsatzes ausmachten, erweiterte Imholz sein Angebot um einige exotische Destinationen wie Istanbul oder Jerusalem.

Zwei Jahre später trübten sich aber die Perspektiven gerade in diesem geografischen Teil des Imholz-Netzes. Der Golfkrieg hemmte die Schweizer Reiselust – und Peter Hausmann war auch als Krisenkommunikator gefordert. Gegenüber der Nachrichtenagentur SDA sprach er damals von «ein paar Millionen Franken», die auf dem Spiel standen. Bei Ländern wie den Golfstaaten, aber auch Israel und der Türkei sei eine eigentliche «Annullationswelle» zu beklagen. Ausläufer seien bis nach Griechenland und Marokko festzustellen.

Zum ersten Mal seit langem stiegen die Flugpreise damals wieder. Die Neue Zürcher Zeitung schrieb von einem «Kriegsrisiko-Zuschlag». Hausmann gab sich aber unverändert optimistisch. Das Schweizervolk werde auf Winterferien nicht verzichten, sondern in den fernen Osten, nach Afrika oder in die Karibik ausweichen. In seinen Worten schwang damals der allgegenwärtige Optimismus, der von den Zeiten des vermeintlich unaufhaltsamen Aufschwungs genährt wurde. Was er damals nicht wissen konnte: Mit dem Golfkonflikt begann auch in der Reisewelt die Phase der Konsolidierung und Rückbesinnung.

Es war jene Zeit, als Hans Imholz seine Nachfolge regeln wollte und zunächst den Gang an die Börse anstrebte. Doch dann wurden die Karten durch eine spezielle Konstellation neu gemischt. Jelmoli befand sich unter Carlo Magri, dem Direktionspräsidenten der Grands Magasins Jelmoli SA, auf Expansionskurs. In den Jahren davor hatte der Konzern bereits die Unternehmen Kündig Reisen, die Traveller AG sowie das Westschweizer Reisebüro Avy SA übernommen und den Umsatz über die 100-Millionen-Franken-Grenze gehoben. Und nun war mit Imholz Reisen unverhofft eine hochattraktive Reiseorganisation verfügbar – für Magri die grosse Gelegenheit, die Position als Nummer 3 der Schweizer Reiselandschaft zu zementieren. So erhielt Hans Imholz ein Angebot, das ihm den kalkulierten Börsenwert garantierte – ein Angebot, das er mit gesundem Menschenverstand nicht ablehnen konnte. Während im oberen Kader seines Unternehmens der plötzliche Kurswechsel und die Abkehr vom Börsengang eine gewisse Irritation auslöste, beurteilt Peter Hausmann die Ereignisse jener Tage pragmatisch: «Letztlich hat uns allen der Verkauf an Jelmoli den Job gerettet. Denn eine Nachfolgeregelung mit den bisherigen Kaderleuten als Protagonisten wäre kaum realistisch gewesen.» So aber wurde – aus Sicht von Imholz – quasi eine Win-win-win-Situation erzeugt. Das Unternehmen Imholz, das bisher fast ausschliesslich vom Direktverkauf gelebt hatte, besass plötzlich ein Netz von 65 Verkaufsstellen. Hans Imholz machte das Geschäft seines Lebens. Und weil Käufer Jelmoli auf das Knowhow der Imholz-Crew angewiesen war, blieben die operative Kompetenz und der Name von Imholz Reisen erhalten.

Vorderhand hielt Hans Imholz die Fäden weiterhin in der Hand – als Vorsitzender der Direktion und als Präsident des Verwaltungsrates. Er hoffte, durch den Zusammenschluss mit Jelmoli die Position seines Unternehmens vor allem in der Westschweiz und im benachbarten Ausland zu verbessern.

Interessanterweise fühlten sich damals beide Geschäftspartner als Sieger des Deals. Hans Imholz sagte in den Medien: «Die Tätigkeiten der beiden Unternehmen ergänzen sich ausgezeichnet. Zusammen werden wir ein überdurchschnittliches Wachstum anstreben.» Für Jelmoli-Mann Magri war die Übernahme ein weiterer Schritt auf dem Weg, das Dienstleistungsangebot von Jelmoli zu erhöhen: «Der Tourismus ist ein Wachstumsmarkt von grosser Bedeutung. Wir wollen auch über weitere Akquisitionen grösser werden.» Zusammen erzielten die beiden Unternehmen 1988 einen Umsatz von rund 350 Millionen Franken. Vor der «Hochzeit» mit Jelmoli hatte die Reisebüro Imholz AG 214 Mitarbeiter beschäftigt und einen Umsatz von 193 Millionen Franken ausgewiesen.

Jung, dynamisch, weltoffen: der Imholz-Groove ist für viele junge Reiseleiter auch in ihrer späteren Berufskarriere der Schlüssel zum Erfolg.

Jelmoli folgte damals einem Trend. Denn mit Migros (Hotelplan), Coop (Popularis) und Denner (Pronto) hatten schon drei andere grosse Schweizer Detailhändler ihre Aktivitäten auf den Reisemarkt ausgeweitet. Und mit Vögele trat 1988 ein weiteres Schwergewicht auf den Markt – und heizte den Preiskampf weiter an. Im Zentrum stand dabei der frühere Stationsbeamte Bruno Tanner, der sich in den 1980er-Jahren als treibende Kraft bei Pronto in der Reisebranche einen Namen gemacht hatte und nun mit Vögele den Markt weiter aufmischen wollte. Hans Imholz verfolgte diese Entwicklung insofern mit grossem Interesse, als Tanner exakt sein Erfolgsmodell kopierte: Telefondirektverkauf, Zeitungsinserate, kurzfristig zusammengestellte Arrangements. So bot Vögele 1988 «Peking und Schanghai, 11 Reisetage, schon ab 1995 Franken» an. Dazu die Aufforderung: «Buchen Sie per Telefon!»

Peter Hausmann erinnert sich, dass diese «Kampfansage» in der Imholz-Zentrale eine lautstarke Reaktion auslöste: «Plötzlich war ein neuer Konkurrent auf dem Markt, der uns quasi mit den eigenen Waffen schlagen wollte.» Man sei aber sofort in die Gegenoffensive gegangen und habe Peking für unter 1000 Franken sowie Bali für 1200 Franken angeboten: «Wir suchten gezielt nach Opportunitäten, um die Preise weiter zu senken – beispielsweise mit neueröffneten Hotels, die sich über Billigangebote etablieren wollten, oder mit Restplätzen auf nicht ausgelasteten Fliegern.»

Vor allem wurde auf einen aggressiven Expansionskurs gesetzt. Nachdem sich Hans Imholz 1993 auch als Verwaltungsratspräsident zurückgezogen hatte, initiierte sein Nachfolger Peter Kurzo zunächst die Übernahme der Travac-Reisegruppe, mehrere Spezialistenmarken für Fernreisen, und danach – gemeinsam mit Kuoni – den Kauf der Danzas-Reiseorganisation. So erhielt die Imholz Reisegruppe 1995 10 weitere Filialen mit rund 50 Mitarbeitern. Damit war nun das ursprüngliche Geschäftsmodell endgültig überholt. Längst war der Telefondirektverkauf kein Schlüsselfaktor mehr. Die meisten Kunden wurden in den Filialen empfangen.

1996 spitzte sich die Konkurrenzsituation weiter zu. Denn mit der Touristik Union International (TUI) betrat der grösste europäische Reiseveranstalter den Schweizer Markt. Die Deutschen schlossen sich mit Vögele zusammen und lösten damit auch bei Imholz ein Erdbeben aus. Denn mit Hans-Peter Lehmann, Erich Mühlemann und Peter Hausmann warben sie drei Kaderleute

Die Abgänge beweisen uns, dass wir fähige Mitarbeiter haben, die auch andernorts gute Chancen haben. Wir sind eine gute Kader-schmiede!

ab. Peter Kurzo wiegelte damals die Bedeutung dieser Entwicklung ab und behauptete gegenüber der Handelszeitung: «Die Abgänge beweisen uns, dass wir fähige Mitarbeiter haben, die auch andernorts gute Chancen haben. Wir sind eine gute Kaderschmiede!» Für Hausmann war der Abgang aber indirekt auch der erste Schritt zur Rückkehr. Denn als erster Geschäftsführer von TUI Suisse und später in weiteren wichtigen Funktionen blieb er dem Nachfolgeunternehmen bis zu seiner Pensionierung treu.

Wie ein Koloss: 1989 schluckt Jelmoli Imholz Reisen. Für den Unternehmensgründer ist es das Geschäft des Lebens.

25 | KNALLEFFEKT STATT BÖRSENGANG

Hans Imholz wollte eigentlich seine Mitarbeiter am Unternehmen beteiligen. Doch dann kam ein Angebot, das er nicht ablehnen konnte.

Es war eine der spektakulärsten Schweizer Wirtschaftsmeldungen des Jahres 1989. Hans Imholz verkauft sein Reisebüro an die Warenhauskette Jelmoli. Der Blick titelte am 20. Juni: «Reisepionier Hans Imholz fliegt in Jelmolis Arme», die Nachrichtenagentur SDA vermeldete: «Jelmoli-Reisen und Imholz schliessen sich zusammen. Drittgrösste Kraft im Schweizer Reisemarkt gebildet.» Der Blick für die Frau stellte Imholz angesichts der finanziellen Dimensionen des Geschäfts das bestmögliche Zeugnis aus: «Cleverer geht's wohl nimmer». Auch die Luzerner Neuste Nachrichten zeigten sich beeindruckt: «Imholz verkauft – und bleibt Chef». Nur die Neue Zürcher Zeitung übte sich in gewohnter Zurückhaltung: «Jelmoli-Reisen übernimmt Imholz». Der Tages-Anzeiger aber konstatierte einen «Knalleffekt». An einer «innert Stunden zusammengerufenen» Pressekonferenz hatte Gaudenz Staehelin, Verwaltungsratsdelegierter der Grands Magasins Jelmoli SA, die Übernahme der Imholz-Holding bekannt gegeben.

Schon fast erschüttert gab sich das Branchenmagazin Schweiz Touristik. Die Nachricht von der Übernahme des

Ich habe nicht das Gefühl, dass ich etwas aufgebe. Vielmehr bringe ich etwas, was ich während 27 Jahren geprägt habe, auf einen neuen richtigen Weg.

Reisebüros Hans Imholz habe eingeschlagen wie eine Bombe, hiess es in der Einleitung zu einem Interview mit dem Reisepionier. Imholz beschrieb seine Gefühlslage damals mit der ihm angeborenen Zurückhaltung: «Ich habe nicht das Gefühl, dass ich etwas aufgebe. Vielmehr bringe ich etwas, was ich während 27 Jahren geprägt habe, auf einen neuen richtigen Weg.» Hintergrund dieser Aussage waren die wachsenden Sorgen des Reisepioniers, dass er nicht den richtigen Nachfolger finden und seine Angestellten einer ungewissen Zukunft aussetzen würde.

Der Deal zwischen Jelmoli und Imholz war das Ende eines Prozesses, der mit der Absicht von Hans Imholz, sein Unternehmen an die Börse zu bringen, eingeleitet worden war. Wäre es nach den ursprünglichen Ideen gegangen, hätten Mitarbeiter, Geschäftspartner und schliesslich auch das Publikum am Unternehmen beteiligt werden sollen. Der Tages-Anzeiger schrieb dazu in seiner Ausgabe vom 20. Juni 1989:

«Ursprünglich war ein Gang an die Börse geplant gewesen, wohl gekoppelt mit einem Management-Buy-out. Dass das Reisebüro Hans Imholz nun nicht public geht, sondern sich in den Jelmoli-Konzern integriert, ist erstaunlich, hätte man vom kämpferischen Firmengründer Hans Imholz wohl nicht erwartet, dass er einem Konkurrenten die Hand gibt.

Doch so schnell hat Imholz seine ursprünglichen Pläne nicht aufgegeben: Seit vergangenem Herbst waren die Spezialisten der Bank Vontobel daran, für Imholz das richtige Zukunftskleid zu schneidern. Dieses Kleid ist durch das Zusammengehen mit Jelmoli recht umfänglich geworden. Das neue Unternehmen kann sich mit den Grossen der Branche messen. Im Argument der Grösse liegt – neben den finanziellen Aspekten – der Grund dafür, das Going public abzublasen. Denn der Gang an die Börse hätte zwar die Nachfolgesorgen gelöst, nicht aber die Frage nach dem langfristigen Überleben der Firma.»

Denn der Gang an die Börse hätte zwar die Nachfolgesorgen gelöst, nicht aber die Frage nach dem langfristigen Überleben der Firma.

Als die Kunde vom Imholz-Börsengang die Runde machte, traten erste Firmen mit Investitionsabsichten auf den Plan. Eine davon war Jelmoli. Doch bis zuletzt spekulierte die Branche darüber, dass Imholz das Reisegeschäft von Jelmoli übernehmen würde – und nicht umgekehrt. Dazu sagte Imholz: «Diese Variante wäre auch denkbar gewesen. Wir sind ja zwei beinahe gleich grosse Firmen. Für mich aber stand im Vordergrund, dass das Unternehmen während der nächsten zwanzig, dreissig Jahre über eine sichere Besitzerstruktur verfügt und nicht mehr abhängig vom Wohlergehen eines einzelnen Entscheidungsträgers ist.» Durch die Fusion sei Imholz Reisen nun in einen Konzern eingebettet, der die notwendigen Ressourcen besitzt, um die Zukunft des Unternehmens zu garantieren. Es liege ein klares Bekenntnis der Käuferschaft vor, im Freizeit- und Reisesektor in der Schweiz ein gewichtiges Wort mitzureden: «Das war für mich das Entscheidende», so Hans Imholz. Über die Höhe des Verkaufspreises wurde zwischen den Parteien Stillschweigen vereinbart. Auch heute will Hans Imholz keine konkreten Zahlen nennen, die Modalitäten des Geschäfts wurden aber offen kommuniziert.

Die Grands Magasins Jelmoli SA übernahm 75 Prozent des Aktienkapitals der Hans Imholz Holding AG. Bis Ende 1989 arbeiteten die beiden Reiseunternehmen noch selbständig weiter.

Das neue Unternehmen, dessen Name noch nicht festgelegt war, blieb unter der Leitung von Hans Imholz. Der frühere Besitzer präsidierte den Verwaltungsrat wie auch die Direktion. Bis Ende Jahr sollte eine aus Mitgliedern beider Unternehmen bestehende Projektgruppe einen Integrationsplan erarbeiten. Durch den Zusammenschluss würden keine Arbeitsplätze abgebaut.

Das neue Unternehmen, dessen Name noch nicht festgelegt war, blieb unter der Leitung von Hans Imholz. Der frühere Besitzer präsidierte den Verwaltungsrat wie auch die Direktion.

Das neue Unternehmen werde seine Marktstellung vor allem in der Schweiz, aber auch im benachbarten Ausland ausbauen. In der Schweiz erhoffte sich Hans Imholz vor allem in der Westschweiz eine bessere Marktpräsenz. Die Tätigkeiten der beiden Unternehmen ergänzten sich ausgezeichnet, und man werde ein überdurchschnittliches Wachstum anstreben, sagte Imholz. Das Unternehmen sei durch diesen Zusammenschluss in eine neue Dimension hineingewachsen, die Bestand haben werde.

Für den damaligen Jelmoli-Direktionspräsidenten Carlo Magri war diese Beteiligung ein weiterer Schritt im Ausbau des Dienstleistungsangebots des Jelmoli-Konzerns. Er zeigte sich überzeugt davon, dass der Tourismus ein Wachstumsmarkt von grosser Bedeutung bleiben werde; Jelmoli wolle in diesem Markt eine wichtige Rolle spielen. Die neue Gruppe werde auch über weitere Akquisitionen wachsen.

Schlüsselfigur beim Imholz-Kauf: Jelmoli-Chef Carlo Magri will mit der Akquisition das Reisegeschäft des Konzerns stärken.

Die beiden Unternehmen zusammen erzielten 1988 einen Umsatz von rund 350 Mio. Franken. Das neue Unternehmen wird damit knapp hinter der Migros-Tochter Hotelplan zum drittwichtigsten Reiseanbieter in der Schweiz. Marktführer ist Kuoni.

Die Reisebüro Imholz AG hatte 1988 mit ihren 214 Mitarbeitern einen Umsatz von 193 Mio. Fr. erzielt. Die Jelmoli-Reisegruppe mit den Reisebüros Jelmoli Reisen, Reisebüro Kündig AG, Traveller Reisen AG und Avy Voyages SA machte 1988 mit 190 Mitarbeitern einen Umsatz von 157 Mio. Franken. Die Jelmoli-Reisegruppe verfügte über 45 Reisebüros und nahm vor allem bei Fernflug-Destinationen (Karibik, Australien, Neuseeland) eine starke Position ein.

Es tönte alles sehr schön. Die Zukunft von Imholz Reisen war gesichert. Und der Patron stand weiterhin auf der Kommandobrücke. Aber das Planspiel liess sich in der neuen Realität nicht umsetzen. Denn faktisch hatte Hans Imholz mit dem Verkauf auch das Entscheidungsrecht aus den Händen gegeben. Oder wie es Beatrice Tschanz ausdrückt: «Hans war noch immer der Chef, aber die Firma gehörte nun jemandem anderem. Dies schränkte seinen Handlungsspielraum natürlich erheblich ein. Ich glaube, er wurde sich dessen aber erst bewusst, als er sich das erste Mal vor dem Jelmoli-Verwaltungsrat rechtfertigen musste.»

Kam dazu, dass das Unternehmen durch die Fusion eine kritische Grösse erreicht hatte. Der Tages-Anzeiger schrieb im Juli 1991 zu dieser Problematik: «Mit ihren 374 Millionen Franken Umsatz operiert die Nummer 3 auf dem Schweizer Reisemarkt an einer kritischen Grenze. Einerseits ist der Betrieb zu gross, um klein zu sein. Wachstum und optimale Positionierung am Markt werden zu den vorrangigsten Problemen gehören.» In diesem Zusammenhang leiteten die neuen Besitzer aber schon wenig später einen Kurswechsel ein und verkauften die Produkte wieder einheitlich unter der Marke Imholz.

Hans war noch immer der Chef, aber die Firma gehörte nun jemandem anderem. Dies schränkte seinen Handlungsspielraum natürlich erheblich ein.

Trotzdem hatte sich der frühere Patron von seinem Unternehmen emotional entfremdet. So gab er «aus persönlichen Gründen» im Juli 1991 seinen Rücktritt aus der Geschäftsleitung bekannt. Er freue sich, liess er die Medien damals wissen, dass er nun endlich ohne schlechtes Gewissen an den Salzburger Festspielen dabei sein könne. Seit dreissig Jahren habe er immer das Geschäft im Hinterkopf gehabt, beim Reisen, beim Sport, in den Ferien, an jedem freien Tag – sofern es einen solchen überhaupt gegeben habe.

Doch rückblickend war der Abgang des Patrons nur ein weiterer Schritt auf dem Sinkflug seines Unternehmens. Denn die neuen Besitzer verpassten es, das Know-how der alten Crew in ihr Projekt einzubringen und so eine solide Basis für die Zukunft zu schaffen. Stattdessen verloren sie in dem sich wandelnden Reisemarkt die Orientierung und büssten sukzessive an Terrain ein. So folgte 1997 der nächste Zusammenschluss im Sinne der «Grössenvorteile», wie es die Neue Zürcher Zeitung wertete.

Mit anderen Worten: Die Jelmoli Holding legte die Aktivitäten von Imholz mit den prosperierenden Reiseaktivitäten der Charles Vögele Gruppe sowie der Schweizer Tochtergesellschaft des grössten europäischen Reisekonzerns TUI zusammen. Quasi über Nacht war ein Joint Venture namens ITV (Imholz, TUI, Vögele) geboren. Mit dieser Zusammenarbeit der drei Reiseunternehmen sollten sich nicht nur für den Schweizer Reisemarkt positive Aspekte in Form zusätzlicher Angebote ergeben. Auch die Beschäftigten, die unabhängigen Reisebüros, die beteiligten Gesellschaften und deren Aktionäre sollten aus der neuen Struktur «grosse Vorteile» erlangen, wie an einer Pressekonferenz versprochen wurde. Für die nächsten Jahre werde in der Holding-Rechnung von Jelmoli laut Verwaltungsratspräsident Walter Fust eine Verbesserung von rund 19 Prozent bzw. 5 bis 10 Millionen Franken erwartet.

Es sollte eine Wunschvorstellung bleiben – und ITV nur ein kurzes Intermezzo. Bereits ein Jahr später zog sich Charles Vögele aus dem Konglomerat zurück. Der einstige Kleiderkönig entschloss sich im Rahmen der Umstrukturierung zum Abbau der ITV-Beteiligung und verzichtete auf das Verwaltungsratspräsidium. So war der Weg frei für den deutschen Branchenleader TUI: Er übernahm – zu den bisherigen 33,3 Prozent – weitere 26,6 Prozent des Aktienanteils und war damit Mehrheitsaktionär.

Doch damit waren die Umwälzungen noch nicht abgeschlossen. Nur ein Jahr später stieg Kuoni als Grossaktionär (49 Prozent) bei ITV ein. Hans Imholz blieb nur das Staunen. Über ein Jahr lang hatten die beiden Schweizer Platzhirsche Kuoni und Hotelplan versucht, das Reisekombinat ITV zu schwächen. Liessen ab vom Verkauf der ITV-Produkte in ihren Reisebüros, charterten Flugzeuge gemeinsam und bugsierten den Gegner hinaus. Die deutsche TUI, erschrocken über die Anfangsverluste in der Schweiz, begann mit den Widersachern zu verhandeln. Lange Gespräche mit Hotelplan scheiterten, mit Kuoni ging es aber blitzschnell: Jelmoli stiess seinen ITV-Anteil ab, Kuoni erhielt die Option, sich an ITV zu beteiligen, und stellte den neuen Chef.

Es ging im flotten Tempo weiter. Schon per 1. Oktober 1999, den Beginn des ITV-Geschäftsjahres, wurde eine schnelle Kuoni-Eingreiftruppe mit den Managern Hans Lerch, Thomas Stirnimann und Max Katz im Verwaltungsrat der ITV positioniert. Doch im strategischen und wirtschaftlichen Lead blieb Mehrheitsaktionär TUI, der ab der Jahrtausendwende seinen Schweizer Wachstumsplan beschleunigte und 2006 schliesslich die Marke Imholz für immer versenkte.

Doch damit waren die Umwälzungen noch nicht abgeschlossen. Nur ein Jahr später stieg Kuoni als Grossaktionär (49 Prozent) bei ITV ein.

Als Hans Imholz 1994 auf den Verkauf seiner Firma angesprochen wurde, sagte er auf die Frage, ob er den damaligen Entscheid bereue: «Im Gegenteil. Ich freue mich, dass Jelmoli meine ehemalige Firma mit allen Mitteln fördert und finanziell in eine dynamische Expansion investiert. Mit der Wahl des Käufers hatte ich – sicher auch aus der Sicht der Mitarbeiter – eine glückliche Hand.»

Peter Kurzo bei der Lancierung der neuen Imholz-Prospekte 1993 ...

*... und bei der Auszeichnung als Branchenpersönlichkeit des Jahres 1993 durch Hans Stocker,
Gründer und Herausgeber, der Zeitschrift «Schweiz Touristik».*

Er diente sich Stufe um Stufe nach oben. Er trat letztlich in die grossen Fussstapfen des Firmengründers. Peter Kurzo gehört zu den schillerndsten Figuren der Imholz-Geschichte.

Peter Kurzo war zu Beginn der 1990er-Jahre der Mann der Stunde in der Schweizer Touristikszene. 1991 übernahm er bei Imholz die Nachfolge des Firmengründers; zwei Jahre später stand er quasi auf dem Olymp. Der Sonntagsblick feierte ihn als neuen «Star der Schweizer Reisebranche» und schrieb voller Anerkennung: «Kurzo forciert das Qualitätsdenken beim drittgrössten Schweizer Reiseunternehmen und landete einen grossen Coup: den Millionendeal mit Euro-Disney in Paris.» Der französische Ableger des Vergnügungsparks zementierte damals die Spitzenposition von Paris auf dem Städtereisemarkt. Und Peter Kurzo war sozusagen der verlängerte Arm von Mickey Mouse in der Schweiz. Aus den Händen von Fernsehmoderator Kurt Aeschbacher erhielt er damals den Schweizer Touristik-Award als «Branchenpersönlichkeit des Jahres».

Kurzo, in Wimmis bei Spiez im beschaulichen Berner Oberland aufgewachsen, hatte sich bei Imholz Reisen Stufe um Stufe hinaufgearbeitet. Der frühere KV-Stift verdiente sich seine Sporen im Finanzgeschäft bei der Tochtergesellschaft eines US-Konzerns ab. 1979 wurde er als Finanzchef von Hans Imholz verpflichtet – wobei Kurzo präzisiert: «Damals hatten wir noch nicht so schöne Jobbezeichnungen. Ich war Chefbuchhalter.» Mit zuverlässiger Arbeit gewann er Respekt und Vertrauen des Firmengründers. 1980 war er bereits Mitglied der Geschäftsleitung. «Ich bin ein ganz gewöhnlicher Mitarbeiter mit klaren Zielen und gesundem Ehrgeiz», erklärte er der Schweizer Illustrierten. Das Magazin beschrieb ihn als «Meister des Understatements». Die Rechnung ging auf. 1986 wurde Kurzo zum Direktor und Stellvertreter des Chefs befördert. Seine Erfolgsformel fasste er damals folgendermassen zusammen: «Es hat mir nie etwas ausgemacht, überdurchschnittlich fleissig zu sein. Ferienfreude bereiten ist für mich Motivation pur.» Kurzo bezeichnet Hans Imholz als eine «leistungs-

> *Damals hatten wir noch nicht so schöne Jobbezeichnungen. Ich war Chefbuchhalter.*

bezogene und erfolgsorientierte Persönlichkeit, die ein ausgesprochen gutes Gespür für Menschen und Kundenbedürfnisse hatte.» Er habe seinen Mitarbeitern vertraut – aber gleichzeitig das Einhalten von Regeln wie Disziplin, Pünktlichkeit und Umgangsformen sowie eine uneingeschränkte Loyalität gefordert. Nur jene Mitarbeiter, die bereit waren, dies zu leisten, seien geblieben – aber die mit letztem Einsatz: «Dies machte wohl den grossen Zusammenhalt im Betrieb aus.» Für Kurzo persönlich war Hans Imholz aber vor allem der «grosse Förderer»: «Er bezog mich in alle wichtigen Entscheidungen mit ein und gab mir die Chancen, an den Aufgaben zu wachsen.» Weil Kurzo das interne Controlling optimierte, kannte er bald die wichtigsten Kennzahlen aller Destinationen – was ihm beim Firmenchef zusätzliche Akzeptanz verschaffte.

Mit dieser Rückendeckung forcierte Kurzo den Expansionskurs. Auf diese Weise kam im Mai 1993 eine Kooperation mit Danzas Reisen zustande. Im Januar 1994 kaufte Imholz unter der Federführung von Kurzo dem USA-Spezialisten Travac-Fernreisen 45 Prozent der Aktien ab. «Zum Wohl seiner Kunden» – wie Kurzo damals in den Medien versicherte: «Wer eine Imholz-Reise bucht, hat Anspruch auf Leistungen, die über dem Durchschnitt liegen.» In diesem Jahr überschritt Imholz Reisen erstmals die Umsatzmarke von 400 Millionen Franken und bediente jährlich über eine Viertelmillion Kunden. Dabei habe er sich immer an der Frage orientiert: «Was kann ich zum Erfolg des Unternehmens beisteuern?», sinniert Kurzo heute.

Von einer professionellen Buchhaltung konnte keine Rede sein. Damals führte jeder Abteilungsleiter für sich die Abrechnungen nach.

Mit einem Lächeln erinnert er sich an den Stellenantritt bei Imholz Reisen in Wiedikon: «Ich erkundigte mich nach der Buchhaltung des vorangegangenen Geschäftsjahres – und erhielt einen A4-Ordner in die Hand gedrückt. Von einer professionellen Buchhaltung konnte keine Rede sein. Damals führte jeder Abteilungsleiter für sich die Abrechnungen nach.» In einem Betrieb mit einem Umsatz von 100 Millionen Franken sei dies doch eher speziell gewesen. Für Kurzo eröffnete sich dadurch aber eine grosse Chance: «Ich konnte mein ganzes Wissen einbringen und die Rechnungsführung sozusagen von Grund auf neu gestalten.»

Auch sonst fand sich Kurzo in einem Unternehmen wieder, in dem zwar jedes Rädchen ins andere griff und das ursprüngliche Geschäftsmodell (des Direktverkaufs) perfektioniert wurde. Das zentrale Element war die Telefonzentrale. Kurzo spricht vom «Pulsmesser der Firma»: «Wir waren voll auf den direkten Kontakt mit den Kunden orientiert.» Pro Tag habe man rund 4000 Anrufe erhalten: «Die Idee war absolut genial. Denn man sparte Provisionen, Personal und Infrastruktur.» Gleichzeitig musste Kurzo aber auch feststellen: «Im damals boomenden Reisemarkt stiess das Modell an seine Grenzen. Denn nur 20 Prozent der potenziellen Reisekundschaft waren bereit, direkt zu buchen. Der grosse Rest suchte die Beratung und den Kontakt mit einer physischen Ansprechperson in einem Reisebüro.» So markierten die späten 1970er-Jahre den wohl markantesten Strategiewechsel in der Imholz-Geschichte. Das Reisebüro wurde quasi vom Erfolg des ursprünglichen Geschäftsmodells überholt, beugte sich dem Druck der Branche und bot ab 1979 sein Angebot zum Wiederverkauf an. Kurzo erinnert sich: «Es zeigte sich, dass wir ein grösseres Volumen brauchten, um im Markt bestehen zu können und der Nachfrage gerecht zu werden. Deshalb war der logische Schritt, dass wir unsere Arrangements gegen Provisionen den anderen Reisebüros zugänglich machten.» Während Hans-Peter Lehmann für den Direktverkauf zuständig blieb, übernahm Edi Dietrich das Ressort Retail (Wiederverkauf) – und erfuhr am eigenen Leib, wie sehr die Reisebüros auf diesen Moment gewartet hatten: «Als wir jeweils im Hotel International in Oerlikon den Schweizer Reisebüros unser Angebot präsentierten, rannten uns die Agenten fast die Tür ein. Rund 200 Vertreter machten uns ein Angebot – zu Kommissionen ab 10 Prozent aufwärts.»

Es zeigte sich, dass wir ein grösseres Volumen brauchten, um im Markt bestehen zu können und der Nachfrage gerecht zu werden.

Mit einem klugen Finanzmanagement liess sich damals die wirtschaftliche Basis effizient stärken. Ein Fall für Peter Kurzo: «Die Reisebranche funktioniert nach dem Prinzip der Kundenvorauszahlungen. So besitzt man bei günstigem Geschäftsverlauf immer viel Cash.» Und dies legte Kurzo als Festgeld über Wochen oder Monate an und erzielte so einen Gewinn von fünf bis acht Prozent. Rückblickend sagt er schmunzelnd: «Von solchen Konditionen kann man heute nur träumen.» Hans Imholz gefiel die Wertschöpfungsoptimierung durch seinen Finanzfachmann – auch weil er selber exakt so gehandelt hätte. Kurzo sagt über das Verhältnis zu seinem Chef: «Wir haben uns perfekt ergänzt.»

Kurzo mit dem deutschen Aussenminister Hans-Dietrich Genscher und Travac-Gründer Urs Frey (v.l.) an einem Kundenanlass auf Kreta.

Kurzo mit Urs Frey (r.) und Kuoni-Mann Hans Lerch (l.).

In den 1970er-Jahren wurde das Computersystem eingeführt und das ganze Buchungs- und Reservationsverfahren automatisiert. Für Kurzo war es der dringend notwendige Schritt in die Moderne. Denn der Konkurrenzkampf mit den beiden Marktführern Kuoni und Hotelplan wurde mit immer härteren Bandagen geführt. Kurzo spricht von einem «wahren Ausscheidungsrennen» – und erinnert sich, dass die konkurrierenden Unternehmen vor allem im Flugbereich auf Innovationen setzten: «Kuoni gründete mit Edelweiss eine eigene Airline. Hotelplan wollte beispielsweise mit dem McDonalds-Flieger ein jüngeres Publikum ansprechen.»

Vor allem der «Hamburger-Flieger», den Hotelplan als «McPlane» abheben liess, sorgte in der Szene für Aufsehen. Die Handelszeitung beschrieb ihn als «Hotdog mit Flügeln», das Magazin Tele prophezeite eine gastronomische Überwindung der Schwerkraft («Big Mac hebt ab!»), und der Blick freute sich für die Kleinen: «Kindertraum: Fliegende Hamburger». Doch die Kooperation zwischen Crossair, McDonalds und Hotelplan, die auf eine kindliche Frage des Sohnes von Crossair-Verkaufschef Hannes Maurer («Warum kann man im Flugzeug keinen Big Mac essen?») zurückgegangen war, hatte auch ihre Tücken: Weil Hamburger bei längerer Aufbewahrung im Flugzeug unappetitlich viele Bakterien entwickeln, wurden auf dem Weg nach Rhodos, Lanzarote und Las Palmas Chicken Nuggets und Sandwiches serviert. Das Wirtschaftsmagazin Facts beruhigte aber potenzielle Fast-Food-Touristen: «Am Ferienort kann man ja immer noch in einem McDonald's für einen Big Mac einkehren.»

Kuoni gründete mit Edelweiss eine eigene Airline. Hotelplan wollte beispielsweise mit dem McDonalds-Flieger ein jüngeres Publikum ansprechen.

In diesem hektischen Marktumfeld waren Imholz Reisen und sein Chef Kurzo doppelt gefordert – auch weil der Jelmoli-Konzern als neuer Besitzer das Wachstum konsequent förderte und im Reisegeschäft ein starkes zweites Standbein aufbauen wollte. Kurzo erinnert sich an das damalige Credo, das von Jelmoli ausgegangen war: «Wenn man die Reichweite und den Marktanteil vergrössern wollte, musste man weiter wachsen.»

Diese Strategie sei nachvollziehbar gewesen, sagt Kurzo heute. Doch als sich Hans Imholz 1993 aus dem Verwaltungsrat zurückzog, hinterliess dies nicht nur menschlich eine grosse Lücke: «Plötzlich sassen nur noch Jelmoli-Leute im Verwaltungsrat, aber niemand, der von der Reisebranche eine Ahnung hatte.»

Doch auch zu diesem Zeitpunkt sei Imholz Reisen noch gut unterwegs gewesen, sagt Peter Kurzo. Der entscheidende Bruch folgte 1996, als es in der Schweizer Konzernlandschaft zu einer überraschenden Übernahme kam: Walter Fust, der zwei Jahre zuvor seine Haushalts- und Elektronikkette an Jelmoli (bzw. die Basler Handelskette UTC) verkauft hatte, übernahm die Mehrheit an der Jelmoli AG – und damit auch Imholz Reisen. Der Unternehmer versprach zwar: «Imholz wird nicht verkauft, aber wir suchen Kooperationen.» Die Ankündigung wurde kaum ein Jahr später zur Realität. Anfang Oktober 1997 legten Imholz, TUI und Vögele ihre Reiseaktivität unter dem Label ITV zusammen. Es sollte die entscheidende Zäsur im allmählichen Niedergang der Marke Imholz werden.

Plötzlich sassen nur noch Jelmoli-Leute im Verwaltungsrat, aber niemand, der von der Reisebranche eine Ahnung hatte.

Hintergrund des Deals, der die neu zweitgrösste Reisegruppe mit einem Jahresumsatz von 800 Millionen Franken hervorbrachte, waren die rückläufigen Ergebnisse von Imholz im «Jelmoli-Universum». Zusammen mit den umsatz- und ertragsmässig prosperierenden Reiseaktivitäten der Charles Vögele Gruppe sowie mit der schweizerischen Tochter des grössten europäischen Reisekonzerns TUI sollten die schweizerischen Aktivitäten der drei Unternehmen im Bereich der Reiseveranstaltung gebündelt und optimiert werden.

Die Neue Zürcher Zeitung setzte schon damals ein grosses Fragezeichen hinter das neue Konstrukt: «Die neuen Beteiligungsverhältnisse scheinen auf den ersten Blick unausgewogen, denn es soll unter den drei Partnern kein Geld fliessen. Jelmoli bringt mit Imholz die Nummer drei im schweizerischen Reisegeschäft in die beiden Gemeinschaftsunternehmen ein. Imholz erwirtschaftet im laufenden Jahr allein in der Reiseveranstaltung voraussichtlich einen Umsatz von rund 400 Millionen Franken. Im Vertrieb sind es weitere 260 Millionen Franken. Dagegen ist das Umsatzvolumen von Vögele Reisen und TUI (Suisse) bedeutend geringer. Vögele brachte es in der zu Ende gehenden Sommersaison auf einen Umsatz von rund 30 Millionen, während TUI (Suisse) im gesamten Jahr ebenfalls einen Umsatz von rund 30 Mio. Fr. erzielen dürfte. Trotzdem erhalten Vögele und TUI jeweils einen Drittel an der neuen ITV sowie zusätzlich zusammen einen Drittel an den Imholz-Reisebüros.» Für Peter Kurzo war es der Moment, um das Unternehmen zu verlassen: «wegen unterschiedlichen strategischen Auffassungen».

Er sagte mir einmal, ich solle mit Imholz alles machen, wofür er sich nicht zu schämen brauche.

Derweil musste sich Walter Fust in den Medien die kritische Frage gefallen lassen, ob er das Lebenswerk von Hans Imholz verscherble. Damals konterte der Angesprochene resolut: «Nein! Hans Imholz ist froh, dass seine frühere Firma in guten Händen bleibt. Er sagte mir einmal, ich solle mit Imholz alles machen, wofür er sich nicht zu schämen brauche.» Und auch den Einwand, dass er die «Perle Imholz» dem «deutschen Riesenhai» TUI in den Rachen werfe, negierte er dezidiert: «Auf keinen Fall. Alle drei Partner sind zu gleichen Teilen bezüglich Kapital und Stimmen beteiligt. Wir aber können vom deutschen Partner profitieren, von seinen 125 Hotels, von seinen 63 000 eigenen Hotelbetten, von seinen enormen Flugleistungen.» Die Worte waren gut gewählt, die Zahlen stimmten. Die Prophezeiung aber hätte falscher nicht sein können. Peter Kurzo sagt mit dem Blick in den Rückspiegel: «Dieser Deal war faktisch das Ende der Marke Imholz Reisen.»

David Frauch: Vom «Notfallangestellten» zur Schlüsselfigur – hier als Resident Manager in Berlin.

27 | «DIE MARKTNÄHE VON HANS IMHOLZ WAR EINZIGARTIG»

Seine Karriere bei Imholz begann mit einem Notfalleinsatz als Reiseleiter in Budapest. Daraus wurde für David Frauch die prägendste Zeit seines Berufslebens.

Eigentlich besass David Frauch schon ein Reisebüro, als er in Disentis noch die Klosterschule besuchte. «Ich war komplett vom Reisefieber befallen. Wenn immer es möglich war, besuchte ich mit meiner Mutter und Grossmutter den Flughafen Zürich. Das gab mir das Gefühl, der grossen weiten Welt ganz nahe zu sein.» In seinem jugendlichen Traum, in ferne Länder zu reisen, kreierte er sich sein eigenes Unternehmen – aus einer Mischung aus Fantasie und verblüffend realer Umsetzung: Er nannte das imaginäre Unternehmen «Frauch Travel», ernannte sich selber zum Direktor und gab sein Elternhaus in Chur als Firmensitz an. «Ich hatte echtes Briefpapier, ein Firmenlogo und führte Korrespondenz mit anderen Reisebüros.» Frauch forderte bei den «Branchenkollegen» Prospekte, Preislisten und Werbematerial an – und stellte in Aussicht, dass er als Agenturpartner Arrangements weiterverkaufen würde. In der wachsenden Reiseindustrie, in der die neuen Unternehmen fast wie Pilze aus dem Boden schossen, war «Frauch Travel» kein Fremdkörper. So habe er regelmässig Post von arrivierten Unternehmen erhalten und sei so quasi im eigenen Keller zum fiktiven Reiseunternehmer geworden, erzählt David Frauch.

> *Ich war komplett vom Reisefieber befallen. Wenn immer es möglich war, besuchte ich mit meiner Mutter und Grossmutter den Flughafen Zürich.*

Im Juli 1978 erhielt er beispielsweise ein Schreiben von der Werbeabteilung des Reisebüros Hans Imholz AG mit dem Absender «Zentralstrasse 2, 8036 Zürich», dem Vermerk «Prospektlieferung» und folgenden Worten:

Sehr geehrter Herr Frauch

Wir danken für das Schreiben vom 12. Juli und freuen uns über Ihr Interesse, das sie unserem Unternehmen entgegenbringen.

Gerne senden wir Ihnen in der Beilage unser Prospektmaterial sowie einige Kleber. Um Sie in unsere Mailingliste aufzunehmen, benötigen wir Ihren Auszug aus dem Handelsregisterblatt (Fotokopie).

Ein eigentlicher Jahresbericht besteht nicht; wir senden Ihnen jedoch die Presseinformation 1978.

Wir hoffen, Ihnen damit zu dienen und freuen uns auf weitere Buchungen durch Sie.

Mit freundlichen Grüssen

Reisebüro Hans Imholz AG

Y. Hilpert / Werbeabteilung

David Frauch lacht herzlich, wenn er von diesen Zeiten erzählt – aber irgendwann sei die Sache zu viel (bzw. zu real) geworden: «Ich erhielt sogar per Post eine Bewerbung inklusive Lebenslauf und Zeugnisse auf eine nirgendwo ausgeschriebene Stelle als Sachbearbeiterin bei Frauch Travel. Darüber konnte meine Mutter noch schmunzeln, als aber eines Tages der Verkaufsdirektor von Chandris Cruises vorfuhr und sie mit ihm in den Keller musste, um zu erklären, dass dieses ‹Reisebüro› ihrem 16-jährigen Sohn gehöre, fand sie die ganze Sache langsam aber sicher doch eher etwas beängstigend.»

Rund ein halbes Jahrhundert später ist aus Frauchs Traum längst Realität geworden. Als Geschäftsführer der ACS Reisen AG gehört er heute selber zu den Entscheidungsträgern der Branche. Auf dem Weg zum Ziel erlebte er die wichtigste Zeit bei Imholz Reisen – zwischen 1986 und 2003.

Noch heute ist er vor allem von der Persönlichkeit und vom Charisma von Hans Imholz beeindruckt: «Er war nicht nur der Besitzer der Firma, er war das Gesicht, der Gründer, der Pionier, der Kapitän, der Patron.» Eine derartige Identifikation mit einer einzigen Person habe es weder bei Kuoni noch bei Hotelplan gegeben. Frauch erklärt: «Diese Unternehmen hatten Präsidenten, Verwaltungsräte, CEOs, Generaldirektoren, Aktionäre, teilweise auch grosse Persönlichkeiten wie Jack Bolli oder Walter Zürcher. Aber diese waren alle keine Firmengründer und Pioniere, die ihr Unternehmen vom ersten Tag an geprägt hatten. Hans Imholz war das Herz und die Seele seines Betriebs.»

Er war nicht nur der Besitzer der Firma, er war das Gesicht, der Gründer, der Pionier, der Kapitän, der Patron.

Von ihm habe er nicht nur das ABC der Reisebranche gelernt – sondern auch die wichtigsten Grundsätze für jeden Geschäftsmann: «strukturiert zu arbeiten, das Ziel nie aus den Augen zu verlieren und nicht nur passiv aufzutreten, sondern offen für Neues und immer hartnäckig zu bleiben». Vor allem die von Hans Imholz vorgelebte Kundennähe streicht Frauch hervor – mit einem konkreten Beispiel: «Als meine Eltern 1964 eine Verbandsreise nach Prag gebucht hatten, wurden sie am Flughafen in Kloten von Hans Imholz persönlich verabschiedet. Das hinterliess einen tiefen Eindruck und vermittelte ein Vertrauen, das man bei keinem anderen Unternehmen fand.»

Anlässlich der «Imholz Nostalgie Night» am 29. September 2006 in der Maag-Event-Halle fasste Frauch seine Dankbarkeit an seinen ehemaligen Chef in rührende Worte:

«Sehr geehrter, lieber Herr Imholz

Nach meiner Rückkehr aus Berlin möchte ich mich bei Ihnen herzlich für Ihre Einladung zur Imholz Nostalgie-Night bedanken. Es waren unvergessliche Stunden im Kreis ehemaliger Kolleginnen und Kollegen, die uns dank Ihrer Grosszügigkeit ermöglicht wurden. Eine ganz besondere Freude war die Einladung an den Tisch Ihrer Gattin, wofür ich mich ganz speziell bedanke.

Imhölzler zu sein ist weit mehr als Erinnerungen an eine Anstellung an der Birmensdorferstrasse. Mein Leben wurde geprägt, als ich als junger Reiseleiter erstmals im Leben Verantwortung für andere übernahm, als Einkäufer touristisches Handwerk erlernte und als Abteilungsleiter Führungs- und Budgeterfahrung sammelte. Dabei wurde ich privat und beruflich geprägt.

Über allem stand immer ein hoher Qualitäts- und Leistungsanspruch, aber auch Freude, viel Motivation und eine tolle Kameradschaft. Dies prägte den Geist der Imholz-Familie. Egal was Leute, irgendwelche CEOs, heute mit einer Marke anstellen; der von Ihnen als Firmengründer und Patron geprägte Geist lebt weiter. Darauf dürfen Sie genauso stolz sein wie ich und Hunderte Kolleginnen und Kollegen glücklich sind, ein ‹Imhölzler› zu sein.

Ich wünsche Ihnen und Ihrer Gattin viel Freude bei Ihren zahlreichen Aktivitäten und freue mich auf ein Wiedersehen anlässlich einer der nächsten Opern-Premieren.

Mit herzlichen Grüssen, auch an Doris Imholz

David Frauch.»

Wie bei manchem späteren Weggefährten begann die Imholz-Karriere von David Frauch 1986 am Anschlagbrett der Universität in Zürich: «Es wurden Reiseleiter im Teilzeitarbeitsverhältnis gesucht. Für mich die perfekte Ergänzung zu meinem Jurastudium.» Seine Eltern hätten allerdings keine grosse Freude gezeigt, als er von seiner geplanten Bewerbung erzählte: «Das dürfte das Ende deines Studiums bedeuten.» Die elterliche Prognose traf den Nagel auf den Kopf. Denn schon kurz nach seinem Antrittsgespräch klingelte bei Frauch das Telefon. Es war Isabelle Fischer, die Chefin der Personalabteilung und Koordinatorin der Reiseleitungen bei Städteflügen. In Budapest war eine der Imholz-Reiseleiterinnen krank geworden – ein Fall für Frauch: «Es war der sprichwörtliche Sprung ins kalte Wasser. Aber ich zögerte keinen Moment. Denn das war meine grosse Chance.»

Imhölzler zu sein ist weit mehr als Erinnerungen an eine Anstellung an der Birmensdorferstrasse.

Budapest kannte Frauch nur von einem Kurzbesuch. Doch er machte seine Sache so gut, dass er schon bald die nächsten Aufträge erhielt – und in kurzer Zeit zum Resident Manager in Berlin befördert wurde: «Das war eine grossartige Zeit. Der Reisemarkt boomte – und wir befanden uns in Berlin sozusagen im Auge des Sturms. Über 10 000 Gäste pro Jahr kamen mit Imholz in die damals noch geteilte Stadt.» Für ihn selber sei es eine grosse – und völlig neue – Herausforderung gewesen: «Das erste Mal in meinem Leben musste ich eine Führungsrolle übernehmen – und das unter sehr speziellen Bedingungen. Denn viele unserer Kunden waren damals noch nicht reisegewohnt und erwarteten sozusagen eine Rund-um-die-Uhr-Betreuung.»

Frauch machte seine Sache gut – so gut, dass er nach zwei Jahren als Einkäufer für Städte- und Europareisen für Spanien, Portugal und Osteuropa in die

Für viele Mitarbeiter kam diese Nachricht damals sehr überraschend – ja fast schon schockartig. Aber rückblickend darf man sagen, dass es der exakt richtige Moment war.

Administration an der Birmensdorferstrasse in Zürich wechseln konnte. Dies sei der perfekte Job für ihn gewesen. Denn einerseits habe er wieder einen festen Wohnsitz und ein geregeltes Leben in der Schweiz gehabt, andererseits konnte er noch immer regelmässig reisen.

Wird er nach dem Erfolgsrezept von Hans Imholz gefragt, sagt Frauch ohne zu zögern: «Es war eine Mischung aus Mut, Pioniergeist, Visionen und einer grossen Portion Instinkt.» Dieser Instinkt habe Imholz 1989 auch dazu veranlasst, das Kaufangebot von Jelmoli anzunehmen: «Für viele Mitarbeiter kam diese Nachricht damals sehr überraschend – ja fast schon schockartig. Aber rückblickend darf man sagen, dass es der exakt richtige Moment war.» Dass der Name Imholz später aus der Reiselandschaft verschwand, sei zwar kaum so geplant gewesen und dürfte noch immer einen Wermutstropfen darstellen, doch stehe Hans Imholz mittlerweile sicherlich souverän darüber.

In der Zeit nach dem Abgang des Firmengründers sei nichts mehr so gewesen wie vorher. Frauch erzählt nachdenklich: «Von einem Tag auf den anderen fehlte das Gesicht, es fehlte der Patron, es fehlte die Kontinuität und es gab eine grosse Verunsicherung.» Innerhalb von zwei Jahren sei das Namensschild im Direktionsbüro an der Birmensdorferstrasse 108 im 5. Stock viermal ausgewechselt worden: von Peter Kurzo zu André Haelg, Peter Waldner bis zu Martin Wittwer. Und jeder dieser Chefs habe neue Leute und neue Ideen mitgebracht. Der ursprüngliche Geist habe sich sukzessive verflüchtigt. Nicht alles sei schlecht gewesen, aber in dieser turbulenten Zeit habe sich die Firma merklich verändert. Alles sei unpersönlicher geworden. Einige alteingesessene «Imhölzer» seien zwar noch viele Jahre, zum Teil bis zu ihrer Pensionierung, der Firma treu geblieben und hätten auch das neue Zeitalter mitgeprägt. Ebenso viele verliessen damals das Unternehmen aber auch – und nahmen quasi einen Teil der «Imholz-Seele» mit: «Das konnte kein Konkurrenzverbot im Arbeitsvertrag verhindern.»

Letztlich verliess auch Frauch das Unternehmen und ging seinen eigenen Weg. Hans und Doris Imholz ist er aber bis heute freundschaftlich verbunden geblieben. Nach dem Charakter seines früheren Chefs gefragt, sagt er: «Hans Imholz ist eine starke, sehr strukturierte Persönlichkeit mit klaren Vorstellungen und Zielen. Er liebt schöne und edle Dinge und hat einen ganz besonderen Humor, der bei ersten Begegnungen nicht gleich zu erkennen ist und dann wunderbar überraschend sein kann.» Eine vergleichbare Persönlichkeit in der Reisebranche sei schwer zu finden – allenfalls Bruno Franzen, der Mitte der 1960er-Jahre die Firma Interhome gründete: «Auch er war ein Pionier, sowohl im Bereich der Vermittlung von Ferienwohnungen als auch im Entwickeln von EDV- und Online-Lösungen. Er gilt als Erfinder des ‹papierlosen Büros›. Bruno Franzen verkaufte ebenfalls 1989 seine Firma im bestmöglichen Moment an Hotelplan, und wie Hans Imholz trat er danach als Mäzen im Bereich der Kunst und Kultur auf.»

Dass der Name Imholz 2006 endgültig gelöscht wurde, sei keine Überraschung mehr gewesen. Frauch: «Eigentlich war dies bei Städtereisen und Badeferien schon 2002 geschehen. Der Name Imholz wurde danach nur noch für Spezialreisen, vor allem für den Hauseigentümerverband, aufrechterhalten.» Trotzdem erachtet Frauch den Schritt als Fehler. Noch 2002 sei der Brand Imholz Städtereisen von Marktstudien ausgesprochen hoch bewertetet worden. Es hätten damals sogar Bestrebungen von Mitarbeitern existiert, den Namen Imholz Städtereisen von TUI Suisse zu kaufen. Letztlich scheiterte das Vorhaben an der Finanzierung.

> *Er liebt schöne und edle Dinge und hat einen ganz besonderen Humor, der bei ersten Begegnungen nicht gleich zu erkennen ist und dann wunderbar überraschend sein kann.*

David Frauch bezeichnet Hans Imholz als die vielleicht wichtigste Figur in der historischen Entwicklung des Reisegeschäfts vom elitären Vergnügen zum Massenmarkt: Imholz habe die Schweizer Reisebranche in mehreren Bereichen revolutioniert. Er führte die Vereins- und Verbandreisen ein, ebenso die Städtereisen und auch den direkten Telefonverkauf: «Damals konnten Kunden gewonnen werden, die noch völlig reiseunerfahren waren. Ein Wochenende in Tunis oder Budapest war in den sechziger Jahren sehr exotisch. Und natürlich spielte beim Verkauf der Preis eine wichtige Rolle, wenn ein Arrangement vier Tage Budapest mit Flug und Hotel halb so teuer war wie ein Linienflug der Swissair.»

Imholz Reisen habe aber auch hochpreisige Reisen angeboten: Die Spezialreisen für den HEV Schweiz oder «Imholz royal» mit Luxushotel, separatem Transfer und Bahnbillett zum Flughafen in der 1. Klasse waren keine Discountangebote. Im Vergleich zu den heutigen Billiganbietern wie easy-Jet oder Ryanair gibt es für Frauch klare Unterschiede zum Geschäftsmodell von Hans Imholz. Zwar hätten auch damals die Charterflüge manchmal mit Sonderangeboten oder Billigpreisaktionen gefüllt werden müssen, aber nicht wegen Überkapazitäten, wie das heute oft der Fall sei – Überkapazitäten, die letztlich zum Zerfall der Flugpreise führten. Frauch vermutet, dass dies der Grund war, dass Hans Imholz in den 80er-Jahren die Idee einer eigenen Airline wieder fallen liess. Persönlich habe er von Hans Imholz das Reisegeschäft von der Pike auf gelernt: von der Betreuung der Gäste über den Einkauf, die Kalkulation und die Katalogproduktion bis zum Verkauf und zur Abwicklung: «Vor allem lernte ich Augen, Nase und Ohren immer offen zu halten, um Trends zu sehen, zu riechen und zu hören.»

Damals konnten Kunden gewonnen werden, die noch völlig reiseunerfahren waren. Ein Wochenende in Tunis oder Budapest war in den sechziger Jahren sehr exotisch.

Heute bedient David Frauch bei der ACS Reisen AG nicht den Massentourismus, sondern Kunden, die exklusive Kultur- und Erlebnisreisen im kleinen Kreis suchen. Trotzdem sieht er Parallelen zu seinem früheren Arbeitgeber: «Das Anbieten neuer Leistungen wie der VIP-Service bei allen Abflügen am Flughafen Zürich oder aktuell die Covid-PCR-Tests in unserem Büro könnten auch aus dem Hause Imholz kommen.» Und dass er heute Reisen für den HEV Schweiz anbiete, sei auch nicht ganz zufällig. Und hätte es früher die Chance gegeben, Servicepartner des Tonhalle-Orchesters Zürich zu werden, Hans Imholz hätte sie bestimmt gepackt. Denn das Gespür für den richtigen Ton besass der Reisepionier immer – sowohl geschäftlich als auch privat und musikalisch.

Kommunikationsfachmann: René Zinniker bestimmt die spektakulären Werbeauftritte von Imholz Reisen entscheidend mit.

28 | «DER IMHOLZ-GEIST KONNTE NICHT IN ANDERE FIRMEN EIN-FLIESSEN»

Werbung, Ferienkataloge und Zeitungsinserate waren zentrale Instrumente im Geschäftsmodell von Hans Imholz. Der Mann für die Umsetzung hiess René Zinniker. Der Werbeprofi galt als Beatle der Szene.

Das Angenehme mit dem Nützlichen zu verbinden ist ein mehrheitsfähiges und erstrebenswertes Lebensziel. René Zinniker kann mit Fug und Recht feststellen, dass er dies erreicht hat. Der in Zürich-Affoltern aufgewachsene Aargauer machte die Entdeckung von fernen Ländern quasi zu seinem Lebenstraum. Schon in seiner Jugend bereiste er ganz Europa – mit Geld, das er sich als Gitarrist in einer Band verdiente: «Das war eine extrem spannende Zeit», sagt er rückblickend, «die 1960er-Jahre waren von der Hippiebewegung und einer wunderbaren Aufbruchsstimmung geprägt.» Parallel zu seinem wilden Hobby als Rockmusiker absolvierte er eine KV-Lehre in einem Grosshandelsunternehmen. Und dort entdeckte er auf der Werbeabteilung das Metier, das ihn das ganze Leben begleiten sollte – und ihn 1979 zu Imholz Reisen führte.

In der aufblühenden Werbebranche machte er die wohl spannendste Epoche mit – als sich die Kommunikationsformen im Jahrzehnte-Rhythmus radikal änderten und die Digitalisierung zuvor unvorstellbare Möglichkeiten eröffnete. Warb Imholz Reisen zu Beginn ausschliesslich mit Katalogen und Zeitungsinseraten, galt der Teletext zu Beginn der 1980er-Jahre als mediale Revolution. Und nochmals 15 Jahre später tat sich die Unendlichkeit des Internets auf – und brachte eine völlig neue Dimension in die Marketing- und Werbebranche. Auf dieses neue Medium angesprochen, sagte René Zinniker dem Magazin Tele im April 1996 in einem Artikel unter dem Titel «Der virtuelle Tourist»: «Uns geht es bei dieser neuen Technologie in erster Linie darum, einen Fuss drin zu haben. Wir schauen dies als Testphase

Parallel zu seinem wilden Hobby als Rockmusiker absolvierte er eine KV-Lehre in einem Grosshandelsunternehmen.

an.» Imholz war zu jenem Zeitpunkt seit einem halben Jahr im Internet und vertrieb darin vor allem Last-Minute-Trips in Textform. Bilder von Hotels oder Städten dagegen fehlten noch gänzlich. Zinnikers Begründung damals: «Bei Last Minute ist im Internet vor allem der Preis wichtig, nicht das Bild. Auch dauert es noch zu lange, bis das Foto auf dem Bildschirm erscheint.» Diese Aussagen sind Schnee von vorgestern. Bevor die Pandemie dem Reisegeschäft den Stecker rauszog, wurden weltweit pro Jahr (2018) 586 Milliarden Euro mit Online-Buchungen von Hotels, Privat- und Ferienunterkünften, Pauschalreisen und Kreuzfahrten umgesetzt. Bis 2023 sollen sich die Umsätze mit Reisebuchungen im Internet auf knapp 710 Milliarden Euro steigern. Prospekte und Kataloge dagegen sind heute oft ein Fall fürs Altpapier, bevor sie beim Kunden landen. Auch hat sich die Informationslage insofern verändert, als die Menschen reiseerfahrener sind und mehrheitlich schon dank dem Internet die Destinationen kennen.

Uns geht es bei dieser neuen Technologie in erster Linie darum, einen Fuss drin zu haben. Wir schauen dies als Testphase an.

Als René Zinniker 1979 bei Imholz einstieg, war die Welt noch eine andere. Aber indirekt hatte Hans Imholz mit dem Telefonverkauf die Zukunft (bzw. die Direktheit des Internets) vorweggenommen. Dies war auch die wichtigste Botschaft, die Zinniker an die Kundschaft trug und so die Aussendarstellung des Unternehmens entscheidend prägte: «Besser und günstiger dank Telefondirektverkauf». Dabei war das Foto des Patrons, wie er mit einem verschmitzten Lächeln die Hand auf ein schwarzes Drehscheibentelefon stützte, das wohl wichtigste Element der Identifikation. Zinniker sagt dazu: «Der Konsument verstand so die Idee des Telefonverkaufs und dessen Vorteile auf Anhieb.»

Mit vier Jahrzehnten Abstand erklärt der Werbeprofi die Philosophie hinter der Imholz-Öffentlichkeitsarbeit: «Der Schwerpunkt lag auf den Gesamtkatalogen, Spezialprospekten und Inseraten – sowie ab und zu auf Imagewerbung mit Zeitungsinseraten, Radiospots und Fernsehwerbung.» Dass sich dabei Hans Imholz persönlich ins Schaufenster stellte, betrachtet Zinniker rückblickend als wichtigen Vorteil: «Er gab der Firma seinen Namen und sein Gesicht.» Es habe ein Klima der kreativen Lösungsfindung geherrscht – mit gelegentlichen Konflikten, die aber immer zum Ziel führten: «Wie überall gab es bei der Planung von Werbekampagnen Dis-

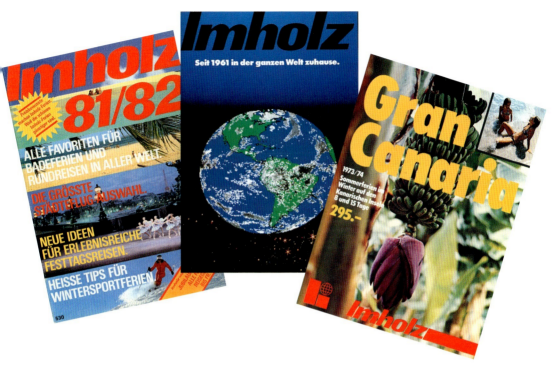

kussionen und verschiedene Meinungen. Dazu kamen dann noch die Meinungen der einzelnen Produktmanager.» Am Schluss habe aber immer Hans Imholz entschieden. Dies sei ein wichtiges Plus gewesen: «So blieben die Wege kurz. Es gab kein langes Hin und Her. Wenn Hans Imholz überzeugt war, wurden in enger Zusammenarbeit rasch Lösungen gefunden und die Ideen effizient umgesetzt.» Er habe die Firma ohne grosse Hierarchiestufen, aber im Stil eines echten Patriarchen geführt.

«Diese schnellen Entscheidungswege und der Siegeswille mit Fokus auf einfache und klare Ziele» waren für Zinniker Schlüsselfaktoren für den Erfolg des Unternehmens. Dazu kam der von Imholz heraufbeschworene Team-Spirit. René Zinniker sagt dazu: «Man musste keine Spielchen spielen, man musste aktiv sein und zielorientiert handeln.» Bei Sitzungen habe es zwar oft auch harte Diskussionen gegeben, aber später sei man in die Beiz gesessen und habe ein Versöhnungsbier getrunken: «Ohne Hans Imholz», wie Zinniker lachend präzisiert. Danach sei man bei bester Laune wieder bereit gewesen, gemeinsam für den Erfolg zu kämpfen.

So blieben die Wege kurz. Es gab kein langes Hin und Her. Wenn Hans Imholz überzeugt war, wurden in enger Zusammenarbeit rasch Lösungen gefunden und die Ideen effizient umgesetzt.

Dieser Zusammenhalt sei vor allem durch den Führungsstil von Hans Imholz erzeugt worden – einer Mischung aus autoritär und doch liberal: «Hatte man sich das Vertrauen erarbeitet und Leistung gezeigt, genoss man grosse Freiheiten.» Der Chef sei ein geschickter Motivationskünstler gewesen. Zinniker vergleicht ihn mit einem erfolgreichen Fussballtrainer: «Wir waren wie eine aufstrebende Mannschaft, die unbedingt immer gewinnen wollte. Jeder war ein Kämpfer.» Dabei seien aber keine Tore erzielt, sondern Flugtickets verkauft worden: «Wir mussten jede Woche auf vielen Flügen möglichst auch die letzten Plätze an die Kunden bringen. Vom Lehrling bis zum Kadermitarbeiter kämpften wir täglich mit vollem Einsatz dafür.»

Dieser Imholz-Geist überstand für kurze Zeit sogar den Verkauf des Unternehmens an Jelmoli und den Abgang des Patrons. Als sich die Mitarbeiter 2001, 2006 und 2011 jeweils an Jubiläumsfeiern wiedersahen, sei der Spirit praktisch auf Knopfdruck wieder zu spüren gewesen. Zinniker erinnert sich mit Vergnügen: «Alle freuten sich auf die Treffen. Man hatte damals so viele tolle Sachen erlebt und zusammen Ziele erreicht.» Sie seien «eine tolle Bande» gewesen und hatten oft die Vertragsabschlüsse und andere Erfolge nach Arbeitsschluss im Büro gefeiert und auch in der Freizeit zusammen etwas unternommen. Grümpelturnier-Teilnahmen gehörten ebenso zum Programm wie Orientierungsläufe durch die Stadt. Ausserdem traf man sich gelegentlich zufällig im Flieger oder an einem Ferienort. Was Zinniker sagt, ist von vielen ehemaligen Imholz-Mitarbeitern zu hören: «Die Zeit bei Imholz war die beste Zeit meines Lebens.»

Doch der Erfolg weckte auch auswärtige Begehrlichkeiten. Regelmässig boten in jener Phase externe Werbeagenturen ihre Dienste an. Diese Auslagerung sei immer wieder mal zur Diskussion gestanden, erinnert sich René Zinniker. Und kurz habe man auch einen Versuch unternommen und eine Werbeagentur engagiert. Es sollte ein kurzes Experiment bleiben. Zinniker: «Obwohl sich die Fachleute grosse Mühe gaben, klappte es nicht. Die Wege waren zu lang, die Prozesse zu kompliziert.» Bei Imholz wurde dagegen jeweils innerhalb von Stunden entschieden und gehandelt: «Der Imholz-Geist konnte nicht in andere Firmen einfliessen.» Zwar habe auch er (Zinniker) immer wieder mit freischaffenden Grafikern zusammengearbeitet und für neue Konzepte gelegentlich externe Firmen beigezogen. Am wichtigsten Grundsatz änderte sich aber nichts. Und der lautete: «Die Umsetzungen erfolgten stets im eigenen Haus.»

Die Identifizierung mit dem Firmengründer blieb immer das zentrale Element des Geschäftsmodells: «Das schuf eine kaum zu überbietende Kundenbindung», sagt Zinniker, «Hans Imholz war die zentrale Figur. Der Erfinder des Telefonverkaufs. Der Pionier für günstige Städteflüge mit Chartermaschinen.» Die Personifizierung wurde später auch mit weiteren Mitarbeitern erfolgreich fortgeführt. In den Prospekten und Inseraten wurden jeweils die für die Destinationen verantwortlichen Kundenbetreuer und Reiseberaterinnen abgebildet: «Das klappte vorzüglich», sagt Zinniker. Ausserdem schuf die Werbeabteilung eine Wortkreation, die sich damals im Sprachgebrauch etablierte. Der frühere Werbechef erinnert sich schmunzelnd: «Ich imholze am Mittelmeer, auf einer Städtereise, in der Karibik oder auf einer USA-Rundreise. Imholzen konnte man überall.»

Die Zeit bei Imholz war die beste Zeit meines Lebens.

Und wieder kommt Zinniker mit viel Bewunderung auf seinen langjährigen Chef zu sprechen: «Hans Imholz war eine starke und strenge Führungspersönlichkeit – Vorbild und Patriarch in einem.» Nicht immer sei er nur gut gelaunt gewesen: «Ich merkte jeweils rasch, wie die Stimmung war, wenn ich in seinem Büro zu einer Besprechung erschien.» War die Atmosphäre getrübt, habe man wichtige Pendenzen besser auf einen späteren Zeitpunkt verschoben. Imholz sei aber immer gerecht gewesen: «Er konnte Fehler verzeihen, wenn er realisierte, dass die Mitarbeiter alle Energie in ihre Arbeit steckten und vorwärtsorientiert blieben.» Auf die Frage, ob er Hans Imholz mit anderen Schweizer Unternehmern vergleichen könne, sagt Zinniker: «Wohl am ehesten mit dem Autogrossimporteur Walter Frey oder dem Denner-Gründer Karl Schweri.»

Ich imholze am Mittelmeer, auf einer Städtereise, in der Karibik oder auf einer USA-Rundreise. Imholzen konnte man überall.

Als Hans Imholz 1989 seine Firma an Jelmoli verkaufte, kam dieser Schritt auch für Zinniker überraschend. Doch rückblickend sei dieses Geschäft nachvollziehbar gewesen. Die meisten Mitarbeiter sahen ein, dass ihr Chef auch in diesem Fall eine goldene Nase besass: «Exakt zum richtigen Zeitpunkt konnte er für sich das Maximum herausholen», sagt Zinniker, «an seiner Stelle hätte ich es auch getan. Trotz Fusion konnte Hans Imholz bewirken, dass an den wichtigen Positionen seine Leute blieben.» Erst danach sei die Firmenstruktur beschädigt und der Imholz-Geist vertrieben worden: «Durch weitere Deals mit Fust und TUI wurde es für uns Imholz-Kaderleute immer schwieriger.»

Zinniker hegt einen bösen Verdacht. Er denkt, dass von den Nachfolgern sogar gezielt Geschäftsführer mit dem Auftrag eingestellt wurden, die Imholz-Kultur zu zerstören. An beinahe allen wichtigen Positionen seien unvermittelt die langjährigen Kaderleute durch neue Arbeitskräfte ersetzt worden. Eine Zeitlang wurden hinter dem Rücken der alten Führungsgarde Spielchen gespielt. Es gab plötzlich Organigramme, in denen neue Leute an oberster Stelle auftauchten – die bisherigen Führungskräfte aber waren verschwunden: «Man musste selber merken, dass man nicht mehr erwünscht war und eine neue Stelle zu suchen hatte. Damit ging es steil runter mit Imholz.» Zinniker schüttelt den Kopf: Die neuen Kaderleute hätten sich als Stars aufgespielt, die alles besser gewusst hätten – vermeintlich. Alles sei umgekrempelt und geändert worden – nur um der

Änderung willen: «Man wollte modern sein. Aber es funktionierte nichts mehr.» Logischerweise sei das Unternehmen exakt in diesem Moment in die roten Zahlen gestürzt. 1997 zog René Zinniker die Konsequenzen und verliess die Firma. Trotzdem blickt er heute mit zwei lachenden Augen auf seine Zeit bei Imholz Reisen zurück. Von Hans Imholz habe er gelernt, «sparsam zu sein, gut und hart zu verhandeln – aber im richtigen Moment auch grosszügig Geld auszugeben und zu investieren.» Und über etwas ist er sich ganz sicher: «Hätte Hans Imholz das Geschäft nicht verkauft, wäre ich garantiert bis zu meiner Pensionierung geblieben. Denn einen besseren Arbeitgeber kann ich mir nicht vorstellen.» Oder mit anderen Worten: «C'est le ton qui fait la musique» – egal, ob als Werber im Berufsleben oder Gitarrist auf der Musikbühne.

Er organisierte Firmenanlässe. Er verlegte Teppiche. Er war der Hauswart in der Firmenzentrale. Und noch heute schaut Willi Biber, dass viele frühere Imholz-Mitarbeiter zu Weihnachten guten Lachs erhalten.

Willi und Heidi Biber empfangen ins ihrer schönen Wohnung in Zürich Seebach. Der Blick geht in Grüne, auf dem nahen Spielplatz hört man Kinderlachen. Eine Frau führt ihren Dackel über den Gehweg. Es ist die Peripherie von Zürich, an der die Stadt allmählich mit der Natur verschmilzt – und die Strassen Namen von Legenden der Schweizer Unterhaltungskultur tragen: Margrit-Rainer-Strasse; Ruedi-Walter-Strasse. Heidi Biber serviert am Küchentisch Kaffee, Wasser und Gebäck. Und ihr Mann schleppt einen Stapel alter Prospekte, Zeitungsausschnitte und Firmenunterlagen aus dem Keller hoch. Es sind Relikte aus einer längst vergangenen Zeit. Im Imholz-Katalog für Städteflüge 1978 werden auch «Geniesser-Rundreisen» angeboten: Ein grau melierter Geschäftsmann mit dunklem Sakko und rotkarierter Krawatte hebt ein Glas Rotwein und lächelt distinguiert in die Kamera. Darunter steht geschrieben: «Mein Tipp auch für Firmenjubiläen – eine Geniesser-Reise nach Bordeaux». Daneben zeigt eine Fotomontage einen pfeifenrauchenden Appenzeller Bauern vor dem Römer Kolosseum: «Nach 30 Jahren Alpaufzug habe ich mir etwas Kolossales geleistet: einen Städteflug nach Rom …» Schliesslich grüsst eine wohlfrisierte Mittvierzigerin vor dem Big Ben: «So ein Londonflug verbindet Shopping und Vergnügen – und kostet weniger, als man denkt.»

Nach 30 Jahren Alpaufzug habe ich mir etwas Kolossales geleistet: einen Städteflug nach Rom …

Auf dem Cover des Badeferien-Katalogs räkelt sich eine blonde Schönheit im lila Bikini am Strand. Heute wäre dieses Sujet wohl ein Fall für die Gleichstellungs-Aufsicht. Dazu Preise, die fast schon unanständig anmuten: «Rhodos: 298 Franken; Halkidiki: 395 Franken; Tunesien: 295 Franken; Algarve: 395 Franken; Gran Canaria: 295 Franken; Mamaia: 375 Franken. Jeweils für fünf Tage – Flug und Hotel inklusive.»

Allrounder, wie er im Buche steht: Willi Biber weiss, wie's geht.

Willi Biber will seine Emotionen nicht unterdrücken: «Ich habe bei Imholz Reisen die beste Zeit meines Berufslebens verbracht.» Der Zürcher gehörte nie zum Kader. Er war weder in strategische noch wirtschaftliche Entscheidungen eingebunden. Und trotzdem verkörperte er die Seele des Unternehmens wie kaum ein zweiter. Biber war der Mann für alle Fälle: Hauswart im Imholz-Gebäude an der Ecke Birmensdorferstrasse/Weststrasse, Organisator so manchen Firmenanlasses, zentrale Figur, wenn es darum ging, Kosten zu sparen und zum Wohle der Firma selber Hand anzulegen. Sie seien eine eingeschworene Gruppe gewesen, die alles fürs Unternehmen machte.

Weil die Administration die Kosten für zusätzliche Zügelmänner sparen wollte, schritten wir Mitarbeiter nach Büroschluss selber zur Tat.

Mit Vergnügen erinnert er sich daran, als am Geschäftssitz an der Birmensdorferstrasse 109 die Teppiche neu verlegt werden mussten: «Weil die Administration die Kosten für zusätzliche Zügelmänner sparen wollte, schritten wir Mitarbeiter nach Büroschluss selber zur Tat. Wir stellten pro halbes Grossraumbüro die Möbel in die Korridore und zwei professionelle Teppichleger rissen die alten Teppiche heraus und verlegten die neuen. Anschliessend rückten wir die Möbel wieder an ihren Platz und räumten die andere Bürohälfte. Die Firma stellte einen Harass Bier und einen Korb voll mit Sandwiches zur Verfügung. Und wir packten wieder mit voller Kraft an.» Allerdings habe man die Aufgabe etwas unterschätzt, erzählt Biber lachend: «Als die Teppiche endlich verlegt und die Bierflaschen geleert waren, wussten wir nicht mehr genau, wo welche Möbel zu stehen hatten, weil wir meinten, man könne den Standort an den Abdrücken im Teppich genau eruieren. Diese waren allerdings mit den alten Teppichen verschwunden.» Letztlich habe man die alte Ordnung aber mit etwas Improvisation wiederhergestellt und alles an den richtigen Ort gerückt. Und noch viel wichtiger: «Obwohl die Übung bis nach Mitternacht dauerte, waren am nächsten Morgen alle pünktlich wieder an der Arbeit.»

Biber sagt über seinen früheren Chef: «Hans Imholz respektierte alle seine Mitarbeiter immer als wichtigstes Kapital – das reichte vom Kadermann bis zur Reinigungshilfe: Alle galten als wertvolle ImholzianerInnen.» Von Hans Imholz habe er vor allem zwei Dinge gelernt: «Respekt und der unbedingte Wille zur Arbeit.» Man habe jederzeit einen Fehler zugeben können und habe die Unterstützung des Chefs erhalten. Wenn aber jemand die Fakten verdrehte und die Wahrheit zurechtbog, konnte dies Konsequenzen haben.

Biber erzählt, dass eine steile Hierarchie geherrscht habe – aber nur was die Verantwortung betraf: «Vom Geist her waren wir alle gleich. Und man unterstützte sich gegenseitig – vom Direktor bis zum Lehrling.» Es sei regelmässig vorgekommen, dass man bis in die Nacht hinein gearbeitet habe: «Das war Ehrensache», sagt Biber. Der Schlüssel zu diesem Teamspirit sei die Qualität von Hans Imholz als Motivator gewesen: «Wir hatten alle grosse Achtung vor ihm – und wollten seinen Respekt gewinnen.» Dafür setzte man sich kompromisslos ein.» Der Zusammenhalt ging weit über das Berufliche hinaus: «Mit dem FC Imholz spielten wir gegen andere Reisebüros Fussball; nach Feierabend organisierte Herr Imholz Jogging-Treffen bei der Sportanlage Fluntern – und einmal sogar einen Langlaufanlass mit Olympia-Medaillengewinner Wisel Kälin auf dem legendären Schwedentritt in Einsiedeln.» Danach sei

Bis um 24.00 Uhr ist alles bezahlt. Nun könnt ihr auch über mich sprechen.

man jeweils zusammen essen gegangen – auf Kosten des Chefs. Und die Spielregeln seien immer dieselben gewesen, erinnert sich Willi Biber: Hans Imholz blieb jeweils bis ca. 21.00 Uhr. Dann erhob er sich und sagte: «Bis um 24.00 Uhr ist alles bezahlt. Nun könnt ihr auch über mich sprechen.»

Hans Imholz bezahlte nicht die höchsten Löhne der Branche; auch die Büroräumlichkeiten waren bei Kuoni wohl komfortabler. Mit kleinen Aufmerksamkeiten und Teamanlässen verstand er es aber wie kaum ein zweiter, seine Leute zu motivieren und ein Zusammengehörigkeitsgefühl zu wecken. Dazu gehörten beispielsweise die grosszügigen Einladungen anlässlich des 25-Jahr-Jubiläums 1986. Neben dem «Flug ins Blaue» nach München lud Imholz alle seine Reiseleiter und die Kaderleute vom Büro für ein Wochenende ins luxuriöse Parkhotel Waldhaus Flims ein: Gala-Dinner, Schlittenfahrt und musikalische Umrahmung inbegriffen. Vermerk auf der Einladung: «Für die Jubiläums-Feier bitten wir um festliche Kleidung.»

Zuerst verlief dieser Prozess langsam. Aber spätestens ab dem Jahr 2000 herrschte immer mehr eine ähnliche Atmosphäre wie auch in den Konkurrenzunternehmen Kuoni und Hotelplan.

Die beiden Anlässe vom Februar und Juni 1986 sollten die letzten gewesen sein mit Hans Imholz an der operativen Spitze des Unternehmens. Nach dem Abgang des Gründers veränderte sich die Firmenkultur sukzessive. Willi Biber sagt dazu: «Zuerst verlief dieser Prozess langsam. Aber spätestens ab dem Jahr 2000 herrschte immer mehr eine ähnliche Atmosphäre wie auch in den Konkurrenzunternehmen Kuoni und Hotelplan. Nach der kompletten Übernahme durch TUI war der Imholz-Geist grösstenteils verflogen – auch weil es die neuen Besitzer wohl so wollten.» Dass der Name Imholz 2006 ganz verschwand, liess Willi Biber «das Herz bluten».

Umso beeindruckter äussert er sich noch heute über seinen langjährigen Chef: «Ich habe Hans Imholz als absolut integren und grosszügigen Mann kennengelernt – mit einem guten Sinn für Humor. Beruflich war er ein wahrer Patron, der seine Mitarbeiter förderte und schätzte – allenfalls vergleichbar mit einem Karl Elsener von Victorinox oder mit dem Migros-Gründer Gottlieb Duttweiler.» Es sei kaum ein Zufall gewesen, dass viele seiner früheren Angestellten sich später erfolgreich selbstständig machten oder hohe Kaderpositionen in renommierten Firmen einnehmen konnten. Biber spricht von Imholz Reisen als einer «Kaderschmiede». Es habe ein Klima von Anstand und Respekt geherrscht. Das Personal sei nie verheizt worden. Jede und jeder erhielten die Chance, sich zu verwirklichen.

2001 – zwölf Jahre nach dem Verkauf an Jelmoli – wurde der Imholz-Geist neu belebt durch ein von den Mitarbeitern veranstaltetes Fest zum 40-Jahr-Jubiläum im Schützenhaus Albisgüetli. Willi Biber bildete zusammen mit Susy Malic und Peter Hausmann den Kern des Organisationskomitees. Hans Imholz dagegen war zunächst nicht involviert. Biber erinnert sich lächelnd: «Er hatte in der Woche des Anlasses eigentlich Ferien in den USA geplant. Deshalb liess er sich entschuldigen. Aber er legte Wert darauf, den Wein zu bezahlen.» Sie hätten sich eigentlich schon für einen günstigen Schweizer Landwein entschieden, erzählt Biber, «aber Hans Imholz bestand darauf, dass wir einen anständigen Primitivo bestellen.» Und letztlich war auch der Patron dann doch selber mit von der Partie. Biber: «Er wollte es sich nicht nehmen lassen, mit uns zu feiern. Also verschob er seine Amerika-Reise und kam ins Albisgüetli.» Der Anlass war ein durchschlagender Erfolg – mit nachhaltiger Wirkung. 2006 fand das Revival in der Maag-Halle statt; 2011 wurde der 50. Geburtstag von Imholz Reisen im Kongresshaus gefeiert: «Es waren jedes Mal grossartige Anlässe. Jede und jeder, der es sich einrichten konnte, reiste an – auch wenn dies aus Amerika oder Asien war.»

Er wollte es sich nicht nehmen lassen, mit uns zu feiern. Also verschob er seine Amerika-Reise und kam ins Albisgüetli.

Der gesellschaftliche Höhepunkt in der Post-Imholz-Ära war zweifellos die «Nostalgie-Night» vom 17. September 2011. Unter dem Titel «Kreuzfahrt in die Nacht» lud Imholz zu einem Abend mit «Shows, Spielen und Musik» ein. Rund 600 Personen strömten in die grösste Veranstaltungshalle der Zürcher Innenstadt.

Auf der Teilnahmebestätigung richtete sich Hans Imholz persönlich an die Gäste: «Liebe Imholz-Familie, es ist so weit, das OK bestehend aus Susy, Peter, Willy, David und René hat ganze Arbeit geleistet und zusammen mit mir diesen Anlass in allen Details vorbereitet. Schon bald nach Anmeldeschluss war die Imholz-Reise ins Kongresshaus ausgebucht und zahlreiche

Anmeldungen konnten nicht mehr berücksichtigt werden.» Das Tenü war mit «Smart-Casual» umschrieben – wobei Hans Imholz der Sache offenbar nicht so recht trauen mochte. In der Einladung schrieb er: «Es handelt sich um einen festlichen Anlass, entsprechend kleiden wir uns. Die Herren mit Veston – aber ohne Krawatte. Für die Damen sind die Möglichkeiten unbeschränkt. Es würde mich freuen, wenn alle einen Touch of Red and White tragen würden. Die originellsten Ideen werden im Verlauf des Abends ausgezeichnet.»

Vorerst gegen den Wunsch des Firmengründers, welcher eine professionelle Moderatorin und eine Musikband engagieren wollte, setzte das Festkomitee auf Selbstinitiative und Eigenleistungen: Anstatt einen teuren Profientertainer zu verpflichten, führte der wortgewandte Reisefachmann David Frauch durch den Abend; für etwas Hintergrundmusik sorgte ein DJ; die Verantwortung für den Schlummertrunk lag bei Susy Malic in der «Susy Lounge». Dort wurde um Mitternacht ein kleiner Imbiss serviert – und danach mit Spirit der Spirit gestärkt. Doch auch die fröhlichste Runde hat ein Ende – dies war schon in der Anmeldung absehbar: «Um 3.00 Uhr ist auch für die Unermüdlichen Feierabend und Susy löscht die Lichter aus.»

Ob und wann es wieder ein Imholz-Fest gibt, steht in den Sternen. Doch unabhängig davon lebe der Teamspirit von damals immer wieder auf, sagt Biber. Das spüre man, wenn man frühere Mitarbeiter treffe und selbst nach Jahrzehnten sofort wieder ein gemeinsames Gesprächsthema habe – oder an einer schönen Gewohnheit, die sich bis heute gehalten habe: «Wir organisierten auf Initiative von Peter Kurzo in den 1980er-Jahren einen Lachsverkauf – damals noch mit der Firma Commessa. Dieses Unternehmen wechselte seither mehrmals Besitzer und Name – aber wir bestellen im Dezember noch immer gemeinsam Lachs.» Und bei Willi und Heidi Biber in Seebach laufen die Fäden zusammen: «Im vergangenen Jahr haben frühere Kolleginnen und Kollegen wieder über 250 Tranchen à 500 g Lachs bestellt.» Und wer den edlen Fisch dann vor sich auf dem Teller hat, wird spätestens beim ersten Bissen auch an den süssen Geschmack seiner Zeit bei Imholz Reisen erinnert.

Problemlöserin: Sonja A. Buholzer macht bei Hans Imholz prägende Erfahrungen.

30 | «ICH LERNTE BEI IMHOLZ, DASS JEDES PROBLEM LÖSBAR IST»

Als Reiseleiterin ist es wie in der Privatwirtschaft. Nur die geschicktesten und krisentauglichsten Touristenführer kommen sicher ans Ziel. Wirtschaftsexpertin Dr. Sonja A. Buholzer lernte bei Imholz schon als junge Studentin der Universität Zürich in den Semesterferien «Lektionen fürs Leben».

«Am meisten habe ich während meiner ausserschulischen Tätigkeit als Reiseleiterin gelernt – am wenigsten in der Hauswirtschaftsschule.» Die international renommierte Schweizer Unternehmensberaterin und Bestsellerautorin Sonja A. Buholzer ist eine Frau der klaren Worte – und sie erinnert sich mit Vergnügen an ihre Jahre als studentische Reiseleiterin in den langen Semesterferien der Universität Zürich bei Imholz zurück: «Unter den Reiseleitern bestand ein unglaublicher Kitt. Einen solchen Teamgeist habe ich seither kaum mehr erlebt.»

Es sei im Jahre 1981 gewesen, als sie an der Universität in Zürich einen Anschlag von Imholz Reisen gesehen habe, auf dem Reiseleiter(innen) gesucht wurden. Die gebürtige Stadtluzernerin war damals mitten in ihrer Ausbildung, die sie zu einer gefragten Referentin, Managementberaterin und zum Dauergast in TV-Talksendungen etwa von Tele Züri machen sollte. Städtisches Lehrerseminar, Studium der Literaturwissenschaften, Philosophie, Literaturkritik und Geschichte an der Universität Zürich, Studium mit Masterabschluss und Assistenz an der State University New York, mit 27 Jahren Doktorarbeit (mit Abschluss «summa cum laude»). Die Weltwoche schrieb über Buholzer: «Während im Niederdorf die Steine flogen, konzentrierte sich Buholzer in den 1980er-Jahren zielstrebig auf ihr Studium. Sie habe zwar Sympathien für die Jugendbewegung gehegt, sagt sie, doch ihr politisches Erweckungserlebnis war ein anderes: die Nichtwahl der Bundesratskandidatin Lilian Uchtenhagen (SP) im Herbst 1983. Das Frauenthema liess sie seither nicht mehr los.»

Unter den Reiseleitern bestand ein unglaublicher Kitt. Einen solchen Teamgeist habe ich seither kaum mehr erlebt.

Aber zurück ans grosse Anschlagsbrett am Rondell in der Universität Zürich: «Imholz sucht Reiseleiter». Buholzer, die als behütete Tochter einer Unternehmerfamilie schon immer viel gereist war, meldete sich sofort. Schon als Studentin wollte sie die Welt sehen. Doch ein Freiticket für den Temporärjob gab es nicht. Zuerst wartete im Imholz-Gebäude an der Birmensdorferstrasse die gestrenge Personalchefin Isabelle Fischer, die sich die Kandidatinnen und Kandidaten ganz genau anschaute und mit Interview und Sprachtest eine erste Vorselektion durchführte. «Das war für mich kein Problem», erinnert sich Buholzer.

Doch der wahre Härtetest folgte erst später – in Form eines «professionellen Assessments» in Unterägeri, wo die potenziellen Touristenführer(innen) auf Herz und Nieren geprüft wurden und sich realen Herausforderungen stellen mussten. Buholzer erzählt: «Wir sassen alle in einem Imholz-Bus und fuhren in Richtung Zugerberg. Da hiess es plötzlich: Buholzer, kommen Sie ans Mikrofon und erzählen Sie der Reisegruppe über die Sehenswürdigkeiten unterwegs. Und am Ziel können Sie dann gleich noch das Bergpanorama erklären.» Dabei seien die Gebirgszüge im Nebel kaum zu erkennen gewesen. Überhaupt sei das Ausscheidungsverfahren knallhart gewesen und habe für die jungen Aspiranten auch Tests in den Themenbereichen Kursumrechnung, Budgetierung, Abrechnung und Fallstudien zu Krisensituationen im Ausland umfasst: «Für viele endete der Traum von der grossen weiten Welt schon in der Zentralschweiz. Bei einigen flossen Tränen.»

Nicht aber bei Sonja A. Buholzer: «Wir waren inzwischen schon ein kleines, illustres Freundesteam von Studenten, bestanden die trickreichen Prüfungen, lachten viel und waren alle überglücklich, als es klappte. Denn auch für mich gab es in jener Zeit neben dem Studium nur ein Ziel: Ich wollte die ganze Welt sehen.» Ihre erste Reise führte sie in die portugiesische Hauptstadt Lissabon. Als Neuling wurde sie einem erfahrenen Reiseleiter zugeteilt und konnte so erste Erfahrungen unter «Wettkampfbedingungen» sammeln. Und schon im Flugzeug stand sie das erste Mal auf dem Prüfstand: «Ich musste während des Fluges eine Begrüssungsansprache halten und die Gäste über die wichtigsten Eckpunkte der Imholz-Reise aufklären. Und ich war mir fast sicher,

> *Für viele endete der Traum von der grossen weiten Welt schon in der Zentralschweiz. Bei einigen flossen Tränen.*

dass ich meine Sache aus dem Stegreif ganz ordentlich machte.» Doch der Reiseleiter holte sie schnell auf den Boden der Realität zurück: «Wenn du das nächste Mal auch den Knopf des Mikrofons drückst, verstehen dich die Passagiere sogar.»

Die erste Reise sei «wie ein Sprung ins kalte Wasser gewesen». Auch weil das Anforderungsprofil viel breiter war, als sie es sich habe vorstellen können: Es reichte vom trickreichen Schlüsselverteilen vor dem Zimmerbezug über den Austausch mit den lokalen Tourguides bis zum Finanzmanagement mit den Agenten: «Wenn mal etwas nicht schon von Zürich aus organisiert gewesen war oder vor Ort nicht klappte, mussten wir Reiseleiter das Kommando übernehmen.» Buholzer erinnert sich an «verspätete Busse, überbuchte Flüge und Hotels, annullierte Weiterflüge, erkrankte Gäste, verlorene Reisepässe, vermisste lokale Reiseführer» und spricht von einem «Crashkurs» im Krisenmanagement und Problemlösen: «Als Reiseleiterin lernte ich vieles, auch Galgenhumor in fast ausweglosen Situationen. Vieles, was später in der Privatwirtschaft im Umgang mit unterschiedlichsten Menschen, Ländergepflogenheiten, Priorisierungen, Krisenmanagement und immer mit der Kommunikation gefordert wurde.»

Die damals 21-jährige Studentin aus Luzern genügte den Ansprüchen in jeder Beziehung. Bald konnte sie den ersten Lissabon-Trip alleine übernehmen. Dann folgte die Zeit als stationäre Reiseleiterin in den Semesterferien in London quasi als Härtetest-Destination: «Das war mit viel Stress verbunden. Denn neben einer Doppelcharter-Kette pro Woche hatten wir auch einen Linienflug zu betreuen. Die Charter landeten in Gatwick, die Linienflüge in Heathrow.» Allein die Koordination der Bustransfers sei ein aufwendiges Unterfangen gewesen. So habe sie aber schnell an Erfahrungen gewonnen: «Wir mussten die gegen 700 Gäste pro Woche managen, Ausflüge verkaufen und minutiös den Transfer mit den Agenturen koordinieren. Wir machten das Exkursions-Inkasso, rechneten mit Zürich ab, betreuten die Gäste, kümmerten uns um alle erdenklichen Anliegen, führten die Stadtrundfahrten und weitere Ausflüge in London.»

Das war mit viel Stress verbunden. Denn neben einer Doppelcharter-Kette pro Woche hatten wir auch einen Linienflug zu betreuen.

Nicht alle seien diesen Anforderungen aber gewachsen gewesen: «Es kam mehr als einmal vor, dass ein Kollege oder eine Kollegin in solchen ‹Hardcore-Destinationen›, auch Paris gehörte dazu, kurz vor dem Nervenzusammenbruch stand. Dann halfen wir einander, hielten zueinander; Imholz hat das oft nicht einmal mitbekommen, die Probleme wurden spontan und ad hoc gelöst. Neben allem Spass, den wir hatten, erforderte die Arbeit sehr grosse Nervenstärke.»

Buholzer bewährte sich – und lernte fürs Leben: «Improvisation, Priorisierung, Personalmanagement, Ad-hoc-Organisationen – als Reiseleiterin musste man wissen, wie man gerade auch in Krisen im Ausland den Kunden das volle Programm bieten konnte.» So fühlte sie sich bald einmal bereit für den nächsten Schritt – eine der Rundreisen zu begleiten: «Das war sozusagen der Ritterschlag.» Buholzer dachte dabei an Traumziele wie Südostasien, Australien, Südamerika oder an die USA. Doch an Isabelle Fischer führte kein Weg vorbei. Die Verantwortliche über den Einteilungsprozess habe ein grosses Buch mit allen Reisezielen und Rapporten besessen: «Es war ein Werk von biblischem Ausmass – und die Entscheidungsfindung von ‹Fräulein Fischer› ein fast schon ritueller Akt.» Und auch bei den Rundreisen galt ein einfaches Prinzip: «Zuerst wurde man an eine wenig attraktive Destination geschickt, um zu zeigen, dass man für diesen Job wirklich taugte.» Für Sonja A. Buholzer hiess das zunächst: Russland, immer wieder Russland. Sie begleitete Reisegruppen hinter den Eisernen Vorhang nach Moskau und von dort durch Altrussland, dann im Zug nach Leningrad, Kaukasus-Rundreisen mit Kolchosen-Besuchen ohne Ende: Dass sie die Destinationen anfänglich selber nicht kannte, spielte in Isabelle Fischers Evaluationsprozess keine Rolle. Vorbereitung war alles. Buholzer erinnert sich: «Wir Studenten lernten schnell, bereiteten uns mit professionellen Briefings im Imholz-Büro sowie dem Studium von Reiseliteratur sowie von Zeitungen und Zeitschriften vor. Und

Es war ein Werk von biblischem Ausmass – und die Entscheidungsfindung von ‹Fräulein Fischer› ein fast schon ritueller Akt.

vieles beruhte auch auf einem gesunden Selbstvertrauen. Man durfte vor den Touristen keine Schwächen erkennen lassen.» Ein fast schon überlebenswichtiger Faktor waren auch die legendären «Spurenrapporte» der Reiseleiter selber, die den jeweiligen Ort schon früher besucht hatten: «Dort fand man die wichtigsten Tipps – beispielsweise, wie man sich im

Nachtzug zwischen Moskau und Leningrad verhält, was zu machen war, wenn die Toiletten wieder verstopft waren, wie man auf eine kollektive Magenverstimmung der gesamten Reisegruppe in der Wüste von Ägypten reagierte oder auf dem beliebten Kamelausflug in Kairo ohne Bakschisch-Forderung des Kameltreibers wieder alle Gäste zurückbekam.» Es gab auch heikle Situationen, in denen sie einfach Glück gehabt habe.

So reiste Sonja A. Buholzer dank Hans Imholz immer weiter: Sie liebte die Pionierreisen, die «Spezial-Reisen», wie sie hiessen. Etwa mit dem Hauseigentümerverband in 28 Tagen durch die USA, mit dem Bauernverband während zweier Wochen von Brasilien nach Paraguay, Argentinien und Uruguay – und immer wieder nach Ägypten, dem Land ihrer zweiten «Feuertaufe» als Rundreiseleiterin: «Auch in diesem Land war Imholz für die Schweiz ein echter Pionier – und ich fand dort meine Seelenheimat.» Buholzer war eine der wenigen Frauen, die Imholz immer wieder nach Ägypten delegierte – obwohl sie mit ihren langen blonden Haaren und den blauen Augen das ägyptische Rollenverständnis fast schon überstrapazierte, konnte sie sich in dieser Männergesellschaft behaupten. Nach einigen «harten Lektionen» hatte sie den «Draht» zur arabischen Mentalität rasch gelernt, wusste sich kulturkonform zu verhalten und wurde als gleichwertige Geschäftspartnerin akzeptiert.

Auch in diesem Land war Imholz für die Schweiz ein echter Pionier – und ich fand dort meine Seelenheimat.

Dass sie während der Corona-Pandemie über ein Jahr nicht ans Rote Meer reisen konnte, war für die Unternehmerin ein grosser Verzicht. Als ausgebildete Tauchinstruktorin nutzt Buholzer jeden Urlaub, um im Roten Meer zu tauchen, am liebsten an bekannten Hai-Spots wie Brothers und Daedalus.

Doch zurück in die 1980er-Jahre. Buholzer erinnert sich lachend an die Berge von Dokumenten und Unterlagen, die sie auf die Reisen jeweils habe mitschleppen müssen: «Für jedes Hotel ein Voucher, für jede Bus- oder Zugfahrt ein physisches Billett, in jedem Land einen anderen Stecker für die Elektrobuchse.»

Pro Tag haben Studenten wie sie zwischen 80 und 140 Franken verdient, abhängig von der Art der Reise – doch das meiste Geld reinvestierte sie gleich in das Hotelupgrade: «Wir Reiseleiter waren meistens in guten Mittelklassehotels untergebracht. Aber ich bewunderte als junge Frau die Erstklasshotels unserer Gäste und dislozierte auf eigene Rechnung dann dorthin. Und so brauchte ich auch gleich wieder einen beträchtlichen Teil meines Studentenlohns für meine Hotelupgrades», lacht sie. Und weil die junge Frau das ihr offerierte Trinkgeld normalerweise aus Stolz ablehnte, war ihre Tätigkeit als Reiseführerin finanziell fast ein Nullsummenspiel. Dafür habe sie in anderer Beziehung enorm profitiert: «Ich sah schon mit 21 fast die ganze Welt – erlebte die Sowjetunion, hautnah Drittweltländer und ihre existentiellen Probleme, begleitete Reisen mit Expeditionscharakter in damals wenig erschlossene Teile von Südamerika.» Und sie sagt: «Da war einerseits meine akademische Welt der Philosophie an der Universität, und hier landete ich dann wieder auf dem harten Boden der Realität, auf dem wir einfach alle unser Bestes gaben, aber auch Dinge in der Welt sahen, die uns beschäftigten.»

> *Ich sah schon mit 21 fast die ganze Welt – erlebte die Sowjetunion, hautnah Drittweltländer und ihre existentiellen Probleme, begleitete Reisen mit Expeditionscharakter in damals wenig erschlossene Teile von Südamerika.*

Aber immer wieder musste sie an Isabelle Fischer und ihrem fast schon mystischen Buch vorbei: «Meinte sie es nicht gut, wurde man viermal nacheinander auf eine Kaukasus-Reise eingeteilt – oder erlebte die Vorzüge des schottischen Regenwetters einen ganzen Frühling lang.» Buholzer erzählt dies rückblickend mit Amüsement – und fügt gleich an: «Bei Hans Imholz habe ich gelernt, dass es für jedes Problem eine Lösung gibt.» Als sie von der sowjetischen Miliz mit Büchern erwischt wurde, die als «westlichsuspekt» eingestuft wurden, hiess es: «Reisepass oder Bücher». Buholzer entschied sich für den Pass. Und bei Visumsproblemen war ein Telefonat zur lokalen Schweizer Botschaft oder in die Heimat oft die einzige Rettung – und weil Handy und Internet damals noch Fremdwörter waren, gab es nur eine Lösung: «Die nächste Telefonkabine und genügend Münzen in der Landeswährung.»

Zu Beginn ihrer Tätigkeit als Reiseleiterin habe sie Hans Imholz persönlich nur selten gesehen: «Er war wie der mächtige Patron – der unsichtbare und doch allgegenwärtige Chef, der über allem wachte. Und wir, die Studenten, die dank ihm die Welt sahen. Wir hatten grossen Respekt vor ihm.»

Als Unternehmer sei er ein «Reisepionier und Vordenker des heutigen Tourismus» gewesen, der ein immenses «Marktbedürfnis» geweckt habe, das die Schweizer zuvor nicht kannten: «Hans Imholz hat die Reiselandschaft in der Schweiz nachhaltig verändert und das Reiseverhalten der Schweiz geprägt wie kaum jemand. Viele, auch sehr einfache Leute sind dank ihm erstmals ins Ausland geflogen.» Vor allem habe er bewiesen, dass man mit einer grossen Idee und einer Strategie der kleinen Schritte weit kommen kann: «Er besass einen unglaublichen unternehmerischen Spürsinn und hatte die richtige Idee zum richtigen Zeitpunkt.» Ausserdem habe er bei der Umsetzung seines Plans ein gutes Gespür für die richtigen Mitarbeiter besessen: «Hans Imholz vertraute seinen Leuten und setzte bei uns auf flexible, unabhängige und erfinderische Studenten.» Dies galt auch besonders für seine Reiseleiter. Sonja A. Buholzer spricht vom «Imholz-Groove», der daraus entstanden ist: «Wir Reiseleiter gingen füreinander durch dick und dünn – und halfen uns immer gegenseitig. Es bestand ein unglaublicher Zusammenhalt. Auch war es uns wichtig, dass wir für den Betrieb beispielsweise bei Wechselkursen immer gute Konditionen herausholen konnten. Wir Jungen wollten zum Geschäftserfolg beitragen.» Als sie zusätzlich zum Doktorat auch noch in den USA das Masterstudium machte, sei sie immer mal wieder gerne nach New York City gefahren, um Imholz-Reiseleiter zu treffen. Noch heute bestehe Kontakt: «Diese Zeit hat uns alle geprägt.»

So lässt sich die erfolgreiche Strategie von Hans Imholz in gewissem Sinne auch am Auswahlverfahren für seine Reiseleiter(innen) ablesen. Während die arrivierten Veranstalter auf erfahrene Reiseleiter setzten, gab Imholz jungen Studentinnen und Studenten eine Chance. Für Sonja A. Buholzer rückblickend eine geniale Idee: «Wir waren wohl unbesorgter, frischer und flexibler in Problemlösungen als die Reiseleiter der Konkurrenz – besassen aber gleichzeitig ein grosses Potenzial an Wissen und Ausbildung. Es ist wohl kaum ein Zufall, dass viele von uns später Karriere in der Privatwirtschaft machten.» Oder mit anderen Worten: Die Reise mit Imholz war für manche und manchen auch die Reise zum beruflichen Erfolg.

> *Er war wie der mächtige Patron – der unsichtbare und doch allgegenwärtige Chef, der über allem wachte.*

Dream-Team und grosse Imholz-Freunde: Ellen und Michael Ringier.

31 | «DIE SCHWEIZER*INNEN IDENTIFIZIERTEN SICH SOFORT MIT IMHOLZ»

Er leitet das bekannteste Verlagshaus des Landes. Er sitzt an der Schnittstelle zwischen Unterhaltung, Wirtschaft und Medien. Kaum einer verfügt über einen umfassenderen Überblick über die Schweizer Gesellschaft als Michael Ringier (70). Der Verwaltungsratspräsident der Ringier Holding AG ordnet die Lebensleistung von Hans Imholz ein und spricht vom «Dutti-Effekt».

Der sechste Stock des Ringier-Pressehauses im Zürcher Seefeld ist ein aussergewöhnlicher Ort: Über die Hausdächer reicht der Blick bis zum nahen See, am Horizont vermischt sich das Grün des Üetlibergs mit den dunklen Winterwolken. Am Ende der Dufourstrasse zeichnet sich die weisse Fassade des Opernhauses ab. Vor allem ist der sechste Stock quasi der Olymp der Schweizer Medien- und Unterhaltungsindustrie. Hier hat Michael Ringier sein Büro, der Präsident des Verwaltungsrates, der den Familienbetrieb von einem reinen Printverlag zu einem international tätigen Medienunternehmen mit über 7000 Mitarbeitern und Geschäftsfeldern am gesamten Wertschöpfungsfluss der Unterhaltungsindustrie gemacht hat. Normalerweise muss Ringier im Gespräch mit Journalisten vor allem über das eigene Geschäftsfeld Auskunft geben. Heute ist ein anderer das Thema: Hans Imholz, mit dem Michael und seine Ehefrau Ellen Ringier seit Jahren freundschaftlich verbunden sind.

Der Zweimetermann mit den sanften Gesichtszügen und den klaren Augen setzt sich im hellen Konferenzsaal an den Tisch, schiebt sich die Gesichtsmaske nach unten und nimmt einen Schluck Kaffee. Dann beginnt er von sich aus zu erzählen:

»In meiner Zeit als Journalist habe ich Hans Imholz nie persönlich getroffen. Denn als sein Unternehmen die besten Jahre erlebte, war ich in Deutschland.

Hans war in den Medien und als Inserent zwar ständig präsent, aber an gesellschaftlichen Anlässen traf man ihn praktisch nie. Dies galt aber auch für mich. Als junger Journalist besuchte ich auch aus beruflichen Gründen gelegentlich solche Prominentenveranstaltungen. Ich kann mich an einen Wirtschaftsempfang in Zürich erinnern, an dem praktisch alle Führungskräfte der Grossbanken präsent waren. Ich war ebenfalls eingeladen – aber niemand wollte mit mir sprechen. Ich kann mich noch genau erinnern, wie ich an einem Glas Wasser nippte und wohl ziemlich verloren dastand. Mir war, als wäre ich nicht anwesend. Doch dann kam der Auftritt des Referenten: Karl Otto Pöhl, Präsident der Deutschen Bundesbank, den meine Frau und ich aus unserer Deutschlandzeit kannten und mit dem wir öfters Ski gefahren sind, betrat den Raum. Der mit überschaubarer Grösse ausgestattete Stargast stürmte auf mich, den fast Zweimetermann, zu und fiel mir um den Hals mit einem ‹Hallo Michael›. Und plötzlich war ich ein begehrter Gesprächspartner.

Die Schubladisierung in der Wirtschaft war damals viel ausgeprägter als heute. Und ich als Boulevardzeitungsverleger war irgendwo ganz unten, weit weg von der noblen Bankenwelt. Vielleicht gibt es da eine Parallele zu Hans Imholz. Er war mit seinen günstigen Angeboten und der volksnahen Strategie so etwas wie der Boulevardmann der Reisebranche. Die Reaktion der Konkurrenz war zu Beginn eher herablassend denn anerkennend. Aber Hans Imholz ging sehr souverän damit um – auch was die Beziehung zu Journalisten betraf. Hans hielt sich immer diskret im Hintergrund.

Er war mit seinen günstigen Angeboten und der volksnahen Strategie so etwas wie der Boulevardmann der Reisebranche.

Beim Umgang mit den Medien muss man wissen: Wenn man die Reporter holt, um sich loben zu lassen, kommen sie auch dann, wenn es etwas zu tadeln gibt. Bei Hans war die Zurückhaltung wohl kaum eine Strategie. Er beanspruchte ganz einfach keinen Platz im Scheinwerferlicht – und wollte nicht bewundert werden.

Hans Imholz kreierte sozusagen seine eigene Medienwelt – mit seiner Imholz-Revue, den Prospekten und den Inseraten. Er erzählte den Menschen Geschichten – und dies trifft den Zeitgeist noch heute exakt. Die Menschen wollen Geschichten hören und sind fasziniert davon. Er setzte dieses Stilmittel auf geniale Weise für den Verkauf ein. Heute nennen dies die PR-Agenturen ‹Storytelling› und verrechnen viel Geld für solche Dienstleistungen. Hans Imholz konnte sich diese Kosten sparen. Denn er war seiner Zeit auch marketingstrategisch voraus.

Imholz verkörpert für mich so etwas wie das ‹Dutti-Phänomen› (Ringier spricht vom Migros-Gründer Gottlieb Duttweiler). Er war bescheiden, volksnah und weltoffen. Die Menschen identifizierten sich sofort mit ihm und realisierten: Er ist einer von uns.

Ohne dass es ihm bewusst war, betrieb er so eine grandiose Markenpflege. Und er tat dies aus einem natürlichen Instinkt. Er war wohl kaum auf der Kundenliste von McKinsey oder Boston Consulting. Solche Firmen brauchte er nicht. Denn er besass das feine Gespür für effiziente Öffentlichkeitsarbeit – obwohl er selber völlig diskret war und sich am liebsten im Hintergrund aufhielt. Aber genau damit vermittelte er grösstmögliche Glaubwürdigkeit und Überzeugungskraft. Imholz Reisen hatte einen unglaublich guten Namen – das Reisebüro war preiswert, aber qualitativ trotzdem sehr solid. Es liess sich durchaus mit der Migros vergleichen. Auch in der Wahrnehmung der Konkurrenz. Das Kuoni-Personal blickte ziemlich schnöde auf den Newcomer herab und rümpfte die Nase. Das erinnert mich an meine Mutter, die in Zofingen nicht in der Migros einkaufen durfte. Hätte man sie dort gesehen, wäre dies ein kleiner Skandal gewesen. Dass die Joghurts bei der Migros schon damals besser waren als bei der Konkurrenz – und viel besser als die selbstgemachten bei uns zu Hause –, änderte daran nichts. Wer etwas auf sich hielt, ging nicht in die Migros. Das galt auch für meine Mutter – obwohl die Migros eine der ersten Inserentinnen im Blick war. Aber auch das passte wieder zum Vergleich mit Imholz: Denn sowohl Migros als auch Blick wurden dem Fussvolk zugeordnet. Das Establishment rümpfte die Nase. Beim Blick führte dies bis zu Verbrennungen des Blattes auf dem Bundesplatz und zu einer Motion für ein Verbot. So weit ging es bei Imholz nicht. Aber durch seine neue Positionierung in der Reisebranche – mit dem Ziel und dem Mittel einer neuen Sprache, den Mittelstand anzusprechen – rief er auch viel Neider und Kritiker aufs Tapet. Was Hans Imholz anbot, war perfekt organisiert, fair und kostengünstig, aber es war nie im Luxusbereich.

> *Ohne, dass es ihm bewusst war, betrieb er so eine grandiose Markenpflege. Und er tat dies aus einem natürlichen Instinkt.*

Heute würde man sein Geschäftsmodell als ‹Start-up› bezeichnen und es wäre schon viele Millionen wert, bevor der erste Kunde überhaupt gebucht hat. Aber früher – zu seiner Zeit – funktionierte das nur mit einer risikoreichen Pionierleistung, mit der man sich in einem harten Umfeld konsequent hochkämpfen musste. Dass die Mitarbeiter für ihn heute noch durchs Feuer gehen würden, liegt sicher auch an seinen hohen Ansprüchen an Anstand, Respekt und Fairness. Hans Imholz war immer ein grundehrlicher Mensch – und dies spürten seine Angestellten; dies prägte die Firmenkultur.

Heute würde man sein Geschäftsmodell als ‹Start-up› bezeichnen und es wäre schon viele Millionen wert, bevor der erste Kunde überhaupt gebucht hat.

Bei der Frage, mit wem man Hans Imholz vergleichen kann, kommt mir aufgrund seines sozialen und wirtschaftlichen Aufstiegs beispielsweise Claudio Cisullo in den Sinn – oder Persönlichkeiten wie Peter Spuhler oder Nicolas Hayek. Was Hans Imholz aber selbst von solchen Koryphäen unterscheidet, ist die Tatsache, dass er durch seinen Namen – und später durch sein Gesicht und seine Persönlichkeit eine Marke geschaffen und geprägt hat und jede Dienstleistung unter seinem eigenen Namen verkauft hat. Dass er dies auf sich genommen hat – obwohl er eigentlich sehr zurückhaltend ist –, erstaunt mich heute noch.

Mit dem Namen Imholz hat vermutlich jeder Schweizer, der zwischen 1960 und 1980 gereist ist, eine emotionale Erinnerung. Hans verfolgte und erreichte seine Ziele mit extrem viel Geschick und Kreativität – ohne sich je inszenieren oder manipulieren zu lassen. Er setzte sich ausschliesslich für seine Firma ein. Er stellte sich selber nie in den Vordergrund – im Gegenteil: Er entzog sich den Medien. Dies würde ich grundsätzlich jedem empfehlen. Ich handhabe das auch so. Aber glücklicherweise halten sich die meisten Unternehmer und Wirtschaftsleute nicht daran, sonst wäre unsere Firma vielleicht nicht das geworden, was sie ist.

Hans besass das grosse Gespür für eine Marktlücke. Ich kann mir nicht vorstellen, dass er grosse Strategien entwickelt hatte, bevor er sich 1961 selbständig machte. Aber dann zog er seine Idee mit einer unglaublichen Konsequenz und grösster Professionalität durch. Sein Lebenswerk aber im richtigen Moment zu verkaufen, ist fast noch die grössere Leistung als der Aufbau an sich. Denn ein Geschäft aufgebaut haben viele – dass sie aber im richtigen Zeitpunkt loslassen können, ist sehr selten. Ich kenne – abgesehen von Hans Imholz – nur ganz wenige, denen das gelungen ist.

244

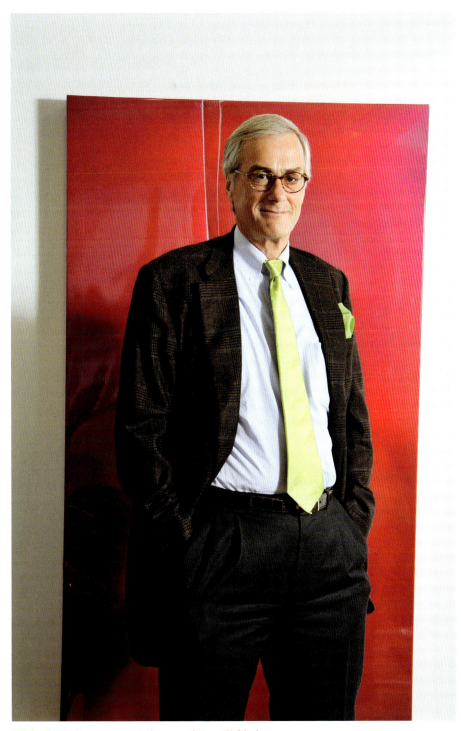

Michael Ringier, grosser Verleger und Kunstliebhaber

Dazu kommt, dass er beim Verkauf seines Reisebüros substanziell eigentlich wenig preisgab: sein Konzept, seine Adresskartei, seine Angestellten – und den Namen. Ich hätte diese Firma wohl nie gekauft – denn sie wurde zu sehr mit der Persönlichkeit und dem Namen von Hans Imholz identifiziert. Rückblickend war es absehbar, dass es ohne ihn nicht mehr lange gutgehen konnte. Der Käufer Jelmoli, der das Reisbüro von Imholz übernommen hatte, war zwar klug genug, den Namen stehen zu lassen. Denn Hans Imholz hatte eine fantastische Marke geschaffen. Nur war er und seine Ideen nicht mehr da. Zum Zeitpunkt des Verkaufes befand sich das Reisegeschäft in der Phase der Konsolidierung – und vermutlich spürte er dies. Danach folgte der Abschwung. Der Entscheid des Verkaufs war der einzig richtige. Das von ihm ursprünglich angestrebte ‹Going public› wäre eine schwierige Sache geworden. Hans Imholz ist für mich mit seiner Art und seiner Haltung eher börsenuntauglich. Vielleicht war das damals noch anders. Aber so, wie man heute ein börsenkotiertes Unternehmen führen muss, wäre Hans Imholz bestimmt nicht der richtige Mann dafür gewesen. Mehrmals im Jahr Rechenschaft über den ganzen Geschäftsverlauf abzugeben und nervige Fragen von Journalisten und Investoren zu beantworten, ist schlicht nicht seine Sache.

Hans Imholz ist für mich mit seiner Art und seiner Haltung eher börsenuntauglich. Vielleicht war das damals noch anders.

Hans Imholz war auch sehr gut beraten, dass er sich weder vor noch nach dem Verkauf ständig auf neue Geschäftsideen stürzte. Selbst wer in einer Branche äusserst erfolgreich war, kann in einem anderen Umfeld grandios scheitern. Denn bei allem Unternehmergeist und aller Arbeitsleistung braucht es zum Erfolg immer auch das richtige Timing und Glück. Bei allzu vielen erfolgreichen Menschen existiert das Wort ‹Glück› allerdings nicht. Sondern es ist immer das eigene Genie, die eigene Leistung. Und wenn man erfolgreich verkauft hat, kommt das Gefühl auf, dass man es in einer völlig fremden Branche erneut versuchen könnte: Biotech, Sport, Immobilien oder Medien. Was kümmert mich die fehlende Erfahrung, ich bin ja so gut. Beispiele dafür gibts genügend.

Aber auch davor war Hans Imholz immer gefeit. Er baute kein gewaltiges Investitionsportfolio auf, sondern legte sein Geld konservativ in Immobilien an – und Kunst. Bei allem Pioniergeist war er immer auch sehr vorsichtig. Diesen Spagat schaffen nicht viele. Heute existiert bei vielen Start-ups eine andere Mentalität. Da mietet man gleich die schönsten und teuersten Büros und richtet mit der grossen Kelle an. Es ist ja das Geld der andern. Ohne Frage gibt es auch heute noch viele, die es mit Disziplin, Leidenschaft und Zielstrebigkeit versuchen – wie Hans Imholz. Auch Bill Gates begann in einer Garage. In der Regel sind dies die zuverlässigeren Modelle als diejenigen, die dank Investorengeld von Beginn an dick auftragen.

Ein entscheidender Faktor bei Hans Imholz war, dass er immer mit tüchtigen Menschen zusammenarbeiten wollte – und diese sehr anständig behandelte und bezahlte. Beispielhaft war in diesem Zusammenhang, wie er die Mitarbeiter an seinem Verkaufserfolg finanziell teilhaben liess, was damals sehr unüblich war. An den Wertvorstellungen von Hans Imholz hat sich eigentlich nie etwas geändert – Werte wie Loyalität, Respekt und Gemeinschaftssinn sind heute genauso aktuell wie damals. Und werden genauso unterschiedlich gehandhabt wie damals.

So gesehen ist Hans Imholz als Mensch genauso hoch einzuschätzen wie als Unternehmer. Ich kenne einige erfolgreiche Unternehmer, aber nicht mit allen möchte ich eine Woche auf dem Segelboot verbringen – der ultimative Prüfstein, ob eine Freundschaft funktioniert. Hans dagegen ist einer der nettesten, freundlichsten und herzlichsten Menschen, die ich kenne. Und diese Eigenschaften hat er immer behalten. Das ist bei seinem gesellschaftlichen und wirtschaftlichen Aufstieg die wohl grösste Leistung. Hans ist immer der Hans geblieben – und hat nie vergessen, woher er kommt. Den wahren Charakter eines Menschen erkennt man oft im Umgang mit Vertretern von Berufen mit vermeintlich weniger Prestige – wie etwa dem Servierpersonal oder dem Fahrer. Hans ist zu allen immer freundlich und grosszügig. Er ist verwurzelt – und hat kein Problem damit, woher er kommt. Viele Menschen haben das Gefühl, dass sie im Erfolgsfall ihr Leben ändern müssen – und ihren Lebenslauf dazu. Funktionieren wird sowas nie. Bei Hans ist alles authentisch. Betritt er ein Hotel oder ein Restaurant, wird er immer mit offenen Armen empfangen. Wie ein netter Mensch, nicht bloss wie ein erfolgreicher.

Hans dagegen ist einer der nettesten, freundlichsten und herzlichsten Menschen, die ich kenne.

Für die Streichung der Marke Imholz im Jahre 2006 gab es für TUI bestimmt gute Gründe – erfolgreich war es nicht. Ich kenne das aus eigener Erfahrung. Der Wechsel von Ringiers Unterhaltungsblättern zu ‹Das gelbe Heft› klappte noch reibungslos. Als daraus dann die Schweizer Woche wurde, gings weiterhin bergab. Doch als dann junge Menschen mit rosa Turnschuhen statt ältere Herrschaften mit Wanderschuhen auf der Titelseite standen, war das Ende nah. Die Neupositionierung für jüngere Leser scheiterte kläglich und die älteren erkannten sich nicht wieder. Der Neupositionierung folgte die Einstellung. Eine Markenveränderung ist etwas vom heikelsten, das es gibt. Die Marke Imholz war für die Schweiz ein Gütesiegel – verbunden mit Emotionen und persönlichen Erinnerungen. Viele Menschen sind mit Imholz das erste Mal geflogen – oder haben mit Imholz ihre ersten Ferien in fernen Ländern verbracht. TUI wollte in der Schweiz die eigene Marke aufbauen. Aber das ist im Reisegeschäft wohl genau so schwierig wie in den Medien. Als wir bei Ringier 1971 die Zeitschrift ‹Sie und Er› in die Schweizer Illustrierte integrierten, hat das zum grossen Teil geklappt. Es funktionierte, weil wir die Abonnements von einem Titel auf den anderen übertragen konnten. Im Reisegeschäft ist ein solcher Transformationsprozess wesentlich schwieriger. Denn hier geht es nicht um ein Abonnement, das man seit vielen Jahren fast automatisch verlängert hat – der Kundenkontakt muss immer wieder neu hergestellt und etabliert werden. Die Menschen entscheiden sich jedes Mal wieder aufs Neue, mit wem und wohin sie verreisen wollen. Da geht es um mehr als um eine Zahlung, die erneuert werden muss. Die Basis für das Geschäft ist das Vertrauen. Das Ziel der Reise ist oft dasselbe, der Operator nicht. Wohl deshalb ist die Markenbeziehung gerade in der Reisebranche extrem wichtig. Eine solche Beziehung in eine andere Marke überzuführen, ist eine ganz heikle Angelegenheit. Imholz war eine starke Marke – mit einer ausgeprägten emotionalen Ausstrahlung. Für jeden Markenartikler ist eine solche Integration eine Herkulesaufgabe.

Die Marke Imholz war für die Schweiz ein Gütesiegel – verbunden mit Emotionen und persönlichen Erinnerungen.

Will man Hans Imholz mit einem Schweizer Unternehmer der Gegenwart vergleichen, ist dies am ehesten Roland Brack. Dieser gründete seinen Onlinehandel 1994 auf einer bescheidenen Basis zu einer Zeit, als wir andern Unternehmer vielleicht am WEF davon gehört oder in der Zeitung etwas darüber gelesen hatten. Wie

Hans Imholz arbeitete er sich Schritt für Schritt weiter in die Zukunft des Handels und gehört heute mit über 700 000 Privat- und Geschäftskunden zu den Marktführern. Wie Imholz kommt er aus einfachen Verhältnissen und tritt sehr bescheiden und zurückhaltend auf. In diesem Jahr taucht Brack erstmals in der Liste der 300 reichsten Schweizer auf – jener Liste, aus der sich Hans Imholz entfernen liess, weil ihm jedes Aufheben um seine Person unangenehm ist. Wie ihm dies gelungen ist, weiss ich bis heute nicht.

Will man Hans Imholz mit einem Schweizer Unternehmer der Gegenwart vergleichen, ist dies am ehesten Roland Brack.

Selber bin ich nie mit Imholz gereist; aber nicht, weil ich das Unternehmen nicht geschätzt hätte; sondern weil ich meine Reisen immer selber organisiere. Brauchten wir mal die Dienste eines Reisebüros, so war das fast immer Kuoni – denn Jack Bolli war ein guter Freund des Hauses. Bolli war ebenfalls eine sehr charismatische Persönlichkeit und damals absolut prägend für die Reisebranche. Wie Imholz war er sehr bodenständig – aber in seinem Auftreten wesentlich auffälliger und lauter. Jack Bolli war eine Ikone im Reisegeschäft – und äusserst jovial. Mit seinen Mitarbeitern war er sehr schnell per Du – im Gegensatz zu Imholz. Hans verfolgte eine ganz andere Firmenkultur. Er ist eine der unaufdringlichsten Persönlichkeiten, die mir je begegnet sind.

Sprechen wir vom Reisegeschäft, müssen wir wohl auch ein paar Worte zur aktuellen Krisenlage verlieren. Das erste Opfer der digitalen Disruption war die Musikindustrie; kurz darauf folgten die Medien und fast zeitgleich – in fast noch verschärfterem Mass – die Reisebranche. Die letzten zehn Jahre waren brutal. Und eine Entspannung ist nicht in Sicht. Denn der Zeitgeist spricht gegen die traditionellen Geschäftsmodelle dieser Branchen. Das Prinzip ist immer dasselbe: Die Dampflok wurde nicht von der Kutschenindustrie erfunden – und das Flugzeug nicht von der Eisenbahnindustrie. Es sind immer Aussenseiter, die das Neue wagen und etablieren. Das betrifft auch die Medien. Unsere grössten Konkurrenten sitzen heute in Kalifornien oder New York – es sind Konzerne wie Facebook, Google, Amazon oder Twitter. Natürlich konkurrieren wir weiterhin mit den anderen grossen Schweizer Medienhäusern; aber es gibt heute ganz neue Konstellationen – praktisch in allen Branchen. Die Musikindustrie hat sich auch nicht selber revolutioniert. Sie wurde quasi von aussen zum

Wandel gezwungen. In der Reisewelt findet dasselbe statt – ermöglicht und beschleunigt durch die Digitalisierung. Firmen wie easyJet oder Ryanair, aber auch Booking.com oder Tripadvisor würde es ohne diese Technologie gar nicht geben. Die Digitalisierung ermöglicht, den Zwischenhandel auszuschliessen und mit dem Kunden direkt zu kommunizieren. Das verändert komplett die Geschäftsmodelle. Als Medienunternehmen kennen wir dieses Problem nur allzu gut. Wer früher eine Botschaft verbreiten wollte, musste die bestehenden Medien nutzen. Heute braucht es bloss ein Smartphone, um über die sozialen Medien selber zu kommunizieren. Wir haben das Monopol auf die Verbreitung von Informationen verloren – und die Reisebüros haben das Monopol für ihre Dienstleistungen verloren. Und einen Teil davon braucht es schlicht nicht mehr. Früher wäre allenfalls eine direkte Hotel- oder Flugbuchung per Telefon möglich gewesen. Aber diese Mühen nahmen viele Menschen gar nicht erst auf sich – und konsultierten das Reisebüro.

Hans verfolgte eine ganz andere Firmenkultur. Er ist eine der unaufdringlichsten Persönlichkeiten, die mir je begegnet sind.

Heute geht dieser Prozess über Buchungsplattformen und Internetseiten praktisch mit einem Klick. Die Branche ist in einem brutalen Umbruch. Wir sind mit Ringier in einer vergleichbaren Situation. Würden wir heute noch von unserem ursprünglichen Geschäftsmodell leben, könnten wir kaum überleben. Die reine Digitalisierung des bestehenden Geschäfts ist in den meisten Fällen nur eine Notlösung. Natürlich verdienen einige Onlineangebote von Zeitungen und Zeitschriften etwas Geld. Aber sie sind weit davon entfernt, jene Cash-Cows zu sein, die früher die Printtitel waren. Für die Reisebüros ist die Ausgangslage ähnlich. Sie können sich zwar digitalisieren, kommen gegen die grossen Plattformen, die sich schon seit Jahrzehnten auf dieses Geschäftsmodell spezialisiert haben, aber kaum an.

So wird das generelle Reisegeschäft heute immer weniger von den Reisebüros abgewickelt. Ich kann mich gar nicht daran erinnern, wann ich das letzte Mal einen Reisekatalog in den Händen hielt. Heute informiert man sich übers Internet. Und wenn ich irgendwo hin will, bucht das in der Regel meine Assistentin – es sei denn, ich möchte nach Kathmandu oder auf die Fidschi-Inseln. Aber auch im bestehenden Geschäft sorgt die Digitalisierung für eher kleinere Margen. Der Feind jedes grösseren Gewinns ist die Transparenz. Und diese ist durch das Internet flächendeckend garantiert. Will ich heute eine Flasche Wein kaufen, gebe ich meinen Wunsch im Wine-Searcher ein – und erhalte sekundenschnell Dutzende von Angeboten für die gleiche Flasche. So fallen die Margen zusammen – das ist im Reisegeschäft genau gleich. Ironischerweise stand Hans Imholz mit dem Telefondirektverkauf am Ursprung dieser Entwicklung. Er war sozusagen ein Vorläufer des Internets.»

Der Feind jedes grösseren Gewinns ist die Transparenz. Und diese ist durch das Internet flächendeckend garantiert.

Ellen Ringier schrieb über ihren Mann in einem Beitrag für das Buch «Hundert», in dem eben diese Anzahl Schweizer Prominente porträtiert werden: «Nie, nie hätten wir uns an unserem Hochzeitstag 1976 vorgestellt, dass mein zurückhaltender, um nicht zu sagen schüchterner Mann eines Tages die Firma Ringier leiten würde. Michael war kein Kaufmann. Er war ein beseelter Journalist. In den frühen 80er-Jahren zählte eine militärische Karriere als Kriterium für Führungsqualität. Michael war HD und Studienabbrecher. Wer ahnte damals, dass aus ihm ein leidenschaftlicher Unternehmer werden würde? Künftig müssen Lehrbücher um einen Begriff erweitert werden: Management by soft skills. Dazu zähle ich die Fähigkeit, genau zuzuhören und eine unaufgeregte Analyse zu treffen. Dabei verliert Michael weder den Überblick, noch lässt er sich auf Kleinigkeiten oder gar Kleinkariertes ein. Und er wählt mit sicherem Instinkt die richtigen Leute, deren Performance er schliesslich mit dem Gewähren von möglichst viel Autonomie belohnt. Paaren Sie Vertrauensvorschuss mit Neugierde, Lebensfreude, Lust auf Experimentelles, mit Grosszügigkeit und der Ausdauer eines Langstreckenläufers: Schon haben Sie das Psychogramm von Michael Ringier!»

Es sind Worte, die auch zu Hans Imholz passen würden. Selbst wenn Imholz und Michael Ringier in ihrer Erscheinung kaum unterschiedlicher sein könnten und aus ganz verschiedenen Positionen in ihre Laufbahn gestartet waren, verbinden sie auffällige Parallelen. Beide verkörper(te)n ihre Firma mit Gesicht und Namen. Beide scharten einen kleinen Kreis von loyalen Mitarbeitern um sich und bezogen diese in alle wichtigen Entscheidungen mit ein. Beide gewähren ihren wichtigsten Mitstreitern grosse Freiheiten. Beide suchten nie das Scheinwerferlicht und überliessen anderen die grossen Worte.

Imholz-Mann mit Wortgewalt: Roger Schawinski.

32 | DER BERÜHMTESTE REISE-LEITER

Wer mit Imholz reiste, profitierte von unschlagbaren Preisen. Und er kam auch in den Genuss des vielleicht berühmtesten Reiseleiters der Schweiz: Roger Schawinski.

Rebell, Querdenker, Unternehmer, Journalist, Stänkerer, Vorreiter, Motivator, Tabubrecher, Medienpionier. Der Mann polarisiert und bewegt wie kaum ein zweiter Schweizer. Die Berliner Zeitung adelte ihn zum «Alpen-Revoluzzer». Die Handelszeitung beschrieb ihn als «Rollercoaster» («Achterbahnfahrer»). Vor allem ist Roger Schawinski ein Getriebener, der auch mit 75 Jahren noch lange nicht am Ziel ist. So gesehen, ist die Reise wie eine Metapher für sein Leben. Wenn Roger Schawinski etwas angeht, nimmt er seine Crew mit – in zuweilen atemberaubendem Tempo und mit einer Dynamik, die gleichzeitig ansteckend wie furchteinflössend sein kann. Wer dieser Geschwindigkeit und dem Enthusiasmus nicht gewachsen ist, hat in seinem Universum nichts verloren.

Schon als Kind setzte sich Schawinski grosse Ziele. Doch an der Birmensdorferstrasse an der Grenze der Zürcher Stadtkreise 3 und 4 und als Sohn eines Vertreters für Bettwäsche blieb sein Horizont überschaubar. Ferien im Ausland waren lange unerschwinglich. Erst mit 14 sah er zum ersten Mal das Meer: «Mit dem Auto reisten wir nach Rimini. Das dauerte zwei Tage. Übernachtet haben wir in einem Motel in Mailand – direkt an der Autobahn. Diese Reise war für mich das erste grosse Abenteuer meines Lebens.» In einem Flugzeug sass Schawinski das erste Mal im Alter von 16 Jahren – als er nach Israel reiste; ins Land seiner kulturellen und religiösen Wurzeln, um in einem Kibbuz zu leben und sozusagen zu sich selber zu finden: «Das war eine aufregende Zeit», sagt er.

Mit dem Auto reisten wir nach Rimini. Das dauerte zwei Tage. Übernachtet haben wir in einem Motel in Mailand – direkt an der Autobahn. Diese Reise war für mich das erste grosse Abenteuer meines Lebens.

Das Tor zur grossen weiten Welt öffnete sich ihm dann aber wieder zuhause – nur einen Steinwurf von der Wohnung seiner Eltern entfernt. An der Birmensdorferstrasse 51 hatte Hans Imholz kürzlich seinen jungen Betrieb eingerichtet. Schawinski, damals 21 Jahre alt, voller Tatendrang, aber als Student ohne eigene Mittel, trat ins Grossraumbüro, um sich als Reiseleiter zu bewerben: «Ich hatte keine Ahnung vom Metier, aber ich wollte die Welt sehen», sagt er lachend. Bei Hans Imholz sei ihm sofort die pragmatische und effiziente Arbeitsmethode aufgefallen: «Er sass am Ende des Grossraumbüros an einem grossen Schreibtisch und war pausenlos am Telefon – um ihn herum waren fünf, sechs junge Mitarbeiter versammelt, die Reiseunterlagen präparierten und in Couverts packten.» Im Zentrum der Geschäftsidee von Imholz seien der direkte Kundenkontakt und eine einfache und günstige Administration gestanden: «Hans Imholz legte keinen Wert auf eine tolle Adresse oder extravagante Büromöbel. Er war ein grosser Macher und verantwortungsvoller Chef. Und er hatte immer ein freundliches Lächeln im Gesicht.» Gleichzeitig habe er um die Kraft der Personalisierung gewusst: «In jedem Reisekatalog war er persönlich abgebildet.» Und noch etwas anderes sei massgebend für den Erfolg des Unternehmens gewesen: «Nach jeder Reise gab es ein umfassendes Debriefing mit den Reiseleitern. Hans Imholz wollte immer genau wissen, wie Hotel und Unterkunft gewesen waren. Schliesslich musste er sicher sein, dass er der Kundschaft das Richtige verkaufte.» Andere Reiseveranstalter hätten diese Kultur damals nicht in diesem Masse gepflegt.

Schawinski sitzt im Büro seines Radiosenders an der Hottingerstrasse und nimmt einen Schluck Wasser. Die Erinnerungen an längst vergangene Zeiten amüsieren ihn: «Das Business des Herrn Imholz schien zu explodieren, und deshalb herrschte eine grosse Nachfrage nach neuen Reiseleitern. Es war damals genau das Richtige für mich.»

Nach einer kurzen Einführung wurde Schawinski mit der ersten Reisegruppe zu einer Nordamerikatournee von Montreal über Toronto, Washington D.C. bis nach New York losgeschickt. Auf der Reise merkte er bald, dass die lokalen Buschauffeure keine Ahnung von den Städten hatten – und im jungen Schweizer einen Konkurrenten sahen: «Einmal drohten sie mir auf einem dunklen Parkplatz mit Schlägen. Das war keine schöne Situation.»

Der Reiseleiter wird Radiopirat.

Doch bei den Reiseteilnehmer(inne)n kam Schawinski hervorragend an – und bei seinen Chefs ebenfalls. Sein Bericht von der ersten Reise an Edi Dietrich, den zweiten Mann im Betrieb, fiel so positiv aus, dass Schawinski laufend für neue Reisen angefragt wurde. Mit 53 Jahren Abstand sagte er frei von Bescheidenheit: «Vielen Touristen war es egal, wohin sie reisten – sie wollten einfach in einer von mir geführten Gruppe unterkommen.» Zwei Destinationen waren damals aber besonders angesagt: Budapest und Istanbul. Imholz hatte für diese Städte grosse Kontingente eingekauft, um so unschlagbar günstige Preise bieten zu können – Budapest ab 195 Franken, Istanbul ab 345 (für drei Tage inklusive Flug und Hotel).

In seiner Autobiographie «Wer bin ich?» schreibt Schawinski über jene Zeit: «Auf vielen dieser Reisen musste ich überspielen, dass ich wie meine Schäfchen den Zielort zum ersten Mal besuchte. Deshalb büffelte ich die Fakten jeweils in Reisebüchern, vor allem wenn ich zu allem Unheil noch lokale Führungen durchführen musste.» Mit Schrecken erinnert er sich an einen Besuch der weitläufigen Anlagen des Silbernen Tempels in Kyoto. Trotz seiner eingehenden Studien der Unterlagen führte er die Reisegruppe direkt vor die Toilettenanlage, dabei hatte er eine besondere Sehenswürdigkeit angekündigt: «Da musste ich improvisieren.» Und bei einer Stadtrundfahrt in Tunis realisierte er nicht, dass sie das Ziel vor dem Präsidentenpalast schon erreicht hatten, weil dieser auf den Fotos im Reiseführer viel imposanter gewirkt hatte.

Doch dies blieben einsame Ausreisser nach unten. Alles in allem war der Job als Reiseführer für den Zürcher Studenten wie die Erfüllung eines Traums: «Ich verdiente für damalige Verhältnisse sehr gut. Und ausserdem fielen die Trinkgelder grosszügig aus, und in gewissen Geschäften kassierten wir eine Provision.» Wenn er beispielsweise eine asiatische Reisegruppe ins Uhrengeschäft an der Bahnhofstrasse gelotst habe, seien ihm die 10 Prozent auf die Einnahmen bereits am Seitenausgang ausbezahlt

Vielen Touristen war es egal, wohin sie reisten – sie wollten einfach in einer von mir geführten Gruppe unterkommen.

worden. Zu den Annehmlichkeiten des Jobs gehörte, dass der Reiseleiter bei der weiblichen Kundschaft quasi die Rolle des Skilehrers spielte. So erstreckte sich seine Arbeit zuweilen bis in die Nacht.

Offenbar machte Schawinski seine Sache derart gut, dass ihm immer schwierigere und zuvor noch nie durchgeführte Reisen angeboten wurden. So führte er mehrmals als alleiniger Guide Gruppen von hundert Leuten nach Moskau – hinter den Eisernen Vorhang in den kommunistischen Riesenbau «Hotel Rossija». Schawinski erinnert sich lachend an die sowjetischen Sachzwänge: «Als auf meinem Voucher nur 99 Abendessen aufgelistet waren, ich aber unbedingt ein zusätzliches haben musste, stiess ich mit dieser Bitte auf die totale Ablehnung.» Nein, das sei auf keinen Fall möglich, auch nicht, wenn er das zusätzliche Essen bezahlen würde. Die Sowjets konnten nur liefern, was schriftlich bestellt worden war.

Als auf meinem Voucher nur 99 Abendessen aufgelistet waren, ich aber unbedingt ein zusätzliches haben musste, stiess ich mit dieser Bitte auf die totale Ablehnung.

Am nächsten Tag fuhr die Schweizer Reisegruppe zu einem Ausstellungspark, um die grossen technischen Errungenschaften der Sowjetunion zu bewundern. Man präsentierte den Besuchern den Stolz und Pathos der Nation in Form von Weltraumraketen. Diese seien aber auf schiefen und nur notdürftig zusammengezimmerten Podesten gestanden. Rückblickend sei diese Szene bezeichnend für das marode System des Kommunismus: «Dieses Bild hat sich bei mir eingebrannt: Einerseits die weltbeste Technologie bei Prestigeprojekten, andererseits die fehlenden Kenntnisse oder das komplette Desinteresse für alles andere.»

Schawinski wandelte dank Imholz auch auf den Spuren der Inkas. Er erinnert sich an eine Tour nach Peru, wo er mit einer Gruppe nach dem «farbenprächtigen Cuzco das geheimnisvolle Machu Picchu» besuchte und anschliessend per Zug nach Puno an den Titicacasee reiste. Dort sei am Abend ein Mann an seinen Tisch getreten, der sich als bolivianischer Konsul ausgab. Der vermeintliche Diplomat habe höflich gefragt, ob alle Reiseteilnehmer Visa für Bolivien besässen. Der unerfahrene Reiseleiter war perplex. Denn von einer Visumspflicht für Bolivien war in Zürich nie die Rede gewesen. Der angebliche Konsul witterte seine Chance auf ein gutes Geschäft und setzte den Preis pro Visum bei 50 Dollar an. Guter Rat war teuer. Schawinski wollte ihn bei der Reisebürozentrale in Zürich einholen. Doch die Telefonverbindung funktionierte nicht.

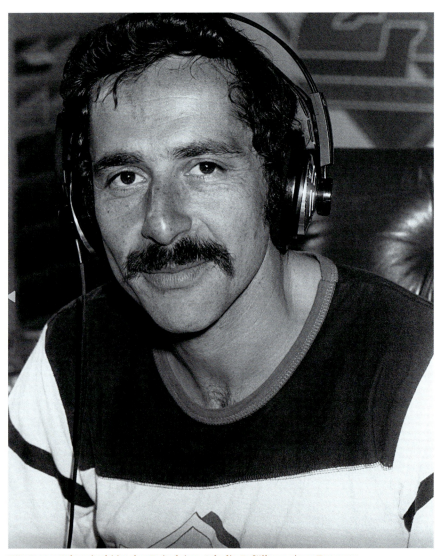

Für Roger Schawinski ist der Reiseleiter-Job die Erfüllung eines Traumes.

Also setzte der Imholz-Abgesandte alles auf eine Karte. Mit der Reisegruppe bestieg er den Bus, fuhr entlang des Titicacasees in Richtung Bolivien und steckte in der Anfahrt auf den Zoll eine Fünfzigdollarnote in seinen Reisepass. Der Poker ging auf: «Ich stieg als erster aus und überreichte dem Beamten meinen Pass. Der Zöllner schaute nur kurz hin und winkte alle sofort durch.» Rückblickend kann Roger Schawinski darüber lachen. Damals kostete ihn diese Zitterpartie aber grosse Substanz: «Der Druck war beinahe unerträglich gewesen. Ich fühlte mich quasi am Ende der Welt mit meinen 21 Jahren und als Verantwortlicher für dreissig nichtsahnende Touristen ziemlich alleine gelassen.» Schawinski bezahlte für diese mentalen Extremsituationen mit einem Magengeschwür, das ihm operativ entfernt werden musste.

Trotzdem überwiegen die positiven Erinnerungen. Die Art und Weise, wie Hans Imholz sein Unternehmen immer weiter entwickelte, beeindruckte ihn tief: «Das Reisebüro wuchs in jenen Jahren exponentiell. Sein Erfolg war schlicht phänomenal. Laufend mussten neue Büroräumlichkeiten gemietet und zusätzliche Mitarbeiter verpflichtet werden.» So richtig sei dies Hans Imholz erst bewusst geworden, als ihn eine neue Angestellte im Lift gefragt habe: «Wer sind eigentlich Sie?» Diese Szene habe Hans Imholz nachdenklich gestimmt, erinnert sich Roger Schawinski. Dabei dokumentiert die Lift-Episode vor allem etwas: den grandiosen Erfolg der Geschäftsidee von Hans Imholz. Und Roger Schawinski setzt seinem ersten Chef ein Denkmal: «Hans Imholz hat Schweizer Unternehmensgeschichte geschrieben und das Reisen quasi demokratisiert. Erst dank ihm konnten es sich viele Schweizer leisten, ein Flugzeug zu betreten.»

33 | DER AUFBRUCH IN EINE NEUE WELT UND EIN KOFFER VOLLER GELD

Sie waren die Frontmänner im Tourismus-Korps von Hans Imholz – und sie machten danach Karriere in Wirtschaft und Politik. Vier frühere Reiseleiter blicken auf «hochspannende Zeiten» zurück.

Zu behaupten, Appenzell Innerrhoden sei der Inbegriff des gesellschaftlichen Aufbruchs in der Schweiz, wäre leicht übertrieben. Das Frauenstimmrecht wurde hier erst 1991 auf dem Rechtsweg – nach mehrmaliger

Arthur Loepfe, ehemaliger Appenzeller Landammann und Nationalrat.

Ablehnung an der Urne – eingeführt. Und noch heute hält der frühere Kanton an der Landsgemeinde als oberstem politischem Organ fest. Mit einer durchschnittlichen Körpergrösse von 176 cm sind die Appenzeller statistisch die kleinsten Schweizer – 2,8 cm kürzer als die Basler als längste Eidgenossen. Doch der bevölkerungsmässig kleinste Kanton mit seiner zauberhaften Hügellandschaft hat immer wieder grosse Persönlichkeiten hervorgebracht – beispielsweise die Bundesräte Ruth Metzler-Arnold und Arnold Koller oder den Schwingerkönig Thomas Sutter. Zur Appenzeller Upperclass gehört Arthur Loepfe. Der heute 78-jährige Betriebsökonom wurde 1993 – notabene auf Vorschlag des Frauenforums – überraschend zum Volkswirtschaftsdirektor und Landammann gewählt. Bis im Jahr 2000 sass er der Kantonsregierung vor. Danach wechselte der CVP-Mann (als einziger Vertreter seines Kantons) für zwölf Jahre nach Bern in den Nationalrat. Als er 2011 zurücktrat, schrieb das St. Galler Tagblatt über ihn: «Loepfe hat ein gutes Beziehungsnetz aufgebaut und schmiedete Allianzen über die Parteigrenzen hinaus. Er gilt als rechter Eckpfeiler seiner Partei und stimmt öfter mit der SVP als mit Rot-Grün.»

Loepfe wuchs als Kind einer Bauernfamilie im St. Galler Dörfchen Berg hoch über dem Bodensee auf. Früh wuchs in ihm der Wunsch, die Welt zu sehen. Doch eine Chance dafür gab es zunächst nicht. Seine konservativ-katholische Umgebung und die bescheidenen finanziellen Möglichkeiten der Eltern beschränkten seinen Horizont. Doch Loepfe ging seinen Weg. Er besuchte die Verkehrsschule, dann die Textilfachschule. Schliesslich holte er auf dem zweiten Bildungsweg an der AKAD die Matura nach und begann mit 27 Jahren an der HSG St. Gallen sein Wirtschaftsstudium. Schon auf dem Weg zum Mittelschulabschluss hatte er den jungen Zürcher Peter Tschofen kennengelernt, der in den Semesterferien als Reiseleiter bei Imholz jeweils etwas Geld verdiente. Loepfe erkannte darin auch für sich die grosse Chance, seinen Traum doch noch zu realisieren: «Ich stellte mich

Seine konservativ-katholische Umgebung und die bescheidenen finanziellen Möglichkeiten der Eltern beschränkten seinen Horizont.

1969 bei Hans Imholz vor – und erhielt sofort den Zuschlag.» Als HSG-Student entsprach Loepfe exakt dem idealen Anforderungsprofil des Reiseunternehmers: Er besass ein gutes Allgemeinwissen und durch seine militärische Karriere Führungsqualitäten – und er stellte finanziell keine grossen Ansprüche. Loepfe erinnert sich: «Das Reisen war für mich wie eine Erlösung. Endlich konnte ich aus unseren engen, festgefahrenen Strukturen ausbrechen – und mein Nachholbedürfnis kompensieren. Dass ich dabei sogar noch etwas verdiente, war ein schöner Nebeneffekt. Aber ich hätte es wohl auch gratis gemacht. Denn ich wollte raus in die Welt.» Reich werden konnte Loepfe, der später im Bereich der Unternehmensberatung Karriere machte und zeitweise in über 30 Verwaltungsräten sass, mit seinem Nebenjob aber sowieso nicht: Für das Begleiten von Städtetrips bezahlte Hans Imholz seinen Reiseleitern eine Tagespauschale von 35 Franken. Später wurde der Betrag auf 50 Franken erhöht. Das Kostenbewusstsein habe sich auch in anderen Bereichen bemerkbar gemacht. Loepfe erinnert sich mit einem Lächeln: «Ich wurde von Herrn Imholz zwar auch schon mal in die Kronenhalle eingeladen. Normale Geschäftsessen aber fanden in der Silberkugel für 7 Franken 50 statt.»

Doch für den Appenzeller stand ohnehin etwas anderes im Vordergrund: «Ich kam an Orte, die ich sonst kaum je gesehen hätte: hinter den Eisernen Vorhang nach Moskau, nach Portugal, wo bis 1974 ein von António de Oliveira Salazar etabliertes diktatorisches Regime herrschte, oder an die Weltausstellung 1970 nach Japan. Das war damals eine fast schon unvorstellbar lange und weite Mission.» Allein schon Städteflüge nach Budapest oder Bukarest waren damals wie Reisen in eine andere Welt – und wurden nicht von allen goutiert: «Gewisse Kreise unterstellten uns, dass wir uns mit den kommunistischen Herrschern solidarisierten und so ein fragwürdiges Signal aussandten.» Doch diese Einwände seien haltlos gewesen: «Die Politik spielte nie eine Rolle – auch für mich persönlich nicht. Imholz bot den Menschen mit seinen günstigen Angeboten und den attraktiven Destinationen die Möglichkeit, unbekannte Orte zu sehen. Damit entfachte er im ganzen Land das Reisefieber.» Und für ihn als Student sei diese Aufgabe wie eine Traumkombination gewesen: «Ich konnte mich in Organisation und Krisenmanagement bewähren – und dabei etwas Abenteuerluft schnuppern.» Hans Imholz selber lernte Loepfe als einen mit allen Wassern gewaschenen Geschäftsmann

Ich kam an Orte, die ich sonst kaum je gesehen hätte: hinter den Eisernen Vorhang nach Moskau, nach Portugal, wo bis 1974 ein von António de Oliveira Salazar etabliertes diktatorisches Regime herrschte, oder an die Weltausstellung 1970 nach Japan.

kennen: «Er war enorm tüchtig und sehr gewinnorientiert.» Dies war in allen Bereichen spürbar. Als Loepfe zufälligerweise den Städteflug nach Budapest begleiten durfte, bei dem der 10 000. Passagier an diese Destination reiste, wurde als Treueprämie an die lokale Reiseführercrew je ein Kugelschreiber verteilt.

Loepfe vergleicht seinen früheren Chef mit Unternehmensgründern wie Ueli Prager (Mövenpick), Karl Schweri (Denner) oder Roger Schawinski (Radio 24). Im Chefbüro am Firmenhauptsitz an der Birmensdorferstrasse erinnert er sich an eine besondere Situation: «Hans Imholz sass an seinem grossen Holztisch wie ein kleiner König. Vor ihm ein Blatt Papier, ein Bleistift und ein Telefon. Aber dies genügte ihm, um die ganze Firma zu führen. Seine Verhandlungstaktik war legendär.» Und das wichtigste Argument sei das herausragende Preis-Leistungs-Verhältnis gewesen. Loepfe erinnert sich an eine Reise, als er von einem Teilnehmer gefragt wurde, ob er den Trainingsanzug mitnehmen müsse, weil davon ausgegangen wurde, dass in einem Massenlager übernachtet werde. Fehlalarm: Die Gäste schliefen im bequemen Hotelbett.

Hans Imholz sass an seinem grossen Holztisch wie ein kleiner König. Vor ihm ein Blatt Papier, ein Bleistift und ein Telefon. Aber dies genügte ihm, um die ganze Firma zu führen.

Wie Loepfe gehörte auch Beat Jossen in den 1970er-Jahren zu den erfolgreichsten Reiseleitern bei Imholz, wie Loepfe wurde er an der HSG St. Gallen auf den Job aufmerksam gemacht, wie Loepfe legte er später eine erfolgreiche Karriere in der Privatwirtschaft hin. Als Event-Manager gehörte er bei der UBS im Bereich der Öffentlichkeitsarbeit zu den Schlüsselfiguren. Unter anderem organisierte er für die Grossbank zahlreiche Generalversammlungen im Zürcher Hallenstadion sowie 14 Mal den Auftritt am Weltwirtschaftsforum in Davos.

Es war Mitte der 1970er-Jahre, als Jossen bei Imholz anheuerte. Eine Ausbildung für Reiseleiter habe es damals noch nicht gegeben: «Mein erster Auftrag – eine Städtereise nach Athen – war wie der sprichwörtliche Sprung ins kalte Wasser.» Doch durch sein gutes Allgemeinwissen und das Flair für schnelles Handeln sei er der Aufgabe gewachsen gewesen, sagt er. Allerdings sei die Ausgangslage damals dankbar gewesen – weil

Beat Jossen mit Bill Gates (l.) und dem damaligen UBS-Chef Marcel Ospel am WEF in Davos 1999.

den meisten Kunden die Reiseerfahrung fehlte: «Sie waren schon für Antworten auf einfache Fragen – etwa beim Check-in am Flughafen oder bei der Zimmerverteilung im Hotel – sehr froh.» Und aufgrund des tiefen Preisniveaus konnten die Kunden gelegentlich gar nicht glauben, dass sie in guten Hotels untergebracht waren.

Sie waren schon für Antworten auf einfache Fragen – etwa beim Check-in am Flughafen oder bei der Zimmerverteilung im Hotel – sehr froh.

Jossen machte seine Sache gut – so gut, dass er schnell für weitere und aufwendigere Reisen aufgeboten wurde: etwa für Mittelmeerkreuzfahrten oder für Spezialreisen mit dem Gärtnermeisterverband durch Südamerika oder dem Hauseigentümerverband nach Peking. Von seinen Erlebnissen in der chinesischen Hauptstadt im Jahre 1978 ist er noch heute tief beeindruckt: «Alles war reglementiert und militärisch organisiert. Die Menschen in China trugen blaue oder grüne Uniformen. Farbige Kleider waren verboten. So etwas hatten wir noch nie gesehen.» Auf diesen Rundreisen sei auch gutes Geld zu verdienen gewesen. Die Tagespauschale betrug Ende der 1970er-Jahre 100 Franken – dazu kamen in der Regel grosszügige Trinkgelder.

Spezielle Erinnerungen verbindet er mit einer Reise nach Alaska zu Beginn der 1980er-Jahre. Doris und Hans Imholz hatten 1979 die Flitterwochen in dieser wilden Umgebung verbracht – und wollten die Destination unbedingt ins Angebot aufnehmen. So erhielt Jossen die ehrenvolle Aufgabe, als Premiere den Hauseigentümerverband in den nördlichsten US-Bundesstaat zu führen. Und weil das Terrain weitgehend unbekannt war und Hotels und Dislokationen teilweise erst vor Ort bezahlt werden konnten, wurde Jossen mit einem Koffer voller Geld auf die Reise geschickt – konkret mit 120 000 Franken in grossen und mittleren Dollar-Scheinen. Dieses heute schwer vorstellbare Geschäftsverhalten spiegelte zwei wichtige Eckpfeiler der Imholz-Strategie. Jossen erklärt: «Hans Imholz hatte grosses Vertrauen in seine Leute. Gleichzeitig wollte er aber immer, dass man die Rechnungen sofort bezahlt und nicht auf Kredit arbeitet.»

Das Kostenbewusstsein des Chefs änderte an der grossen Motivation der ganzen Imholz-Crew allerdings nichts: «Hans Imholz war ein äusserst geschickter Unternehmer und übertrug seine Geschäftsmentalität auf uns Mitarbeiter. Wir waren sehr stolz auf das, was wir machten, und identifizierten uns sehr stark mit der Firma.» Auch der individuelle Dresscode war Teil des Programms. Jossen: «Bei Kuoni trugen die Reiseleiter schmucke Uniformen: die Frauen ein Deux-Pièces, die Männer Hemd und Krawatte. Wir bei Imholz dagegen konnten uns selber angemessen kleiden. Aber wir mussten gut sein und im Notfall effizient und unkompliziert improvisieren.» In diesem Zusammenhang erinnert sich Jossen an ein Intermezzo während einer US-Rundreise in Salt Lake City, als der Weiterflug nach Sacramento bereits weg war: «Ich musste in diesem Fall selber entscheiden, was zu machen war – am Flughafen warten und einen anderen Flug nehmen, oder kurzfristig das Programm ändern und eine weitere Übernachtung einschalten.» Es seien oft Entscheidungen gewesen, die das Budget teilweise stark beeinflussten. Aber wer die richtige Wahl getroffen habe, sei danach vom Chef mit einem

Hans Imholz war ein äusserst geschickter Unternehmer und übertrug seine Geschäftsmentalität auf uns Mitarbeiter.

Kompliment geehrt worden – und das sei mehr wert gewesen als jede Lohnerhöhung: «Denn Hans Imholz ging mit Komplimenten um wie mit dem Geld: sehr sparsam.» Sein Erfolg habe vor allem auf Innovationen, Konsequenz und pragmatischem Vorgehen beruht.

Diese Einschätzung bestätigt Peter Tschofen. Der Zürcher war zwischen 1967 und 1979 für Hans Imholz als Reiseleiter unterwegs – und leitete in den letzten drei Jahren auch die Personalabteilung: «Ich habe kaum einmal jemanden erlebt, der Verhandlungen härter führte als Hans Imholz.» Tschofen erinnert sich an ein laustarkes Telefongespräch des Chefs mit rumänischen Behörden, als es um die Landerechte für Bukarest ging: «Noch einen Tag vor dem Erstflug hatten wir die Erlaubnis nicht. Aber Hans Imholz setzte seine Ultimaten so geschickt, dass die Rumänen schliesslich nachgaben und all seinen Forderungen nachkamen.»

Peter Tschofen, ebenfalls ein Absolvent der HSG St. Gallen, lernte von seinem Chef schnell – und genoss grosses Vertrauen. Schon kurz nach seiner Einstellung wurde er für Erstreisen aufgeboten – und für mehrwöchige Rundreisen. Die Verdienstmöglichkeiten seien sehr unterschiedlich gewesen, je nach Kundschaft und Destination. Lukrativ sei es vor allem an jenen Orten geworden, wo man die Touristengruppen in Geschäfte führen und bei entsprechenden Käufen Kommissionen verdienen konnte. Tschofen erinnert sich an eine Weltreise in Richtung Japan und einen Etappenhalt in Hongkong: «Ich führte unsere Gruppe in das bekannte Schmuckgeschäft Golay Buchel – und traf damit offenbar genau den Geschmack der Schweizer.» Am Schluss erhielt ich vom Geschäftsführer einen vierstelligen Frankenbetrag. Zurück in der Schweiz, habe er sich von den Kommissionsgeldern einen VW gekauft.

Am Schluss erhielt ich vom Geschäftsführer einen vierstelligen Frankenbetrag. Zurück in der Schweiz habe er sich von den Kommissionsgeldern einen VW gekauft.

Das Reiseleiterleben habe viel mit Managementaufgaben zu tun gehabt – und mit dem disziplinierten Einhalten der Kosten. Tschofen erzählt von einem Ausflug zum Titicacasee an der Grenze zwischen Bolivien und Peru: «Der lokale Agent wollte für die Bootsfahrt plötzlich mehr, als abgemacht war – viel mehr. Und obwohl ich eigentlich genügend Geld dabeihatte, gab ich keinen Zentimeter nach. Das

«Viva Mexiko» - ein Reiseleiter ist auch ein Showstar. Peter Tschofen im touristischen Fronteinsatz 1974.

war Ehrensache. Denn wir fühlten uns für den Geschäftserfolg von Imholz mitverantwortlich.» Eine dreiwöchige Südamerikareise sei für jeden Reiseleiter eine grosse Herausforderung gewesen, verbunden mit Risiken und Verantwortung: «Damals war noch nicht alles so transparent und durchorganisiert wie heute. Stellte sich ein Problem, musste man oft mutig und unkompliziert handeln – ohne dass man wusste, ob man richtig lag.» Rettende digitale Möglichkeiten wie Handy oder Internet gab es noch nicht. Intuitives und pragmatisches Handeln sei gefragt gewesen. Peter Tschofen denkt, dass er sicher auch davon profitiert habe, dass er bereits als Pfadfinderführer und als Offizier der Schweizer Armee Verantwortung habe tragen müssen: «Führungsqualitäten sind für einen guten Reiseleiter unabdingbar.»

Stolz sei er auch gewesen, wenn er mit seiner Gruppe in denselben Hotels wie die Kuoni-Gäste einquartiert war. Diese hätten jeweils ziemlich irritiert aus der Wäsche geguckt, als sie bemerkten, dass Imholz-Leute im gleichen Haus übernachteten – aber zu einem deutlich tieferen Arrangementpreis: «Wir standen vor unseren Gruppenmitgliedern dann immer sehr gut da», erzählt Tschofen. Ihre Arbeit sei wohl deshalb auch einfacher gewesen als beispielsweise diejenige der Kuoni-Reiseleiter, weil die Imholz-Gruppen jeweils sehr homogen waren: «Bei Kuoni waren oft auch Ausländer und Westschweizer dabei. Mit uns dagegen reisten vor allem Deutschschweizer. Das machte die Organisation und das Handling einfacher – allein, weil alle dieselbe Sprache sprachen und meistens auch das Reiseverhalten gleich war.» Tschofen bezeichnete sich als «grossen Imholz-Fan»: «Dank dem genialen Konzept gab uns Hans Imholz die Chance, die ganze Welt zu sehen.» Das Geschäftsmodell, das von einem tiefen Basispreis ausging, das aber Extragewinne beim Verkauf von Ausflügen und Touren generierte, vergleicht Tschofen lächelnd mit einem Nassrasierer: «Der Rasierer selber ist günstig – aber die Klingen kosten viel Geld.»

Peter Tschofen wäre eigentlich gerne Pilot geworden. Aber über die fliegerische Vorausbildung kam er nicht hinaus. Sein Posten als Reiseleiter war dann sozusagen die Kompensation für seinen verpassten Traumberuf. Von Hans Imholz war er immer «tief beeindruckt». Und er liess sich von ihm inspirieren. 1979 machte er sich selbstständig und gründete die «AGT Reiseleiter- und Hostessen-Schule». Für die Kursgebühren konnte man sich das Basiswissen für die Tätigkeit als Stationsmanager oder Stationsmanagerin oder auch «nur» besseres Reisewissen für den Privatgebrauch aneignen. Das Geschäft lief gut. Und trotzdem verkaufte es Tschofen 1997: «Im Kleinen erging es mir wie Hans Imholz. Beim Verkauf machte ich einen respektablen Gewinn. Aber danach ging es mit dem Geschäft abwärts. Heute gibt es die Schule nicht mehr.»

Der Reiseleiter mit der wohl längsten Berufserfahrung heisst Werner Eggimann. 1972 leitete er seine erste Reise für Imholz – und noch 2020 war er für das Nachfolgeunternehmen Vögele Reisen im Einsatz. Zuletzt führte er eine Reisegruppe nach Vietnam – kurz bevor Covid-19 die «ganze Branche ins Elend stürzte» – wie es Eggimann pragmatisch formuliert: «Das dürfte nach 48 Jahren wohl meine letzte Reiseleitung gewesen sein.»

«Bei Kuoni waren oft auch Ausländer und Westschweizer dabei. Mit uns dagegen reisten vor allem Deutschschweizer.».

Mit wesentlich grösserem Vergnügen erinnert er sich an seine Anfänge im Reisegeschäft. Er habe von Freunden von Imholz Reisen gehört – und sich sofort gemeldet. Damals studierte Werner Eggimann in Lausanne Geschichte und Politische Wissenschaften und schloss 1975 mit dem Doppel-Lizenziat ab. Nach seinem Vorstellungsgespräch bei Imholz ging alles schnell. Nur drei Tage verbrachte er am Hauptsitz an der Birmensdorferstrasse in Zürich-Wiedikon. Dann fiel ein Reiseleiter krankheitsbedingt aus. Ein Fall für Eggimann: «Ich durfte einspringen und fand mich 24 Stunden später mit einer Gruppe von 100 Reisenden im Flugzeug nach Athen – obwohl ich keinerlei Reiseerfahrungen besass und die Stadt nicht kannte.»

Dies sei aber kein Problem gewesen, sagt Eggimann. Denn er lernte bald, dass man – selbst wenn man eine Destination zum ersten Mal bereiste – sich das nötige Wissen durch gründliche Vorbereitung aneignen konnte. Er habe sich stets über historische und geographische Fakten aufgeklärt und sei so selten in Argumentationsnot gekommen. Dinge wie Flugrouten, Einwohnerzahlen, politische Gegebenheiten, Lage der Hotels, Währungskurse, Essen und Trinken habe man schon in der Vor-Internet-Zeit in Erfahrung bringen können – auch wenn die Recherchearbeiten wesentlich aufwendiger gewesen seien als heute: «Man suchte sich die Unterlagen in einer Bibliothek zusammen, erkundigte sich bei der Botschaft oder beschaffte sich einen Reiseführer, der über das Polyglott-Wissen hinausging.»

Ich durfte einspringen und fand mich 24 Stunden später mit einer Gruppe von 100 Reisenden im Flugzeug nach Athen – obwohl ich keinerlei Reiseerfahrungen besass und die Stadt nicht kannte.

Entscheidend für einen guten Reiseleiter sei auch das Gespür für wichtige Details: «Man muss der Reisegruppe an einem fremden Ort faktisch immer einen Schritt voraus sein.» Beispielsweise erkundige sich Eggimann immer als erstes nach der nächsten Toilette. Denn diese Frage komme immer.

Der Flug nach Athen war der Auftakt zu einer Reise durchs ganze Leben. Eggimann begleitete in den Jahrzehnten danach unzählige Rundreisen auf allen fünf Kontinenten und arbeitete als Resident Manager an Destinationen wie Rio de Janeiro, Bangkok oder Kairo. Rückblickend sagt er: «Zu Beginn war die Reiseleitung für mich ein Studentenjob. Aber je länger je mehr wurde das Reisen zu meinem mit grosser Passion gelebten Hobby.» Hauptberuflich führte Eggimann nach dem Studium den von seinem Vater aufgebauten Grosshandelsbetrieb, ein KMU, erfolgreich weiter.

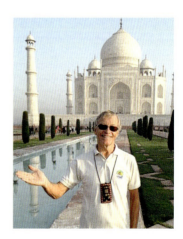

Peter Eggimann global - Schnappschüsse aus dem
Leben eines Reiseleiters.

Ums Geld sei es ihm bei seiner Anstellung als Reiseleiter nie gegangen. Denn auch mit Trinkgeldern und Zulagen habe man nicht reich werden können. In den 1970er-Jahren sei die Welt in gewissem Sinne noch viel grösser gewesen: «Reiseerfahrung besassen nur wenige Kunden. Die meisten Teilnehmer waren froh und dankbar, wenn man sie wohlbehalten wieder zurück in die Heimat brachte.» Heute dagegen seien die Gäste dank dem Internet bestens informiert, hätten vor der Reise normalerweise mehrere Angebote verglichen – und wissen, was sie erwarten dürfen. Für Eggimann absolut nachvollziehbar: «Der Gast erwartet zu Recht die entsprechende Leistung. Sonst bucht er das nächste Mal bei einem anderen Büro.»

Denkt er an seine Imholz-Zeiten zurück, kommt ihm seine China-Premiere in den Sinn: «Ich hatte die Ehre, mit Imholz eine der allerersten Gruppenreisen ins Reich der Mitte begleiten zu dürfen. Niemand wusste genau, wie das Ganze abläuft, da kaum Erfahrungswerte vorlagen.» Eigentlich seien peinliche Fauxpas vorprogrammiert gewesen. So stand beispielsweise der Besuch einer Peking-Oper auf dem Programm. Werner Eggimann schildert den Abend wie folgt: «Ich riet den Frauen wider besseres Wissen, sich ‹opernmässig› zurechtzumachen. Als wir durch den VIP-Eingang im Theater eintrafen, war der Saal von Hunderten von chinesischen Männern in blauen und grünen Mao-Jacken schon voll besetzt – und der Lärmpegel hoch. In der vordersten Reihe waren für die Imholz-Gruppe Plätze reserviert. Kaum betraten wir das Theater, herrschte wie auf Kommando Totenstille. Es folgte ein Spiessrutenlaufen für uns quer durch Saal. Es war einer der Momente im Leben, an denen man in den Boden versinken möchte. Wir –

Die meisten Teilnehmer waren froh und dankbar, wenn man sie wohlbehalten wieder zurück in die Heimat brachte.

und vor allem die Frauen – waren die Hauptattraktion des Abends, und nicht die Aufführung.» Aber trotzdem sei alles irgendwie optimal gelaufen: «Die Gruppe kehrte begeistert in die Schweiz zurück.» Dies seien überhaupt seine schönsten Erfahrungen und Erlebnisse gewesen, sagt Eggimann: «Das wunderbare Gefühl, wieder eine Gruppe glücklich und zufrieden zurück in die Schweiz gebracht zu haben, war das schönste an unserem Job.»

Auf Hans Imholz angesprochen, streicht Eggimann vor allem dessen Führungsqualitäten und das feine Antizipationsvermögen hervor: «Hans Imholz war ein strenger Patron der alten Schule, mit einer goldenen Nase für Neuerungen im jeweils richtigen Zeitpunkt. Dabei denke ich an die Verbandsreisen, die Städtereisen oder an das Gratis-Bahnticket zum Flughafen.» Auch im Personalmanagement habe er ein hervorragendes Gespür besessen: «Das Unternehmen war eine Kaderschmiede. Viele Imholz-Mitarbeiter machten später Karriere – und nicht nur in der Tourismusbranche.» Als «typisch Imholz» stuft Eggimann aber den Verkauf der Firma 1989 ein: «Imholz hat exakt den richtigen Moment erwischt. Das gelingt nicht vielen.»

Das wunderbare Gefühl, wieder eine Gruppe glücklich und zufrieden zurück in die Schweiz gebracht zu haben, war das schönste an unserem Job.

Praktisch während der gesamten Unternehmensgeschichte habe alles perfekt zusammengespielt, denkt Eggimann. «Reisen mit Imholz besassen den Ruf, günstig zu sein, und das Preis-Leistungs-Verhältnis stimmte im Allgemeinen.» Und mit dem wachsenden Wohlstand anfangs der 1970er-Jahre begann die goldene Zeit der Fernreisen.

Für Eggimann auch persönlich eine grosse Chance: «Gleich in meinem ersten Jahr durfte ich mit einer Doppelgruppe von etwa 50 Passagieren die Südseeweltreise begleiten.» Allerdings sei nicht immer alles nach Plan gelaufen. Denn Reservationen wurden zu Beginn noch per Brief platziert. So sei es vorgekommen, dass in Südamerika der lokale Agent die Informationen noch nicht erhalten hatte und so niemand am Flughafen wartete. Dann sei der Reiseleiter im höchsten Masse gefordert gewesen. Improvisation war gefragt – denn auch die Hotels wussten nicht Bescheid. Und das Handy als Allzweckwaffe war damals noch nicht erfunden. So fasst Eggimann den grössten Unterschied von damals zu heute simpel zusammen: «Früher leiteten wir eine Reise proaktiv und mit Risikobewusstsein, heutzutage führt man das Programm möglichst genau nach den Vorgaben aus.»

Und was dachte Werner Eggimann, als TUI im Jahr 2006 den Namen Imholz versenkte? Als das Lebenswerk von Hans Imholz quasi vom Erdboden verschwand? Der langjährige Reiseleiter sieht es pragmatisch und hält sich an Konfuzius: «Leuchtende Tage. Nicht weinen, dass sie vorüber. Lächeln, dass sie gewesen.»

Doch alles ist nicht vorüber. Noch heute treffen sich frühere Imholz-Angestellte (Reiseleiter sowie Mitarbeiter der Administration) regelmässig. Das logistische Zentrum dieser losen Gruppierung ist Peter Tschofen. Einmal pro Jahr findet unter seiner Regie die Im-

Gleich in meinem ersten Jahr durfte ich mit einer Doppelgruppe von etwa 50 Passagieren die Südseeweltreise begleiten.

holz-Wanderung statt. Im vergangenen Jahr wäre der Jura das Ziel gewesen. «Leider machte uns Corona einen Strich durch die Rechnung», erzählt Tschofen. Daneben sieht sich die Ex-Imholz-Crew rund sechsmal pro Jahr zum Reiseleiter-Stamm mit Mittagessen und Rahmenprogramm: «Wir wollen mehr zusammen machen als nur zusammen am Tisch sitzen und dann wieder nach Hause gehen.» Dabei leben viele Erinnerungen an die gemeinsame Imholz-Zeit wieder auf – und das sicher noch für sehr lange.

34 | VON DER FEUERWEHR-REISE BIS ZUM FIRMENVERKAUF

In den 1970er-Jahren führte er Imholz-Reisegruppen rund um den Globus. 1989 fädelte er den Verkauf des Unternehmens an Jelmoli ein. Heinz Winzeler schrieb eines der ungewöhnlichsten Kapitel der Firmengeschichte.

Wird Heinz Winzeler auf seine Zeit als Reiseleiter angesprochen, spürt man sofort Dankbarkeit und Respekt: «Ich habe in diesen fünf Jahren vieles gelernt, das man in der Privatwirtschaft unbedingt braucht: mit unvorhergesehenen Situationen umzugehen, schnell und zielgerichtet zu organisieren, sich den Respekt einer Gruppe zu verschaffen, Menschen richtig einzuschätzen und Probleme zu antizipieren.» Das People-Management habe in der Regel schon am Flughafen begonnen, als man sich ein Bild über die Zusammensetzung der Gruppe machte und spüren musste, mit wem man wie umgehen konnte: «Als junger Reiseleiter wurde ich nicht automatisch als Respektsperson wahrgenommen. Oft musste ich mir die Akzeptanz und das Vertrauen der Reisenden zuerst durch Leistung und Kompetenz verdienen.»

Winzeler wurde 1974 als Student an der HSG St. Gallen durch eine zufällige Bekanntschaft mit einer Reiseleiterin auf die Chance bei Imholz aufmerksam gemacht: «Die Aufgabe faszinierte mich sofort. Denn ich hatte vor Studienbeginn bei der Swissair als Sachbearbeiter gearbeitet – und so ein Flair für die Reisebranche entwickelt.» Bei Imholz war schnell Bedarf für den motivierten jungen Mann. Winzeler erinnert sich mit Vergnügen: «Ich wurde gleich für drei Amsterdam-Städtereisen aufgeboten – obwohl ich zuvor noch nie dort war.» Dies sei aber kein grosses Problem gewesen: «Die Prozesse waren sehr gut eingespielt. Die Stationsmanager wussten ebenso Bescheid wie die lokalen Reiseführer.» Winzeler gewann das Vertrauen von Hans Imholz. Schnell wurde er auch für komplexere Aufträge wie Erstreisen und Rundreisen aufgeboten. Gelegentlich seien auch abenteuerliche Expeditionen darunter gewesen – zum Beispiel eine Reise mit

> *Oft musste ich mir die Akzeptanz und das Vertrauen der Reisenden zuerst durch Leistung und Kompetenz verdienen.*

Peter Winzeler zusammen mit weiteren Imholz-Kollegen bei der 50-Jahr-Jubiläumsfeier.

dem Schweizer Feuerwehrverband nach Hamburg: «Da wurde kein Brand, sondern vor allem der Durst gelöscht», erzählt Winzeler lachend.

Selber hielt er sich in solchen Situationen zurück. Denn als Reiseleiter sei er für einen reibungslosen Ablauf verantwortlich gewesen. Und den konnte man nur garantieren, wenn man die Gruppe jederzeit unter Kontrolle hatte: «Kompromisse lagen nicht drin», sagt er heute.

Es ging fast ständig aufwärts – und die Menschen wollten die Welt entdecken. Da war Imholz mit seiner Geschäftsidee im richtigen Moment am richtigen Ort.

Schon bald durfte Winzeler die Rolle des Stationsmanagers selber spielen – und dies gleich in New York, der Stadt, die niemals schläft und damals zu den beliebtesten Destinationen gehörte: «Amerika war das Traumziel von vielen Schweizern und noch im wörtlichen Sinn das Land der unbegrenzten Möglichkeiten. Und New York stellte in der boomenden Reisebranche den vielleicht grössten Sehnsuchtsort überhaupt dar.» Empire State Building, Broadway, Freiheitsstatue, Central Park – und mittendrin der 24-jährige Wirtschaftsstudent Heinz Winzeler: «Das war fast wie ein Sechser im Lotto.»

Zunächst beschränkten sich die Imholz-Reisen über den Atlantik auf New York. Sukzessive wurde das Programm aber erweitert – und damit auch das Wirkungsfeld von Winzeler: «Wir führten die Reisegruppe nach Philadelphia, um die berühmte Liberty-Glocke anzuschauen – und nach Buffalo zu den Niagarafällen.» Die Reiselust der Schweizer sei damals von Jahr zu Jahr gestiegen – und die finanziellen Möglichkeiten ebenso: «Es ging fast ständig aufwärts – und die Menschen wollten die Welt entdecken. Da war Imholz mit seiner Geschäftsidee im richtigen Moment am richtigen Ort.»

Von seinem ehemaligen Chef ist er noch heute beeindruckt: «Hans Imholz gehört zu den besten Geschäftsleuten, die ich je kennengelernt habe – und ich habe viele kennengelernt. Er handelte stets mit Mut – aber auch mit Bedacht und Vorsicht. Er mied das unnötige Risiko, aber wusste genau, wann er investieren musste. Grosse Reden hat er nie geschwungen, sondern immer pragmatisch gehandelt.» Auch als er darüber nachdachte, ob er (wie die Konkurrenz) eigene Flugzeuge anschaffen sollte, habe er sich nicht von den Emotionen leiten lassen, sondern mit kühlem Kopf die Vor- und Nachteile abgewogen: «Hans war sich auch nie zu schade, andere um ihre Meinung zu fragen. Er hat sich selber nie überschätzt.»

Als Hans Imholz sein Reisebüro 1989 an Jelmoli verkaufte, war Winzeler als Chef der Abteilung Corporate Finance bei Vontobel eine der Schlüsselfiguren in diesem spektakulären Geschäft.

So holte er auch ab und zu den Rat seines früheren Reiseleiters Heinz Winzeler ein. Denn der Firmengründer hatte die Karriere seines ehemaligen Temporär-Angestellten ganz genau verfolgt. Hans Imholz sagt dazu: «Ich verlangte von meinen Mitarbeitern Loyalität und Leistungsbereitschaft. Wenn ich diese spürte, schenkte ich ihnen grosses Vertrauen – und in Heinz Winzeler hatte ich grosses Vertrauen.» Deshalb sei es für ihn selbstverständlich gewesen, dass er ihn in finanziellen und wirtschaftlichen Dingen nach seiner Einschätzung gefragt habe.

Winzeler verdiente seine Sporen bei der Schweizerischen Bankgesellschaft ab. Später wechselte er zur Bank Vontobel. Dann gehörte er zu den Gründern der erfolgreichen Vermögensverwaltungsfirma Von Graffenried & Partner, der heutigen Pensador. Der Tages-Anzeiger beschrieb ihn 1998 als «freundlichen Investor von nebenan». Als Hans Imholz sein Reisebüro 1989 an Jelmoli verkaufte, war Winzeler als Chef der Abteilung Corporate Finance bei Vontobel eine der Schlüsselfiguren in diesem spektakulären Geschäft.

Dabei war ursprünglich aber alles ganz anders geplant. 1987 sei er von Hans Imholz kontaktiert worden, um die Option eines Börsenganges abzuklären. Zunächst habe man auf dieses Ziel hingearbeitet. Doch sukzessive sei man von der Idee abgerückt. Letztlich verhandelte man mit vier Interessenten über den Verkauf – unter anderem mit Hotelplan und Jelmoli. Schnell zeichnete sich ab, dass das mit Abstand beste Angebot von Jelmoli – beziehungsweise von der UTC International AG in Basel unter dem Vorsitz des Baslers Gaudenz Stähelin – kam. Winzeler sagt dazu: «Jelmoli wollte sein defizitäres Reisegeschäft auf ein solideres Fundament stellen und bot einen sehr guten Preis. Hotelplan – mit wesentlich mehr Knowhow und Erfolg im Reisebusiness – hätte wohl höchstens einen Bruchteil bezahlt.» Daraus habe sich für Hans Imholz eine sehr lukrative Chance ergeben – eine, die er wahrnehmen musste. Winzeler denkt, dass Imholz auch gespürt habe, dass der Reiseboom nicht ewig anhalten würde: «Hans verstand sehr gut, dass die Wirtschaft in Zyklen funktioniert. Deshalb war es logisch, dass er auf die Offerte von Jelmoli einstieg und die Verantwortung über die Zukunft seiner Firma in andere Hände gab.»

Heinz Winzeler und Hans Imholz haben die gute Beziehung bis heute gehalten. Die beiden sehen sich regelmässig zum Essen und spielen gelegentlich zusammen Golf. Ihre Freundschaft spiegelt auch das Personalmanagement von Hans Imholz: Wenn der Reisepionier jemandem das Vertrauen schenkt, ist dies mehr als ein Bekenntnis auf Zeit – viel mehr.

Krisenmanagerin: Beatrice Tschanz gehört zu den grossen Persönlichkeiten im Kommunikationsgeschäft.

35 | «ICH HABE MICH HALS ÜBER KOPF IN HANS VERLIEBT»

Journalistin, Reiseexpertin, Krisenmanagerin. Beatrice Tschanz setzte in der Kommunikation Massstäbe. Für Hans Imholz hätte sie aber einst alles stehen und liegen gelassen.

Ihr Name ist mit der Fluggesellschaft Swissair verbunden wie kaum ein anderer – und mit einer der schwärzesten Stunden in der Schweizer Luftfahrtgeschichte: Beatrice Tschanz (75), Journalistin, Managerin und Kommunikationsspezialistin.

Zum ersten Mal kommunizierte ein Unternehmen offen, ehrlich und umfassend über ein Ereignis.

Es war der 2. September 1998, als eine Swissair-Maschine des Typs MD-11 mit dem Namen «Vaud» beim kanadischen Peggy's Cove ins Meer stürzte. 215 Passagiere und 14 Besatzungsmitglieder verloren ihr Leben. Am Flughafen Genf-Cointrin, wo der Flug SR 111 um 9.30 Uhr hätte landen sollen, meldeten die Anzeigetafeln erst eine Verspätung, dann wurde der Status auf «cancelled» geändert.

«Es darf nicht wahr sein. Eine Swissair-Maschine fällt nicht einfach so vom Himmel», erinnert sich Beatrice Tschanz an ihre ersten Gedanken. «Ich riss mich zusammen, sagte mir: ‹Bea, jetzt muesch liefere.›» Noch in der Nacht stieg Tschanz ins Auto, fuhr zum Swissair-Hauptsitz in Kloten. Dort traf sie auf chaotische Zustände und erschütterte Mitarbeiter. Tränen flossen: «Mein damaliger Chef Philippe Bruggisser war kreidebleich.» Sie hätten anfänglich noch gehofft, dass es sich um eine Falschmeldung handle, erinnert sich Tschanz. Doch das Unfassbare war eingetreten. An der Seite von Bruggisser trat Tschanz vor die Medien – und wurde für Wochen und Monate zu einer Person des öffentlichen Interesses. Die Zeitung Finanz und Wirtschaft schrieb später nicht ohne Bewunderung: «Zum ersten Mal kommunizierte ein Unternehmen offen, ehrlich und umfassend über ein Ereignis.»

Nach dem Swissair-Absturz in Halifax am 2. September 1998 steht sie während Wochen praktisch im 24-Stunden-Einsatz.

Mit 23 Jahren Abstand sagt Beatrice Tschanz über jene Zeit: «Dieses Un-
glück beschäftigt mich noch heute. Denn letztlich war die Swissair verantwortlich für den Tod der Passagiere. Und eine solche Meldung der Öffentlichkeit zu überbringen, war eine fast unlösbare Aufgabe.»

Auch Imholz Reisen war 1997 von einer schweren Katastrophe betroffen
– vom Terroranschlag in Luxor.

Der renommierte Schweizer Journalist Felix E. Müller, damals unter den
verschonten Augenzeugen, schrieb in der Neuen Zürcher Zeitung in einem
Rückblick im November 2017 über jene schrecklichen Momente: «Es ist
kurz vor neun Uhr. Im Hatschepsut-Tempel in Luxor, dieser atemberauben-
den Tempelanlage im Tal der Könige, erwacht das Leben. Die ersten Touristengruppen sind bereits eingetroffen. Sie stammen mehrheitlich aus der
Schweiz, Frühaufsteher eben, die mit Hotelplan, Imholz und Kuoni unterwegs sind und vor der prallen Mittagshitze die Erinnerungsstätte für die
einzige Pharaonin in der Geschichte Ägyptens besichtigen wollen. Dann
nähern sich auch einige ägyptische Männer dem Kassenhäuschen. Als sie
nach dem Eintrittsticket gefragt werden, öffnet einer von ihnen seine Ja-
cke, reisst eine Kalaschnikow heraus und erschiesst mit einer Salve den
Kontrolleur. So beginnt am Montag, dem 17. November 1997, das Attentat
von Luxor. 45 Minuten später haben die Terroristen 58 Touristen, unter
ihnen 36 Schweizer, und 4 Einheimische massakriert. Während 45 unendlich langen Minuten hallen die Schüsse, die Schreie der Opfer, die Kampf-
rufe der Attentäter von den Felswänden des Taltrichters, in dem die kolos-
sale Tempelanlage als perfekte Falle liegt, 45 Minuten, während denen
sich keine Polizei zeigt, keine Sirene ertönt, kein Helikopter einfliegt, 45
Minuten des sinnlosen Mordens, bis es scheinbar nichts mehr zu morden
gibt. Dann ziehen die Terroristen ab und lassen ein Schlachtfeld von Lei-
chen, Schwer- und Leichtverletzten zurück. Nur eine einzige Schweizer
Reisegruppe hat keine Opfer zu beklagen, weil sie – in einer Nebenkapelle
hinter Säulen versteckt – unerklärlicherweise von den Tätern übersehen
wird.»

Beatrice Tschanz wurde mit diesem Schicksalsschlag konfrontiert, als die
Särge der Schweizer Opfer in einem Hangar in Kloten aufgereiht wurden:
«Ich erinnere mich noch genau an den schwarzen Stoff im Raum – und
daran, wie unfassbar viele Särge es waren.» So schrecklich jenes Ereignis
auch war, so wenig hatte es mit dem Absturz in Halifax gemeinsam: «In

Ägypten wurden die Schweizer Opfer eines hinterhältigen Terroranschlags. Niemand in der Schweiz konnte verantwortlich gemacht werden. Die Krisenkommunikation übernahm das Aussendepartement des Bundes. Deshalb wurden auch die betroffenen Schweizer Reiseunternehmen durch den tragischen Zwischenfall in ihrem Ruf nicht beschädigt. Halifax dagegen leitete wohl den Untergang der Swissair ein.»

Ich erinnere mich noch genau an den schwarzen Stoff im Raum – und daran, wie unfassbar viele Särge es waren.

Es sind düstere Erinnerungen, die Tschanz nachdenklich stimmen. So sehr sie durch ihre starken Auftritte damals das eigene Profil schärfte, so nah geht ihr noch heute das Schicksal der Opfer. Wesentlich bessere Gedanken verbindet sie mit Hans Imholz. Wohl nur wenige Schweizer(innen) erlebten den Reisepionier auf mehr Ebenen als Tschanz, die mit Imholz als Journalistin, als PR- und Kommunikationsleiterin von Ringier sowie von Jelmoli, als Kommunikationschefin der SAirGroup und – last but not least – als Privatperson Kontakt pflegte.

Die erste Begegnung hatte sie mit Imholz Ende der 1960er-Jahre bei einer Medieneinladung des schwerreichen griechischen Reeders Yiannis Karageorgis. Tschanz gehörte als Chefredaktorin der Schweizer Frauenzeitschrift Femina zum Kreis der Eingeladenen, Imholz in seiner Funktion als Chef seines aufstrebenden Reisebüros. Karageorgis hatte ein «kleines, feines Kreuzfahrtschiff» (Tschanz) für rund 120 Passagiere bauen lassen und zeigte damit den ausländischen Gästen die Schönheiten der Ägäis. Noch mehr als von den malerischen Buchten und Insellandschaften war Beatrice Tschanz von Hans Imholz begeistert: «Seine Dynamik und Inspiration haben mich tief beeindruckt. In seinem witzigen, fröhlichen und selbstbewussten Auftreten war er völlig unschweizerisch. Hans hat vor Ideen nur so gesprüht.» Die junge Chefredaktorin war hin und weg: «Ich verliebte mich Hals über Kopf in Hans.» Überhaupt schien der Ausflug ins östliche Mittelmeer für alle Beteiligten stilprägend gewesen zu sein. Tschanz erinnert sich mit einem Lachen: «Wir schipperten durch die ganze Ägäis. Zwar war meine Liebe zu Hans eher einseitig. Aber der Reeder Karageorgis hatte so grosse Freude an seinen Schweizer Gästen, dass er uns anbot, langfristig zu bleiben.» Sie habe dem generösen Gastgeber dann aber leider mitteilen müssen, dass sie zurück auf der Redaktion in Zürich erwartet wurde. Worauf Karageorgis sich nach dem Namen der Zeitschrift erkundigte und gesagt habe: «Dann kaufe ich halt diese Publikation – und ihr könnt bleiben.»

Letztlich wurde aus dem Mediendeal nichts – und Tschanz und Imholz kehrten mit ihrer Gruppe in heimische Gefilde zurück. Aber aus der Gelegenheitsbekanntschaft wurde eine «echte Freundschaft und gewinnbringende berufliche Beziehung», wie es Beatrice Tschanz ausdrückt.

Imholz verkaufte seine Arrangements damals nämlich oft als «Leserreisen» von Schweizer Publikationen – und mit der Femina hatte Beatrice Tschanz die perfekte Plattform zu bieten. Als wichtigen Grund für den Erfolg dieses Geschäftsmodells bezeichnet Tschanz die

Seine Dynamik und Inspiration haben mich tief beeindruckt. In seinem witzigen, fröhlichen und selbstbewussten Auftreten war er völlig unschweizerisch. Hans hat vor Ideen nur so gesprüht.

hohe Integrität und Glaubwürdigkeit von Hans Imholz: «Er gab seinem Unternehmen ein Gesicht. Das Foto mit ihm am Telefon war in den Inseraten omnipräsent – und so bürgte er für die Qualität des Produktes mit seinem Namen und seiner Persönlichkeit. Und das kam bei den Schweizern extrem gut an.»

Die Imholz-Leserreisen bezeichnet Tschanz als «geniales Marketing-Instrument für alle Beteiligten», weil die Zeitungen und Zeitschriften so die Leserbindung stärken konnten und das Reisebüro sowohl neue Kundschaft und öffentliches Interesse generierte. Das Modell klappte während Jahrzehnten: So nahm Imholz die Leser des Sonntagsblicks auf eine fünfwöchige Australienreise mit, führte die Kundschaft der Glückspost «auf den Spuren von Sisi» ins kaiserliche Wien, stiess mit der Coopzeitung bis nach Südafrika vor oder eroberte mit der Schweizer Illustrierten das «Land der unbegrenzten Möglichkeiten» von den Niagarafällen bis in den Wilden Westen. Beatrice Tschanz sagt dazu: «Hans Imholz hat vielen Leuten mit schmalem Budget Reisen an Orte ermöglicht, die sie sonst nie gesehen hätten.» Mit dem Billigtourismus von heute hatte dies aber nichts gemeinsam: «Bei Imholz wusste man immer ganz genau, dass man guten Schweizer Standard und eine Topbetreuung erhielt.»

Beatrice Tschanz bezeichnet Hans Imholz als «Mann des Volkes», der nie die Bodenhaftung verlor und auch immer an die weniger privilegierten Mitmenschen dachte und echte Schweizer Werte verkörperte. So sei er beispielsweise ein grosser Bewunderer des Schwingerkönigs Ruedi Hunsperger gewesen. Auch habe er sich mit grosser Leidenschaft und finanziellem Engagement für Bergbauern im Sarganserland eingesetzt – weil ihn diese Lebensform stark beeindruckte und er dazu beitragen wollte, dieses Stück Schweizer Kulturgut zu wahren. Dass er später seine eigene Stiftung gründete, sei ebenfalls ein schöner Zug gewesen: «Hans konnte immer teilen. Davon profitieren alle – auch seine Angestellten.»

Hans Imholz hat vielen Leuten mit schmalem Budget Reisen an Orte ermöglicht, die sie sonst nie gesehen hätten.

In ihrer Zeit als Marketing- und Kommunikationschefin der Warenhauskette Jelmoli (1991 – 1997) begegnete Tschanz dem Reiseunternehmer das nächste Mal – als plötzlich die Rede davon war, dass Jelmoli das Reisebüro Imholz kaufen werde. Tschanz erinnert sich: «Ich dachte zuerst, dass ich mich verhört habe. Ich konnte es nicht glauben, dass sich Hans von seinem Lebenswerk trennen wollte.» Doch offenbar war das Angebot so gut, dass Imholz nicht nein sagen konnte. Tschanz nennt es einen «Superdeal» mit einem «respektablen mehrstelligen Millionen-Betrag» als Verkaufssumme.

Beatrice Tschanz ist noch heute voller Bewunderung für Hans Imholz: Er habe eine Karriere hingelegt, wie sie in der Schweiz nur wenigen gelungen ist. «Karl Schweri mit Denner oder Nicolas Hayek mit Swatch sind zwei der ganz wenigen Schweizer Persönlichkeiten, die man in geschäftlicher Hinsicht mit ihm vergleichen kann.» Hans habe die richtige Idee im richtigen Moment entwickelt, sagt Tschanz – und er ging seinen Weg mit viel Selbstdisziplin und Empathie: «Die Qualität seiner Produkte hat immer gestimmt. Hans schaute auf jedes Detail, und er gab seinen Mitarbeitern immer zu verstehen, wie wichtig sie für ihn waren.» Und er erkannte auch, wann der Moment gekommen war, um loszulassen. «Dies schaffen nur die wenigsten», sagt Tschanz – und bezeichnet Doris Imholz als entscheidenden Faktor für den umfassenden Erfolg von Hans Imholz: «Hans hatte mit Doris sehr viel Glück.» So muss Beatrice Tschanz nicht lange überlegen, wenn sie einen alternativen Titel für dieses Buch finden müsste. Es könne eigentlich nur eine Headline geben, sagt die frühere Journalistin: «Hans im Glück».

Schwergewichte: Schwingerkönig Ruedi Hunsperger mit Ehefrau (l.) zusammen mit Hans Imholz und Beatrice Geiser (später Tschanz).

«Doris und Hans Imholz gehören zu den liebevollsten Persönlichkeiten, die ich je kennenlernen durfte», sagt Tonhallen-Intendantin Ilona Schmiel.

36 | «HANS IMHOLZ ÖFFNET VIE-
LEN MENSCHEN DEN ZUGANG
ZUR TONHALLE»

«Ich sage danke.» Ilona Schmiel, die Intendantin der Tonhalle-Gesellschaft Zürich, richtet persönliche Worte an das Ehepaar Imholz.

Es war am 3. November 2012, als ich Hans Imholz das erste Mal begegnet bin. Ich erinnere mich auch deshalb exakt an das Datum, weil damals die Medienkonferenz stattfand, an der Lionel Bringuier als neuer Chefdirigent des Tonhalle-Orchesters Zürich vorgestellt wurde und ich als künftige Intendantin der Tonhalle-Gesellschaft Zürich. Es war ein ungewöhnlich gut besuchter Anlass – aber nicht alle Medien brachen in Jubelstürme aus. Denn Lionel und ich waren in Zürich noch nicht sehr bekannt. Die Neue Zürcher Zeitung beispielsweise schrieb: «Wie bitte? Wer bitte?» und kommentierte: «Eine mutige Wahl, nicht frei von Risiken.»

Doris und Hans Imholz kannten diese Skepsis nicht. Sie traten uns von Anfang an ohne Vorurteil und mit offenem Geist entgegen. Im Verlauf der Vorbereitungsarbeiten auf meinen Arbeitsantritt 2014 hin lernte ich die beiden besser kennen und realisierte schnell, dass sie enorm wichtig für uns als Orchester und für die Tonhalle als Zürcher Institution sind. Denn man muss sich im Klaren sein: Mit 50 Prozent Subventionen kann der Betrieb der Tonhalle auf dem angestrebten Weltklasseniveau nicht finanziert werden – wir brauchen herausragende Unterstützungen auf privater Ebene, um auch für ein breites Publikum offen zu sein. Sonst wäre es uns beispielsweise nicht möglich, Studententickets für 20 Franken anzubieten und so auch für junge Leute zugänglich zu sein.

Ich lernte Hans und Doris Imholz als Menschen kennen, die in ihrem Leben viel erreicht haben – und die nun der Allgemeinheit auf uneigennützige Weise etwas zurückgeben wollen. Sie tun dies auf eine wunderbar diskrete, bescheidene und unaufgeregte Art.

Doris und Hans Imholz kannten diese Skepsis nicht. Sie traten uns von Anfang an ohne Vorurteil und mit offenem Geist entgegen.

Gleichzeitig sind sie von ungewöhnlich viel Energie, Tatendrang und Neugier angetrieben. Sie handeln mit grosser Klarheit und wissen genau, was und wen sie unterstützen wollen. Vermutlich sind diese Klarheit und Direktheit Eigenschaften, die Hans Imholz schon als Unternehmer ausgezeichnet hatten. Er will Weltklasse sein – und strebt dieses Niveau auch in seiner Rolle als Mäzen an. Und er stellt diesen Anspruch ebenso an die von ihm unterstützten Projekte. Aber im Vordergrund stehen immer das Menschliche und die Menschen, die er unterstützt.

Doris und Hans Imholz gehören zu den liebevollsten Persönlichkeiten, die ich je kennenlernen durfte. Sie nutzen nach einem höchst erfolgreichen Berufsleben nun die Möglichkeiten, sich der anderen Seite zu widmen und ihren Mitmenschen Freude zu bereiten. Für mich ist dies die höchste Form der Dankbarkeit und Grosszügigkeit. Denn mit ihren Zuwendungen leisten die beiden etwas für das Wohl der Bevölkerung und indirekt auch für die Bildung.

Das Engagement der beiden in der Tonhalle und unserem Orchester (und auch in anderen Kulturinstitutionen) ist mit einem echten Interesse verbunden. Hans Imholz legt grossen Wert darauf, die beteiligten Musiker, Dirigenten und Techniker persönlich zu kennen. Er will genau wissen, für wen und für was er sich einbringt. So war es für mich auch klar, dass ich ihm 2017 unseren neuen Chefdirigenten und Music Director Paavo Järvi so schnell wie möglich vorstellte. Wir trafen uns im Club des Baur au Lac, der zu jener Zeit im Restaurant Sonnenberg Gastrecht genoss, und führten ein wunderbares Gespräch. Hans Imholz will von allen Künstlern wissen, wo ihre Interessen und Visionen liegen, aber auch, wovor sie sich fürchten – wo der Schuh drückt, quasi.

Es ist exakt diese Offenheit, die Hans Imholz auch ein gutes Gespür für unsere Anliegen gibt. Denn ein Mann, der mit seinen Reisen einem ganzen Land neue Horizonte eröffnet hat, weiss, wie es sich anfühlt, wenn Menschen aus 21 verschiedenen Ländern (wie dies in unserem Orchester der Fall ist) perfekt harmonieren müssen. Hans Imholz versteht die wohl einzige globale Sprache perfekt: die Sprache der Musik.

So sehr er sich für andere interessiert, so wenig drängt er sich selber in den Vordergrund. Erst vor ungefähr zwei Jahren – es war an einer Jubiläumsveranstaltung der ACS Travel AG – erzählte er mir eher beiläufig von seiner beruflichen Karriere. Ich war in jeder Beziehung tief beeindruckt und verstehe seine Beweggründe seither noch besser. Denn mit seiner genialen Geschäftsidee schuf er für viele Menschen einen neuen Zugang zur Welt. Dank seiner Strategie und seinem Plan konnten plötzlich Menschen in ferne Länder reisen und neue Kulturen kennenlernen, die sich dies zuvor nicht leisten konnten. Nun nutzt er seine Affinität zur klassischen Musik, um den Menschen sozusagen vor der eigenen Haustür den Blick und das Gehör für neue Sinneserlebnisse zu erschliessen.

Sein Engagement bei der Tonhalle ist in gewissem Sinn ein Geben und Nehmen. Als wir damals im Sonnenberg zusammensassen, hielt Paavo Järvi eine flammende Rede über seine Leidenschaft für Pjotr Tschaikowski und

Hans Imholz versteht die wohl einzige globale Sprache perfekt: die Sprache der Musik.

erzählte, dass er in Estland mit der Musik dieses fantastischen Komponisten aufgewachsen sei – wie er die Musik kennen und lieben lernte. Hans Imholz hörte aufmerksam zu – denn er ist ein sehr guter Zuhörer. Und daraus entstand ein wunderbares Projekt: die Einspielung sämtlicher Tschaikowski-Sinfonien, allesamt live aus Konzerten in der Tonhalle Maag. Zwar musste der Tschaikowski-Zyklus coronabedingt unterbrochen werden und konnte erst im Januar 2021 fortgesetzt werden. Das erste Resultat lag aber bereits im vergangenen Jahr mit der Fünften Sinfonie und der sinfonischen Dichtung «Francesca da Rimini» vor.

Wir entschieden uns dann, das erste, wie wir finden wunderbare Ergebnis dieser Arbeit raschmöglich hörbar zu machen und die erste CD der geplanten Box vorab zu veröffentlichen. Diese Arbeit steht richtungsweisend für ein neues Klangerlebnis, das die gesamte Zusammenarbeit mit Järvi prägen soll. Es ist das bisher vielleicht nachhaltigste Ergebnis der Unterstützung durch Hans und Doris Imholz. Denn eine CD klingt länger als der lauteste Applaus im Konzertsaal.

Ohne die Unterstützung von Doris und Hans Imholz wäre dieses Projekt nie möglich gewesen. Denn in einer Zeit, in der wir viele Konzerte absagen mussten, oft nur vor einigen Dutzend Zuschauern bis zu einem halbvollen Saal spielen konnten und die Tageseinnahmen fehlten, war ihr Support noch wichtiger – und dabei spreche ich nicht nur vom Finanziellen. Die mentalen und emotionalen Komponenten sind fast noch bedeutender. Denn an Tagen, wo alles in der Schwebe ist und man kaum an einem Abend weiss, was morgen sein wird, braucht man solch grandiose Stützen.

Und auch hier spürte man, wie stark Hans Imholz in unsere Arbeit involviert ist. Als wir ihm beispielsweise das Tonstudio unseres Produzenten Philip Traugott zeigten, wollte er alles wissen und jedes Detail erklärt haben. Hans und Doris Imholz interessieren sich für die Sache – und vor allem für die Gesichter und für die Geschichten, die hinter der Arbeit stecken.

Dies spürte ich so richtig, als wir uns über Paavo Järvis erstes CD-Projekt mit dem Tonhalle-Orchester Zürich intensiv austauschten und er seine Begeisterung für diese Kompositionen und deren Interpretation ausdrückte – die Einspielung der Werke des französischen Komponisten Olivier Messiaen im 2019. Messiaen steht mit seinen fast schon spirituellen Klängen für eine ganz andere Stilrichtung als Tschaikowski. Aber gerade dieses Beispiel zeigt, wie offen Hans Imholz für alle Einflüsse ist. Er besitzt sowohl ein Flair für das Etablierte als auch eine grosse Faszination für das Neue. Diese Offenheit eröffnete ihm auch einen Zugang zu Järvis estnischem Landsmann Arvo Pärt – und dies wiederum intensivierte den Dialog zwischen den beiden zusätzlich.

Aber gerade dieses Beispiel zeigt, wie offen Hans Imholz für alle Einflüsse ist. Er besitzt sowohl ein Flair für das Etablierte als auch eine grosse Faszination für das Neue.

Wenn Sie mich heute fragen, wie wir die nächsten Monate in der Tonhalle Maag und für unser Orchester planen, kann ich nur sagen: Wir befinden uns im permanenten Standby-Modus. Glücklicherweise ist es uns dank so spendablen Gönnern wie Doris und Hans Imholz möglich, zu proben und Aufnahmen einzuspielen. Echte Livekonzerte kann dies aber nicht ersetzen. Dies spürten wir, als wir im Juni den Betrieb wieder hochfuhren und zwischenzeitlich in der Tonhalle Maag vor 240 Zuschauern spielen konnten. Zwar war das Publikum im Schachbrettmuster verteilt und der Grossteil der Plätze leer, die Freude und der Enthusiasmus im Saal entsprachen aber fast schon einem ausverkauften Haus. Dieses grandiose Gefühl können auch Aufführungen via Video-Stream nicht ersetzen. Solche Formen werden parallel zum eigentlichen Betrieb wichtig bleiben, können aber die

Emotionen einer echten Aufführung nicht simulieren. Und genau das ist es, was die Musiker, die Dirigenten und das Publikum so sehr vermissten – und was auch Hans und Doris Imholz fehlt. Denn die beiden stehen mit Seele, Geist, Emotionen und Herzen für die Tonhalle Zürich und das Tonhalle-Orchester Zürich ein.

Doris und Hans Imholz wissen genau, wie wichtig Kunst und Kultur für unsere Gesellschaft sind – als Kitt und Lebenselixier für uns alle. Steht die Kultur still, steht im gewissen Sinne auch das Leben still. Wenn man der Pandemie in unserem Sinne etwas Gutes abgewinnen muss, ist es vielleicht die Erkenntnis, wie sehr wir die Livemusik vermissen. Uns wird der Blick geschärft, wie wichtig jenes ist, was uns fehlt. Auch dank Hans und Doris Imholz werden wir diese Zeit aber überstehen – und hoffentlich gestärkt zurückkommen. Dafür sind wir den beiden unendlich dankbar. Ich verneige mich vor ihnen und erhebe mich zu einer Standing Ovation. Liebe Doris, lieber Hans: vielen, vielen Dank!

Eure Ilona Schmiel

> *Doris und Hans Imholz wissen genau, wie wichtig Kunst und Kultur für unsere Gesellschaft sind – als Kitt und Lebenselixier für uns alle. Steht die Kultur still, steht im gewissen Sinne auch das Leben still.*

Traumpaar: Doris und Hans Imholz.

Hans und Doris Imholz stehen auf der Sonnenseite des Lebens. Mit ihrer Stiftung unterstützen sie jene, die weniger Glück hatten. Und sie gehören zu den grössten Förderern von Kunst und Kultur.

1993 – vier Jahre nach dem Verkauf seines Reisebüros an Jelmoli – gründete Hans Imholz eine karitative Stiftung. Mit der Hans Imholz Stiftung unterstützte er in den Anfangsjahren unter anderem die Reisebranche, organisierte Vorträge und Tagungen und engagierte sich im Bereich der Zukunftsforschung und der Ökologie. Denn nach Jahren des Booms und Aufschwungs zeichnete sich ab, dass es nicht immer weiter aufwärts gehen wird: «Ich möchte mit der Stiftung der Allgemeinheit etwas von meinem Erfolg zurückgeben», sagte Imholz damals der Schweizer Illustrierten.

Dies schloss Hilfswerke im In- und Ausland ein. Rund 50 soziale, ökologische und kulturelle Projekte sponsert Imholz bis heute pro Jahr, zum Beispiel Ausbildungsprogramme des WWF für Umweltschutzexperten in der Dritten Welt, aber auch diverse Aktionen und Projekte in der Schweiz. Gerade in der Zeit der Corona-Krise sei es wichtig, dass Solidarität vorgelebt wird, sagt er. Die Pandemie habe eine Realität sichtbar gemacht, die hierzulande oft tabuisiert wird: Menschen, die um ihre Existenz bangen, jeden Franken zweimal umdrehen und für einen Sack Lebensmittel Schlange stehen müssen. «Während des Lockdown sind hier Dinge geschehen, die wir nicht für möglich gehalten hätten. Aus dem vermeintlich permanenten Aufschwung ist bei vielen Menschen der jähe Absturz geworden, und viele

Während des Lockdowns sind hier Dinge geschehen, die wir nicht für möglich gehalten hätten. Aus dem vermeintlich permanenten Aufschwung ist bei vielen Menschen der jähe Absturz geworden

haben es noch gar nicht richtig realisiert.» Sie seien es sich bewusst, dass es in der Schweiz viele arme Menschen gebe, sagt das Ehepaar Imholz: «Diese Krise lässt sich nicht verallgemeinern. Sie hat tausend verschiedene Gesichter, abhängig davon, wo man persönlich wirtschaftlich gerade steht.» Ausserdem sei in der Schweiz ein besonders trauriges Phänomen feststellbar: «Die Leute verstecken ihre Probleme unter dem Deckmantel des bürgerlichen Lebens – bis ihre Situation so schlimm wird, dass sie nichts mehr vortäuschen können.»

So engagiert sich die Hans Imholz Stiftung vor allem dort, wo andere wegschauen – und dies in Zusammenarbeit mit anderen Stiftungen und Institutionen, die an der Front tätig sind – beispielsweise mit dem Verein Schweizer Ameisen, der Kinderheime unterstützt, um den Kindern etwas besonders zu ermöglichen, zum Beispiel einen Besuch im Zoo, am Knabenschiessen, am Jahrmarkt samt Zuckerwatte oder im Kino. Oder mit der Organisation Tischlein deck dich, die bedürftigen Menschen den Zugang zu günstigen Lebensmitteln ermöglicht. Oder mit der Stiftung Wunderlampe, die schwerbehinderten und kranken Kindern Lichtblicke und aussergewöhnliche Erlebnisse verschafft, um die schönen Seiten des Lebens wenigstens für einige Momente zu erfahren.

Der Zweck der Hans Imholz Stiftung ist in den Statuten wie folgt formuliert: «Förderung humaner Entwicklung und kultureller Werte sowie Linderung menschlicher Not durch direkte und indirekte Unterstützung von gemeinnützigen Institutionen, Bestrebungen und Projekten im In- und Ausland, die kulturelle, soziale, erzieherische, medizinische sowie ökologische Ziele verfolgen. Die Stiftung kann auch natürliche Personen unterstützen, sofern eine solche Unterstützung karitativen Charakter hat oder für die Förderung von Bestrebungen und Projekten im Sinne des Stiftungszweckes notwendig ist; kann im Rahmen ihres Zweckes gemeinnützige Stiftungen errichten.»

Zu den langjährigen Projekten der Stiftung zählt auch der mit 7500 Franken dotierte Imholz Förderpreis für das beste Konzept einer Reisereportage. Mit der Verleihung dieser Auszeichnung soll zur Unabhängigkeit im Reisejournalismus beigetragen werden, was in Zeiten von Sponsoring, bezahlten Inhalten und generierten Klickzahlen eine grosse Herausforderung darstellt. Denn immer mehr Artikel werden auf Anfrage von Reiseveranstaltern, Destinationen und Fluggesellschaften verfasst und viele Ideen, die nicht dem Mainstream entsprechen, stossen auf Ablehnung, werden nicht unterstützt oder von den Verlagen nicht finanziert.

Verwechslungsgefahr: Zwei südafrikanische Pfadfinder halten Hans Imholz für den schwedischen König. Carl Gustav nimmts gelassen.

Royaler Handshake: Hans und Doris Imholz beim schwedischen König.

Genau hier will der Imholz Förderpreis einen Gegentrend setzen und Schweizer Journalisten dazu ermutigen, ihre speziellen Einfälle einzureichen und ihre Reiseträume zu verwirklichen. Den bisherigen Siegern wurden beispielsweise Reisen ins Amazonasbecken, nach Taiwan, an die Quelle des Nils, auf die winzige Vulkaninsel St. Helena im Südatlantik und ins Westjordanland ermöglicht.

Als sich die Chance bot, mich mit unserer Stiftung am Erweiterungsbau zu beteiligen, musste ich nicht lange überlegen.

Hohe Priorität besass für Hans Imholz auch immer das Kulturleben in Zürich mit seinen herausragenden Institutionen wie Tonhalle, Opernhaus oder Kunsthaus. 1994 brachte Imholz beispielsweise die Wiener Philharmoniker unter dem Stardirigenten Lorin Maazel nach Zürich; im selben Jahr ermöglichte er eine Ausstellung im Kunsthaus von Max Bill. Besonders stolz ist Hans Imholz, dass er zusammen mit seiner Ehefrau Doris zu den wichtigsten Gönnern beim 2020 eingeweihten Erweiterungsbau des Kunsthauses nach den Plänen des britischen Architekten David Chipperfield ist: «Dieses Engagement war eine Herzensangelegenheit. Ich bin nur einen Steinwurf vom Kunsthaus entfernt aufgewachsen – und in der unmittelbaren Nachbarschaft zur Schule gegangen. Als sich die Chance bot, mich mit unserer Stiftung am Erweiterungsbau zu beteiligen, musste ich nicht lange überlegen.»

Das Resultat ist der vermutlich grösste architektonische Wurf in der jüngeren Zürcher Stadtgeschichte. Die Weltwoche bejubelte das mächtige und trotzdem elegante Gebäude als «Jahrhundertbau». Die Basler Zeitung musste anerkennen, dass Zürich in Sachen Kunst und Kultur nun nicht mehr in einer Liga mit Basel, sondern mit Destinationen wie Lyon, Mailand, Stuttgart oder München spielt – «obwohl das Basler Kunsthaus unbestritten die wertvollere Sammlung besitzt als sein Pendant in Zürich.» Hans Imholz sagt dazu: «Wer ein Ziel erreichen will, muss gross denken.» Dabei bezieht er sich aufs Berufliche wie aufs Gesellschaftliche und Architektonische.

Tatsächlich weht seit diesem Jahr ein Hauch von Grandezza über den Zürcher Heimplatz. Obwohl der neue Bau über stattliche Masse, einen Grundriss von 60 mal 60 Metern und eine Höhe von 21 Metern verfügt, wirkt die Fassade aus Hunderten von wohlproportionierten, senkrecht stehenden

Lamellen, die von den Etagenböden durchbrochen werden, überraschend leicht. «Sie ist von einer geradezu klassischen Schönheit», schrieb die Basler Zeitung mit neidloser Anerkennung. Hans Imholz strahlt, wenn er darauf angesprochen wird: «Ich freue mich sehr, dass ich mich an diesem grossartigen Projekt beteiligen konnte.» Und fast ein bisschen verlegen fügt er an: «Mein Name wird zusammen mit anderen Gönnern auf einer Metalltafel im Innern des Baus verewigt.»

Imholz strahlt bei diesem Gedanken. Gleichzeitig ärgert er sich darüber, dass in der Schweiz die Leistungen im Sinne der Gemeinnützigkeit oft nicht gebührend gewürdigt werden: «Es gibt viele vermögende Leute, die im Stillen grosse Summen spenden und viel für das Wohl der Allgemeinheit machen – aber Applaus und Dankbarkeit erhalten sie dafür kaum.» Ganz grundsätzlich werde erfolgreichen Menschen in der Schweiz oft mit einer gewissen Skepsis begegnet. Frei nach der alten Weisheit: «Mitleid kriegt man geschenkt. Neid muss man sich erarbeiten.» In den USA dagegen sei dies ganz anders. Dort werden die grossen Philanthropinnen und Philanthropen für ihre Arbeit gefeiert und geehrt. Oft sind ganze Gebäudekomplexe nach ihnen benannt.

Es gibt viele vermögenden Leute, die im Stillen grosse Summen spenden und viel für das Wohl der Allgemeinheit machen – aber Applaus und Dankbarkeit erhalten sie dafür kaum.

Eine grössere Wertschätzung als in der Schweiz erfährt Hans Imholz für sein Engagement auf der globalen Bühne bei der World Scout Foundation (Welt-Pfadfinder-Stiftung). Zu dieser Wohltätigkeitsorganisation kam er durch die Freundschaft mit dem in Küsnacht lebenden Unternehmer Klaus J. Jacobs. Doris Imholz führt aus: «Quasi unter dem Motto ‹jeden Tag eine gute Tat› hat er uns die Türen zu dieser grossartigen Organisation geöffnet. So können wir uns mit unserer eigenen Stiftung an Projekten rund um den Globus beteiligen. Beispielsweise halfen wir den Opfern des Erdbebens auf den Philippinen im Herbst 2019. Oder wir beteiligen uns an Projekten, die in Drittweltländern Kinder von der Strasse holen und ihnen ein Recht auf Bildung gewähren.» Bildung sei das wertvollste Gut, betont sie: «Sie ist die beste Investition in die Zukunft und kann von niemandem weggenommen werden. Wenn wir die Kinder fördern, garantieren wir eine nachhaltige Wirkung unserer Hilfe. Denn letztlich profitiert davon auch die nächste Generation.»

In diesen Kontext gehört auch das Tragen von Schuluniformen in armen Gegenden. Es ist für viele Kinder ein Schlüssel zur sozialen Gleichstellung: «Wenn alle die selben Kleider tragen, fallen Unterschiede nicht auf. Und in Entwicklungsländern lösen Schuluniformen oft ebenso grossen Respekt aus wie Offiziersuniformen», sagt Hans Imholz.

Doch zurück zu den Pfadfindern. Das Mitgliederverzeichnis der World Scout Foundation ist gespickt mit prominenten Namen – auch aus der Schweiz: Banker Raymond Bär, der ehemalige Swiss-Re-Präsident Ulrich Bremi, der frühere Metro-Chef Erwin Conradi, Amag-Gründer Walter Haefner, Roche-Erbe Lukas Hoffmann, der frühere Baur-au-Lac-Hotelier Andrea Kracht, Medienunternehmer Jürg Marquard, Franke-Chef Michael Pieper, die Industriellen Stephan und Thomas Schmidheiny, Rohstoffhändler Willy Strothotte, Crossair-Gründer Moritz Suter, Lindt-&-Sprüngli-Chef Ernst Tanner, Financier Tito Tettamanti und Headhunter Egon Zehnder. Zu den wenigen weiblichen Mitgliedern gehören die Unternehmerin Renata Jacobs, die frühere Manpower-Chefin Maria Mumenthaler und die Juristin Ellen Ringier.

Freilich, es gibt Gönner und Gönner. Wer mehrfach einzahlt, steigt in exklusivere Zirkel auf. Und das Ehepaar Imholz diente sich sukzessive nach oben. Mit 25 000 Dollar wird man Mitglied im Benefactors' Circle, mit 50 000 Dollar gehört man zum International Circle und mit 100 000 Dollar zum Chairman's Circle. Im Jahr 2004 wurde mit dem Regal Circle der bislang exklusivste Club innerhalb der Foundation gegründet für Mitglieder, die den Pfadfindern langfristig einen ansehnlichen Betrag überweisen.

Er und seine Frau Silvia sind sehr empathische und bescheidene Menschen. Sie beanspruchen in keiner Weise einen Sonderstatus.

Als Mitglieder dieses exklusiven Kreises werden Doris und Hans Imholz an die Galaveranstaltungen der World Scout Foundation eingeladen. So lernten sie auch den schwedischen König Carl Gustav, den Ehrenpräsidenten der Stiftung, persönlich kennen: «Er und seine Frau Silvia sind sehr empathische und bescheidene Menschen. Sie beanspruchen in keiner Weise einen Sonderstatus.» Man könne sich ganz normal mit ihnen unterhalten – und habe nie das Gefühl, dass man als «Nichtadelige» einer unteren Gesellschaftsschicht angehöre.

Der König trete so bodenständig auf, dass er von Aussenstehenden oft gar nicht richtig wahrgenommen werde. Hans Imholz erzählt vom Besuch von zwei jungen Scouts der südafrikanischen Pfadfinderorganisation, die eigens aus Johannesburg angereist waren, um Carl Gustav ein Geschenk zu überreichen: «Sie schritten mit ihrem Präsent durch den Saal, kamen geradewegs auf mich zu, verneigten sich und wollten mir das Geschenk geben. Sie dachten, ich sei der König.» Dieser aber stand etwa drei Meter daneben.

Hans Imholz lacht vergnügt, wenn er sich daran erinnert. Denn das letzte, was er mit seiner Stiftung erreichen wollte, ist, sich selber die Krone aufzusetzen. Der Allgemeinheit etwas von seinem Erfolg zurückzugeben, ist sein wichtigster Antrieb. Denn Doris und Hans Imholz sind sich bewusst: Glück lässt sich nicht vervielfachen – aber man kann es teilen.

Der Königsmacher: Angelo Heuberger hat mit dem TravelStar Reisegeschichte geschrieben, hier mit Hans Imholz.

38 | «KUONI NAHM IMHOLZ ANFÄNGLICH NICHT ERNST»

Keiner kennt die Reisebranche besser als er, kaum einer verfolgte die Karriere von Hans Imholz intensiver. Travel-Inside-Gründer und Verleger Angelo Heuberger sagt: «Imholz hat mit der Idee der Städteflüge die Karten auf dem Markt neu gemischt.»

Wer im Zürcher Seefeld an der Hammerstrasse 81 vorfährt, kann das Fernweh kaum unterdrücken. Im mehrstöckigen Geschäftshaus des Primus Verlags sind die insgesamt neun Medientitel von Angelo Heuberger untergebracht. Und die drehen sich ausnahmslos um die schönsten Tage des Jahres (und im Idealfall sogar um die schönsten Tage des Lebens): traveltip, cruisetip, honeymoontip, Travel Inside. Heuberger ist der Mann, um den sich in der Reisebranche vieles dreht. Die Sonntagszeitung bezeichnet ihn als «graue Eminenz der Szene.» Mit den Swiss Travel Days sowie dem Travel Trade Workshop veranstaltet er die wichtigsten Events des Reisegeschäfts. Seine jährlich verliehenen Travel Awards trennen Sieger von Verlierern.

Auch medial steht Heuberger auf der Kommandobrücke. Seine Redaktion fühlt den Puls des Geschäfts, verbreitet online und gedruckt Neuigkeiten, führt Vergleiche und hält den Unternehmen gelegentlich auch den Spiegel vor: «Es ist ein Geben und Nehmen», sagt der Chefredaktor und Verleger und führt den Besucher mit nachdenklichem Blick durch die Redaktionsräume.

Wo noch vor kurzem hektisches Treiben und journalistische Produktionsarbeit auf hoher Intensitätsstufe herrschte, dominieren momentan verwaiste Arbeitsplätze, freie Schreibtische und leergeräumte Büromöbel. Es sieht aus, als komme nächstens der Zügelmann:

Früher standen alle Schlange, um in unsere Publikationen zu kommen. Heute sind wir sozusagen die kumulierte Krise.

«Einst arbeiteten hier bis zu 40 Personen – heute sind es noch 12.» Als Medienunternehmer, der im Reisegeschäft tätig ist und auch Events organisiert, sei er von der Pandemie gleich mehrfach betroffen, sagt Heuberger: «Früher standen alle Schlange, um in unsere Publikationen zu kommen. Heute sind wir sozusagen die kumulierte Krise.» Heuberger zuckt mit den

Schultern und setzt sich mit einem Espresso an einen Holztisch im Pausenraum: «In der Schweiz gab es vor der Krise rund 1300 Reisebüros. 800 bis 900 zähle ich zu den guten. Aber auch von ihnen werden einige nicht überleben.» Ein derartiges Chaos habe er in seinem 40-jährigen Geschäftsleben noch nie erlebt. Fast schon trotzig sagt er: «Es kommen wieder bessere Zeiten. Wenn der Spuk vorüber ist, werden die Menschen wieder reisen.»

Wird Heuberger auf Hans Imholz angesprochen, erhellt sich seine Miene wie auf Knopfdruck: «Er prägte den Schweizer Tourismus auf schier unglaubliche Art und Weise. Vor allem mit den Städtereisen veränderte er die Branche nachhaltig. Alle interessanten Städte hatte er im Angebot und machte das Reisen so für ein junges urbanes Publikum interessant und erschwinglich.»

Heuberger vergleicht Imholz mit dem legendären Migros-Gründer Gottlieb Duttweiler – sowohl, was das Charisma, als auch, was den unternehmerischen Geist betrifft. Duttweilers 1935 lancierter Reiseveranstalter Hotelplan öffnete 1954 mit dem legendären Badeferien-Express nach Italien der breiten Schweizer Mittelklasse den Zugang zu Ferien am Meer.

«Ohne Umsteigen in Mailand ging es damals mit dem zum Arrangement geschenkten Luftkissen, das am Ferienort als Badetasche verwendet werden konnte, direkt an die beliebten und weltbekannten Badeorte wie Rimini, Riccione und Cattolica», schrieb die Glückspost in einem Beitrag zum 75-Jahr-Jubiläum von Hotelplan im April 2010. Eine einwöchige Reise an die Adriaküste war im Badeferien-Express in den 1950er-Jahren schon ab 109 Franken pro Person zu haben – ein damals fast schon unverschämt tiefer Preis. Heuberger erinnert sich: «Das war – neben Ferien im eigenen Land – die Art, wie die Schweizer den Urlaub verbrachten. Doch dann kam Imholz und mischte die Karten neu.» Später habe auch Imholz den Badeferienmarkt erfolgreich bewirtschaftet – vor allem dank «Willi Noser, dem König der Badeferien», wie es Heuberger ausdrückt. Noser habe Imholz so ein neues Geschäftsfeld erschlossen und mitgeholfen, den Betrieb auf eine noch breitere Basis zu stellen.

Angelo Heuberger und Hans Imholz – das ist eine Bekanntschaft, die seit fast einem halben Jahrhundert besteht. Heuberger sagt: «Während meiner ganzen Berufszeit war Imholz eine prägende Figur. Mit seiner Geschäftsidee setzte er einen Kontrapunkt zum Establishment und sorgte nicht zuletzt im Kreis des Branchenprimus Kuoni für eine nicht zu unterschätzende Irritation.»

Dass Imholz das Handwerk ausgerechnet bei Kuoni gelernt hatte und dort noch lange als Quasi-Lehrling wahrgenommen wurde, akzentuierte diese Gefühlslage, denkt Heuberger: «Er war der Neueinsteiger und wurde anfänglich nicht richtig ernst genommen. Doch plötzlich setzte er mit seinen Ideen neue Trends und erwischte die Konkurrenz auf dem falschen Fuss.»

Heuberger selber begann seine Karriere in der Reisebranche als Redaktor der in Bern ansässigen Hotel + Touristik Revue. Sukzessive etablierte er in dieser Publikation einen Reisebüro-Teil – und stiess damit die Schweizer Hoteliers vor den Kopf: «Die wollten ja nicht, dass man Reisen ins Ausland bucht, die eigenen Hotels übergeht und stattdessen ferne Märkte frequentiert.» So

Mit seiner Geschäftsidee setzte er einen Kontrapunkt zum Establishment und sorgte nicht zuletzt im Kreis des Branchenprimus Kuoni für eine nicht zu unterschätzende Irritation.

löste sich Heuberger von seinem Auftraggeber und entschied sich für den Schritt in die Selbstständigkeit. Im November 1985 stellte er an der Jahresversammlung der Reisefachleute in Lugano das neue Magazin Travel Inside vor – strategisch geschickt mit einer auf die Teilnehmer der Versammlung ausgerichteten Themengewichtung. Ab 1986 erschien die Publikation im damals revolutionären Tabloid-Format mit einer Auflage von 4000 Exemplaren im Zweiwochenrhythmus.

Heuberger füllte damit eine Marktlücke. Im boomenden Reisemarkt wurde er zum Bindeglied zwischen Industrie und Kundschaft: «Damals wollten alle in unser Magazin – Jack Bolli mit Kuoni, Moritz Suter mit seiner Crossair und Philipp Bruggisser mit der Swissair.» Auf diesen Effekt hatte Heuberger allerdings gesetzt. Denn bei der Finanzierung war er auf die Gunst der grossen Reisekonzerne (als Inserenten) angewiesen. Bei Hans Imholz stand er zunächst allerdings vor verschlossenen Türen. Heuberger erinnert sich: «Hans hat mir das Leben nicht eben leicht gemacht.» Dabei bezieht sich der Verleger auf jene Zeit, als er mit seinem Magazin in Konkurrenz zur Publikation Schweizer Touristik vom Rapperswiler Medienmanager Bruno Hug stand. Hans Imholz habe zunächst vor allem mit Hug kooperiert und die Inserate in dessen Publikationen geschaltet. Und auch die gesellschaftliche Verbindung war in Richtung Seedamm eher intensiver: «Als Imholz 1986 das 25-Jahr-Jubiläum mit einer Firmenreise nach München feierte, war Hug eingeladen – und nicht ich. Das tat weh.»

Doch die Zeit arbeitete für Heuberger – weil dieser sein engmaschiges Kontaktnetz und das Gespür für die Branche gekonnt einsetzte und so seine Position kontinuierlich stärkte. 1993 sorgte er mit der Lancierung der Travel Stars für einen marketingstrategischen Coup. Von diesem Moment an war die Verleihung der «Schweizer Reise-Oscars» (Blick) ein Fixstern im Jahreskalender und ein Anlass, den sich weder die Brancheninsider noch die Hochglanzmedien entgehen lassen durften. Als Moderatorinnen traten Schönheitsköniginnen aller Generationen (Melanie Winiger, Christa Rigozzi, Tanja Gutmann, Lolita Morena) und wechselnde Vertreter der Fernseh-Prominenz (Beni Thurnheer, Sandra Studer, Daniel Fohrler, Gabriela Amgarten, Kurt Schaad, Monika Schärer) auf. Flankiert wurde das Geschehen von Stars und Sternchen aus der nationalen Unterhaltungsszene (Stress, Viktor Giacobbo, Noëmi Nadelmann, Michael von der Heide, Nubya, Kisha). Das Konzept der Veranstaltung war so einfach wie genial. Als «Königsmacher» fungierten die Schweizer Reisebüros zwischen Romanshorn und Genf und zwischen Schaffhausen und Chiasso – und durch die grosszügige Zahl an Kategorien (20) und Preisen (60) musste praktisch niemand mit leeren Händen nach Hause. Moderatorin Amgarten sagte an der Verleihung im Jahre 1998: «Ich schwöre, dass wir den falschen Preis dem Richtigen übergeben.»

Obwohl kein Freund von Gesellschaftsanlässen und roten Teppichen, konnte sich Hans Imholz dieser Veranstaltung selten verschliessen: «Das jährliche Treffen von Kollegen und Konkurrenten ist ein wichtiger Gradmesser für die gesamte Branche. Da sollte man nicht fehlen.» Und selbst wenn er selber nicht ausgezeichnet wurde, war er meistens der grosse Star. Als beispielsweise der damalige Kuoni-Städtereisen-Chef Urs Bellmont

Als Imholz 1986 das 25-Jahr-Jubiläum mit einer Firmenreise nach München feierte, war Hug eingeladen – und nicht ich. Das tat weh.

im Jahr 2000 einen Award empfangen durfte, rief er den versammelten Schweizer Tourismusmanagern zu: «Ich freue mich riesig, aber mein grösster Respekt gebührt Hans Imholz. Er ist der grosse König, alle andern sind kleine Prinzen.»

Angelo Heuberger bringt Imholz eine ebenso grosse Anerkennung entgegen: «Aus der beruflichen Verbindung hat sich im Verlauf der Jahre eine respektvolle Kollegialität entwickelt. Wir wissen uns beide zu schätzen.»

Es habe in der Geschichte der Schweizer Reise- und Tourismusbranche nur wenige Persönlichkeiten und Unternehmer vom Format von Hans Imholz gegeben, sagt Heuberger: «Bruno Franzen, der Gründer von Interhome, war einer – oder auch Urs Frey, Gründer von Travac und ‹Erfinder› der USA-Reisen, oder Werner Twerenbold vom gleichnamigen Unternehmen und eben Jack Bolli, der legendäre Kuoni-Patron.» Bei Imholz Reisen sei die Kundenbindung überragend gewesen – weil der Chef das Unternehmen personifizierte: «Die Kundschaft wusste, bei wem sie buchte.» Gleichzeitig habe man immer gespürt, dass Hans Imholz ein gewiefter Unternehmer war und aus einer echten Unternehmerfamilie stammt; dass er aber gleichzeitig seinen wichtigsten Angestellten grosse Entfaltungsmöglichkeiten geboten habe: «So war Imholz Reisen auch eine wichtige Talentschmiede für künftige Reiseunternehmer.» Es sei kein Zufall, dass sich überproportional viele ehemalige Imholz-Mitarbeiter später erfolgreich selbstständig machten und ihren Platz im Markt fanden – darunter mit Amy Stierli (Manta Reisen) und Romy Obrist (Bischofberger Reisen) auch zwei weibliche Angestellte.

So sorgte Heuberger an der grossen Imholz-Nostalgie-Nacht, die im Oktober 2006 in der Maag-Halle über die Bühne ging, für den dramaturgischen Höhepunkt. Er ehrte Hans Imholz zur Überraschung aller Anwesenden für dessen Lebenswerk mit dem «Lifetime Achievement Award». Damals wurde der Preis das erste Mal überhaupt vergeben. Hans Imholz ist noch heute gerührt: «Ich war zwar schon mit der Medaille der Stadt Paris geehrt worden. Aber eine Auszeichnung von Fachleuten aus der Heimat ist ebenso wertvoll – oder noch wertvoller. Denn wie man weiss, hat es der Prophet im eigenen Land nicht immer einfach.»

Diese Worte könnten treffender nicht sein. Denn in seinem Aufstieg zu einem der Marktführer in der Schweizer Reiselandschaft musste Hans Imholz Hindernisse überwinden, die in der Schweiz fast schon zur Volkskultur gehören: Neid, Vorurteile und die tiefsten Gräben des Klassendenkens. Denn als Hans Imholz 1961 sein Reisebüro eröffnete, hatte niemand auf ihn gewartet. Als er 45 Jahre später von Angelo Heuberger in der Maag-Halle für sein Lebenswerk ausgezeichnet wurde, war dieses Missverständnis aus dem Weg geräumt. Oder mit anderen Worten: Hans Imholz hat in seinem Berufsleben alles richtig gemacht.

Freundschaftlicher Gegenspieler: Kuoni-Chef Kurt Heiniger.

39 | «HANS IMHOLZ HAT UNS ALLE VORGEFÜHRT»

Geschäftskollegen, Konkurrenten, Freunde. Der frühere Kuoni-Generaldirektor Kurt Heiniger ist noch heute beeindruckt von der Erfolgsgeschichte von Hans Imholz. Keiner habe die Reisebranche nachhaltiger geprägt als der Bäckerssohn aus der Zürcher Altstadt.

Restaurant Hochwacht auf 850 Metern über Meer am Pfannenstiel – näher kommt man dem Himmel im Zürcher Oberland kaum an einem anderen Ort. Das Panorama eröffnet den Blick auf Zürichsee, Pfäffikersee, Greifensee und Lützelsee. Atemberaubend. Hier könnte man stundenlang auf einer Parkbank sitzen und in die Ferne blicken. Kurt Heiniger ist aber nicht wegen der landschaftlichen Vorzüge gekommen. Er hat den Treffpunkt aus verkehrstechnischen Gründen vorgeschlagen – weil der Ort nahe bei seinem Zuhause in Erlenbach liegt und weil hier oben immer freie Parkplätze zur Verfügung stehen. Heiniger hat ein grosses rotes Fotoalbum mitgebracht, in dem er in seinem bewegten Leben zurückblättern und von der gemeinsamen Vergangenheit mit Hans Imholz zurückblicken will.

Als erfahrenster, langjähriger Leiter der wichtigsten Konzernteile war Heiniger jahrzehntelang eine der Schlüsselfiguren beim Branchenleader Kuoni. Doch seine erfolgreiche Vita hatte auf ganz anderem Parkett begonnen – auf sportlichem. Heiniger gehörte zu den ganz wenigen Athleten, die es in zwei Sportarten in die Landesauswahl schafften: im Landhockey und im Eishockey. Aufgewachsen in Olten, spielte er schon als 16-Jähriger in der ersten Mannschaft des Landhockey-Traditionsklubs Blauweiss Olten und wurde früh zum Leistungsträger in der Nationalmannschaft. Als einen der Höhepunkte in seinem Sportlerleben bezeichnet er ein Länderspiel gegen Holland in Amsterdam vor 20 000 Zuschauern. Seine Knie haben damals geschlottert, erzählt er – und entscheidet sich auf der Hochwacht für Menü 2: Hacktätschli mit gemischtem Salat.

Doch zurück zum Menü des Lebens. Als die Familie Heiniger nach Zürich zog, wechselte Kurt – wie auch seine drei Brüder – zum Eishockey und avancierte zur grossen Figur der letzten Erfolgsmannschaft des Grasshopper Clubs. 1966 gewann er als Kapitän, Mittelstürmer und Goalgetter mit GC die Schweizer Meisterschaft und den nationalen Cup. Nach dem gewonnenen Pokal-Final gegen den Zürcher Schlittschuh Club erhielt er die Trophäe aus den Händen eines Mannes überreicht, der später ein ganz spezielles Kapitel Schweizer Sportgeschichte schreiben sollte – des damaligen Eishockeyverbands-Zentralsekretärs Sepp Blatter.

Es war der Höhepunkt von Heinigers Sportkarriere – und gleichzeitig der Schlusspunkt. Mit 27 Jahren gab er seinen Rücktritt und konzentrierte sich voll auf seine berufliche Laufbahn. Schon 1959, noch nicht einmal 20-jährig, war er vom damaligen Kuoni-Patron Jack Bolli engagiert und ohne Vorbereitung gleich hinter den Schalter der Tochtergesellschaft für volkstümliches Reisen, die Bellevue Reise AG, gestellt worden. Heiniger erinnert sich an seine Anfänge im Reisegeschäft: «Es gab damals die ersten Flugpauschalreisen nach Mallorca und auf die Kanarischen Inseln.» Die Kuoni-Mitarbeiter seien angehalten worden, bestimmte Hotels zu empfehlen – was sie taten, ohne die Herbergen wirklich zu kennen. Und nicht selten geschah es, dass der Sachbearbeiter einer Gruppenreise diese gleich auch als Reiseleiter zu betreuen hatte. Heiniger machte seine Sache gut – sehr gut sogar. Auf Bollis Geheiss und Ausbildung in verschiedenen Abteilungen wurde er 1963 mit 23 Jahren Leiter der grossen Filiale in Bern.

1959 war auch ein gewisser Hans Imholz bei Kuoni angestellt. Der junge Mann – «ehrgeizig und strebsam» (Heiniger) – avancierte bald zum Chef der Abteilung Vereins- und Verbandsreisen. Heiniger, der seinem Kollegen damals im Betrieb noch nicht begegnete, ist sich heute sicher, dass Imholz in dieser Zeit Know-how und Beziehungsnetz für seine spätere Geschäftsidee angeeignet hat.

Obwohl sich die beiden noch nicht kannten, gab es bald einen Berührungspunkt. Nachdem Imholz das Unternehmen Kuoni verlassen und seine eigene Firma gegründet hatte, wurde Heiniger, als Teil seines Ausbildungsprozesses, in die Abteilung «Vereins- und Verbandsreisen» versetzt.

So wurde Kuoni zum direkten Konkurrenten von Imholz – und beobachtete die Bewegungen des früheren Mitarbeiters ganz genau. Kurt Heiniger erinnert sich: «Hans Imholz hatte mit den Städteflügen eine bahnbrechende Idee und besass offenbar ein hervorragendes Gespür bei den Verkaufsverhandlungen mit seinen Kunden. So bot er beispielsweise Reisen nach Ungarn dank Sonderkonditionen der Airline Malév zu Pauschalpreisen an, die es eigentlich gar nicht gab.» Die Behauptung, dass man bei Kuoni auf den neuen Konkurrenten herunterblickt und schnöde die Nase gerümpft habe, weist Heiniger von sich: «Auf Führungsebene haben wir Imholz sofort ernstgenommen. Aber sogar er selber hätte wohl nie damit gerechnet, dass er derart erfolgreich werden würde. Er ging wohl eher davon aus, dass er sein Reisebüro als mittelständisches Unternehmen etablieren würde.»

Doch es war die Zeit der Goldgräberstimmung in der Schweizer Reisebranche. Heiniger erinnert sich: «Man konnte den Leuten fast alles verkaufen.» Die Mehrheit der Kundschaft reiste zum ersten oder zweiten Mal ins Ausland: «Nicht, dass wir diese Unkenntnis ausgenützt hätten, aber am besten liefen die traditionellen Reiseziele, von denen alle erzählten.» Die wirtschaftliche Aufbruchsstimmung war der perfekte Nährboden für die neue Reiselust. Kurt Heiniger sagt: «Es herrschte in diesen Zeiten eigentlich in allen Bereichen der Wirtschaft ständig Hochkonjunktur.» Einzige kurze Ausnahmen waren die Suezkrise 1956 und später die von der Erhöhung des Rohölpreises ausgelösten Erdölkrisen 1973 sowie 1979/1980: «Doch das waren nur kurzfristige Dellen.» Man habe es sich bei der Gestaltung des Angebotes leisten können, nach dem Trial-and-error-Prinzip zu arbeiten. Und Imholz habe mit der Idee der Städtereisen und dem Konzept des Telefondirektverkaufs die Branche regelrecht aufgemischt und die Etablierten Kuoni, Hotelplan und Danzas und vor allem die Migros-Tochter Hotelplan herausgefordert. Heiniger: «Wir rechneten als Veranstalter mit Filialen mit einer Umsatzrendite von zwei Prozent. Imholz dagegen – ohne Filialen und entsprechende Kosten – rechnete als Reiseveranstalter wohl mit ungefähr fünf Prozent Rendite bedeutend mehr.» Hans Imholz habe sich von Beginn weg als sehr korrekter, präziser, ehrgeiziger und innovativer Konkurrent erwiesen. Weil man mit offenen Karten und nach klar definierten Regeln «spielen» wollte, habe man sich jeweils am Freitag bei ihm im Büro im Zürcher Kreis 3 getroffen und über die Branche reflektiert. Heiniger erklärt: «Es ging natürlich nicht um Strategiefragen oder die Preispolitik, sondern um die einheitliche Gestaltung der allgemeinen Geschäftsbedingungen oder die Regelung der Annullationskosten in den Reiseprospekten.» Es sei wichtig gewesen, dass man sich darüber ausgetauscht habe – aber im Kern blieben wir harte Konkurrenten.

Durch die neue Konkurrenz wurde die marktführende Position von Kuoni, die in den 1960er-Jahren noch bei rund 40 Prozent gelegen hatte, mehr und mehr geschwächt. Und weil Imholz durch seine Low-budget-Angebote eine völlig neue Kundschaft fürs Reisen begeisterte, verschoben sich die Gewichte im Bereich der Städteflüge und City-Trips allmählich.

Das wichtigste Argument freilich blieben die Preise – und diese kamen durch Imholz förmlich ins Purzeln. Heiniger erlebte diese Entwicklung als Direktbeteiligter: «Durch Imholz wurde Reisen zum Massengeschäft – und mit seinem Konzept hat uns Hans Imholz in seinem Spezialbereich alle vorgeführt.» Kuoni musste reagieren und setzte mit der 1982 lancierten preiswerten Helvetic-Tours-Linie ein wichtiges Zeichen. Von Coop kaufte Kuoni den Reiseableger Popularis auf und installierte in dessen Räumlichkeiten Helvetic Tours. Doch wirkte sich die Neuausrichtung anfänglich kontraproduktiv aus. Denn sie wurde als interne Konkurrenz wahrgenommen. Heiniger spricht von «Kannibalisierung». Vor allem im Badereisen-Massengeschäft brachten andere Veranstalter die grossen Mengen auf. Damit verlor der immer noch grösste Reiseveranstalter der Schweiz bei den Charterlinien an Bedeutung – und nach und nach die begehrten Flugtermine an den Wochenenden. Zum grossen Befreiungsschlag wurde 1995 die Lancierung der eigenen Charterairline Edelweiss. Heiniger sagt dazu: «Das war ein wichtiges Alleinstellungsmerkmal für uns.»

Er wich nie von seiner Linie ab und tanzte nicht auf allen Hochzeiten.

Hans Imholz aber startete mit seiner Firma sofort durch – auch weil er seinem Konzept immer treu blieb. Heiniger: «Er wich nie von seiner Linie ab und tanzte nicht auf allen Hochzeiten.» Er habe die Hotelkapazitäten und Flugkontingente im grossen Stil eingekauft und sehr produktorientiert gearbeitet. Auch sei Imholz nie den riskanten Schritt ins Ausland gegangen. Kuoni dagegen erwirtschaftete in den Boomjahren in Frankreich und England rund 500 Millionen Franken Verkaufserlös pro Jahr.

Wie gross der Respekt von Kuoni für den ehemaligen Angestellten Hans Imholz wurde, lässt sich im schönen Bildband zum 100-Jahr-Jubiläum von Kuoni – geschrieben von Karl Lüönd, publiziert im Jahr 2006 – ablesen. In diversen Kapiteln wird Imholz gewürdigt. Unter dem Titel «Die Hans-Imholz-Story» ist beispielsweise zu lesen: «Hans Imholz war ein Kuoni-Mitarbeiter der frühen Jahre. Harry Hugentobler stellte den jungen Mann 1953 frisch von der Handelsschule weg ein, wohl weil Imholz auf eine entsprechende Frage versichert habe, dass er Frühaufsteher sei.» Auf die Frage von Lüönd, weshalb er das Unternehmen Kuoni verlassen habe, antwortete Imholz damals: «Die Idee, meinen eigenen Weg zu gehen, war eigentlich aus den vielen Messereisen heraus gewachsen, die wir für Kuoni für Berufs- und Unternehmensverbände organisierten. 1957 installierte uns Jack Bolli als eigenständige Abteilung. Ich sah sofort das riesige Potenzial – und als Sohn eines selbstständigen Bäckermeisters konnte ich mich gut im gewerblichen Milieu bewegen. So konnte ich auch den Drang zur Selbstständigkeit nicht unterdrücken. Ich glaubte an mich und an die Idee – folglich konnte ich ohne weiteres an einem Tag von frühmorgens bis abends um 21 Uhr 30 Verbandssekretäre anrufen und 29 Absagen entgegennehmen. Aber ein Geschäft kam immer zustande.»

Dennoch zirkulierten im Hause Kuoni zum Abgang von Hans Imholz viele Gerüchte – auch von einem Machtkampf mit Jack Bolli und dem Anspruch von Imholz auf eine Gewinnbeteiligung war die Rede. Die Wahrheit aber kennt nur Hans Imholz. Und die nennt er hier klipp und klar: «Diese Interpretationen sind frei erfunden. Ich wollte um jeden Preis selbstständig werden – und träumte davon, vielleicht ein halbes Dutzend Angestellte zu haben und von den Berufsreisen leben zu können.»

Wenn Kurt Heiniger diese Geschichte hört, huscht ein Lächeln über sein Gesicht: «Hans erkannte die Lücke und füllte sie perfekt auf. Es gibt in der Schweiz nicht viele, die eine derartige Tellerwäscher-Karriere hingelegt haben.» Die Konkurrenten standen sich damals auch privat nah. Heiniger und Imholz sahen sich im Engadin beim Langlaufen, am einen oder anderen Dinnerfest oder – als leidenschaftliche Autofans – in ihren Ferraris auf der Rennstrecke im italienischen Misano. Es waren die goldenen Zeiten einer Branche, die heute durch die Digitalisierung, durch das Internet und die Coronakrise auf den Kopf gestellt wird. Heiniger ist sich aber sicher: «Ein Teil der Reisebuchungen wird immer über die Reisebüros laufen – dank der persönlichen Beratung oder gerade bei komplexeren Arrangements.» Wer während der Pandemie eine Reise buchte und wieder annullieren musste, kann diese Aussage bestätigen. Denn es ist wesentlich leichter, von einer realen Person Geld zurückzuverlangen als von einer anonymen Buchungsplattform mit Geschäftssitz im Nirgendwo.»

Die Zentrale: Der Imholz-Hauptsitz in Zürich Wiedikon.

40 | IMHOLZ REISEN – DIE GESCHICHTE IM ZEITRAFFER

1. Oktober 1961: Gründung von Hans Imholz Berufsreisen. Eröffnung Reisebüro Usteristrasse 19. Mitarbeiter: Hans Imholz und eine Sekretärin. Einführung des Telefondirektverkaufs für Ferien und Reisen. Spezialität: Reisen von Berufsverbänden und Gruppen.

1963: Auslandreise für Bäckersfrauen nach Wien.

1963: Erste Vergrösserung der Bürofläche. Umzug an die Birmensdorferstrasse 51.

1964: Sonderflug für Drogisten nach Köln mit Besichtigung AGFA Leverkusen und der Firma 4711 in Köln.

1965: Grosse Landwirtschaftsreise «Heiliges Land, Rotes Meer, Griechenland». Fr. 1369.— (mit Staatssteuergeldern bis zu 80 Prozent unterstützt).

1965: Zwei Extrazüge an die 36. Internationale Landwirtschaftsmesse in Paris. Fr. 248.—.

1. April 1965: Eröffnung Reisebüro Birmensdorferstrasse 51.

1965: USA-Reise zu den Niagarafällen und nach Chicago. Studienreise des Verbandes Schweizer Metzgermeister in die USA.

Ernennung von Imholz Reisen zum «IATA Passenger Agent».

1966: Einführung der Städtereisen. Ein Angebot für eine Reise nach Tunis ist der Auftakt für die Einführung der Städteflüge in Europa. 295 Franken für drei Tage. Es melden sich über 300 Personen an. Die Reise muss sieben Mal durchgeführt werden. Hans Imholz erkennt das Potenzial dieser neuen Idee.

1969: Umbenennung in Reisebüro Hans Imholz AG; 12 Mitarbeitende. Budapest ist mit 15 000 Kunden die Spitzendestination.

1970: Durchbruch als Spezialist für Städtereisen mit Budapest, London, Istanbul und Madrid als Destinationen. Einführung Fernreisen. Eine 17-tägige Südsee-Weltreise wird für 4995 Franken angeboten. 595 Kunden nehmen das Angebot wahr.

1971: Lancierung der Publikation Reise Revue von Imholz Tours – mit dem Inhalt: «Ideen und Tipps für Ferienhungrige und Reiselustige».

1972: Einstieg ins Badeferiengeschäft mit Balair-Charterflügen: nach Rhodos, Mallorca und an den Plattensee. Erste Rundreisen nach Südamerika.

1972: Gründung von Jelmoli Reisen AG.

1978: Bezug des Bürogebäudes an der Birmensdorferstrasse 108, 8036 Zürich. Einführung der Informatik und des elektronischen Buchungssystems.

1979: Der Umsatz übersteigt erstmals die 100-Millionen-Franken-Grenze. Imholz zählt rund 112 000 Gäste. Strategische Aufnahme des Wiederverkaufs über Reisebüros gegen Kommission (13 Prozent).

Jamaica: Aufnahme des Direktfluges aus Europa (später via Frankfurt) mit wöchentlich 220 Plätzen.

Organisation: Einführung des Produkt-Managements.

1980: Einführung der individualisierten Pauschalreise (Baukasten), um den Kundenbedürfnissen gerecht zu werden. Als Direktverkäufer erhält Imholz in diesem Jahr über 400 000 Anrufe.

1981: 20-Jahr-Jubiläum. Imholz beschäftigt rund 120 Mitarbeitende und bis zu 180 freie Reiseleiter. Im Angebot zählt man 19 Weltstädte als Ziele. Der Katalog umfasst mittlerweile über 200 Seiten mit Badeferien rund um den Globus, Rundreisen auf allen Kontinenten, Kreuzfahrten auf allen Meeren, Städteflügen und Städtezügen, Ferien im Wohnmobil und Ferien in den Alpenländern.

1982: Eine bahnbrechende Idee – die Kombination von öffentlichem Verkehr und Flugreisen. Als erster Reiseveranstalter gibt Imholz ein Gratis-Bahnbillett für Pauschalarrangements für die Fahrt zum Flughafen und zurück ab.

1988: Gründung von Vögele Reisen AG.

1989: Eine königliche Leistung für die Kunden. Lancierung von «Imholz Royal» mit ausgewählten Vier- und Fünfstern-Hotels; attraktive Zusatzleistungen wie Gratis-Bahnbillette für 1. Klasse.

Erwerb der Hans Imholz Reisen Holding AG durch die Jelmoli Holding AG. Gründung der Imholz-Jelmoli-Reise-Gruppe: Imholz Reisen wird mit Jelmoli Reisen zusammengeführt. Das drittgrösste Reiseunternehmen der Schweiz entsteht. Über 30 Filialen (Imholz, Jelmoli, Avy Voyages und Traveller Reisen) ergänzen den Direktverkauf.

Hans Imholz wird Verwaltungsratspräsident und Direktionsvorsitzender.

Übernahme des Griechenland-Spezialisten Falinda.

Einstieg in die Romandie mit einem achtseitigen Programm für Paris.

1991: Hans Imholz übergibt den Direktionsvorsitz an Peter Kurzo.

1993: Hans Imholz tritt aus dem Verwaltungsrat zurück und gründet die Hans Imholz Stiftung.

Als Weltneuheit wird erstmals die griechische Insel Kythira von Imholz angeflogen.

In Ägypten wird der Nassersee (unter anderem mit Zugang zu Abu Simbel) auf Initiative von Imholz erschlossen. Die Jungfernfahrt der MS Eugénie findet im Dezember 1992 statt.

1994: Erste Direktflüge mit Balair/CTA nach Halifax (Kanada) auf Initiative von Imholz/Travac.

In Griechenland wird das Angebot um die Insel Skyros erweitert.

Imholz lanciert den ersten Kulturkatalog mit speziellen Städtereisen im Winter 1994/1995.

1994: Zwischen 1991 und 1994 gewinnt Imholz sämtliche Touristik-Preise als bester Reiseveranstalter für Städtereisen und Badeferien im Mittelstrecken-Segment. 1994 erfolgt die erste Auszeichnung für Fernreisen.

1995: Erste Direktflüge von Balair/CTA auf Initiative von Imholz/Travac nach Vancouver.

1996: Sky-Drive. Imholz lanciert mit Hertz Rent-a-Car eine neue exklusive Dienstleistung «von Tür zu Tür». Badeferienkunden erhalten für 99 Franken einen Mietwagen (vom Wohnort zum Flughafen).

Imholzino: Die Ferienwelt für Familien mit Kindern entsteht. Das Angebot umfasst familienfreundliche Hotels; während der Schulferien sogar mit Imholz-eigenen Kindergärtnerinnen.

Imholz Royal: Auf Flügen der TEA Switzerland kann der Kunde aus mehreren Menüs auswählen.

Extra Asia: Neue Ferienformel für die Kombination Rundreisen-Badeferien in Asien (1996/97).

Insel Holbox (Mexiko): Von Imholz/Travac entdeckt. Exklusiv in der Schweiz.

1997: Kooperationsvertrag der Imholz Reise Gruppe mit der TCS Reisen AG in den Bereichen Einkauf, Veranstalter, Vertrieb.

Zusammenschluss von Imholz, Vögele Reisen und TUI (Suisse). Drahtzieher des Deals ist der neue Jelmoli-Besitzer Walter Fust.

CanadaAround – USAround. Neue Ferienformel für Nordamerika: ausgewählte Erlebnis- und Rundreisen zu einem attraktiven Preis. Flug, Hotels und viele Extras sind inbegriffen.

1998: Die Familie Vögele verkauft ihre Anteile am Unternehmen an TUI (Suisse).

1999: Imholz Badeferien mit neuer Technik. Die TUI Systeme werden für Beach Holidays eingeführt.

1999: Jelmoli steigt aus dem Reisegeschäft aus. Kuoni übernimmt die 49-Prozent-Beteiligung des früheren Imholz-Käufers.

2000: «Imholz-Preise sind End-Preise». Einführung der «Imholz Faire Preise» ab Winter 2000/2001. Alle obligatorischen Zuschläge sind im Preis inbegriffen. Exklusiv in der Schweiz.

«Surfen und Tauchen für Freaks»: Spinout Sport Tours, der Spezialreise-Veranstalter für Surfen und Tauchen, stösst zu Imholz.

Expo 2000 in Hannover. Imholz ist die offizielle Verkaufsstelle für die Weltausstellung.

Einführung der TUI-Systeme im Bereich der Städtereisen ab Wintersaison 2000/2001.

Imholz mit neuem Auftritt. Das Unternehmen überarbeitet seinen Markenauftritt und erhält ein neues Erscheinungsbild.

2001: Imholz mit Clubferien «all inclusive». Mit den «Magic Life Clubs» beginnt ein neues Ferienzeitalter. Imholz lanciert exklusiv in der Schweiz die Clubs mit All-inclusive-Angebot.

Das Internet als neuer Distributionskanal. Als erster Reiseveranstalter in der Schweiz ermöglicht Imholz seinen Kunden das Buchen von Badeferien aus dem Katalog online. Die neue Ära beginnt am 23. März. Imholz offeriert seinen Vertriebspartnern eine Internet-Partnerschaft. Bereits im Juli zählt die Plattform 250 Anmeldungen.

Erster virtueller Travelshop. Am 30. Juli 2001 lanciert Imholz mit Jelmoli den ersten virtuellen Travelshop der Schweiz.

Im selben Jahr fliegt Imholz als erster Reiseveranstalter nach Marsa Alam (Ägypten) ans Rote Meer.

2004: TUI (Suisse) übernimmt von Kuoni die restlichen Anteile an Imholz.

2006: Hans Imholz wird mit dem «Lifetime Achievement Award for Extraordinary Contributions to the Travel Industry» durch die führende Schweizer Tourismus-Fachzeitung Travel Inside ausgezeichnet.

Die Marke Imholz verschwindet. Die Nachrichtenagentur AP vermeldet: «Ab kommendem Winter werden die Katalogangebote von Imholz unter der Marke TUI geführt und die 51 Reisebüros in der deutschsprachigen Schweiz werden in ‹TUI ReiseCenter› umbenannt. Mit diesem Schritt werde der Transformationsprozess, der vor rund vier Jahren eingeleitet wurde, abgeschlossen. ‹Durch den Namenswechsel wird die World of TUI für unsere Kunden besser wahrnehmbar›, sagt Martin Wittwer, Chef von TUI Suisse.»

DER AUTOR

Der 48-jährige Zürcher Thomas Renggli schreibt aus Leidenschaft – Bücher, Texte, Artikel, Kolumnen, Briefe, Mails und Postkarten. Unter anderem arbeitete er als Redaktor für die Neue Zürcher Zeitung, als Kolumnist und Reporter für den Blick sowie als Autor für die Schweizer Illustrierte. Heute ist er als freier Journalist und Buchautor tätig. Seine Artikel und Kolumnen erscheinen in der Weltwoche, der Schweizer Illustrierten, in der Coop-Zeitung und in den Publikationen der CH-Medien. Zuletzt hat er die Bestseller «Rodriguez – drei Brüder, eine Familie», «Bernhard Russi – der ewige Olympiasieger» und «100 Jahre Knie – die Schweizer Zirkusdynastie» verfasst. Ausserdem stammt das erste Buch zum Lockdown, «Die Schweiz steht still», aus seiner Feder. Renggli lebt hoch über dem malerischen Greifensee. Er ist verheiratet und Vater von zwei Kindern. Seine Familie ist auf dem ganzen Globus präsent: von Lima bis nach Nowokusnezk.

BILDNACHWEIS

Adobe Stock: Seiten 137, 145
Werner Eggimann: Seite 270
Kurt Heiniger: Seiten 66, 306
Beat Jossen: Seite 264
Keystone-SDA: Seite 198
Hanspeter Lehmann: Seiten 98, 102, 103, 104, 107
Armin Leuppi: Seiten 179,
Arthur Loepfe: Seite: 261
Fotos Thomas Renggli: Seiten 26, 29, 320
Ringier Archiv: Seiten 7, 240, 245,
Archiv Eric Schärer: Seiten 146, 151
Archiv Roger Schawinski: 252, 255, 258
Ilona Schmiel: Seite 286
Archiv Moritz Suter: Seiten 82, 85
Beatrice Tschanz: Seiten 278, 280, 285
Peter Tschofen: Seite 267

Soweit einzelne Bilder und ihre Urheberschaft direkt ausfindig gemacht respektive zugewiesen werden konnten, stammen sie aus den privaten Sammlungen der Familie Imholz.

Sollte darüber hinaus eine Rechtsurheberschaft bei zu schützenden Bildern erstellt werden können, so wird der Rechtsinhaber gebeten, mit dem Verlag (mail@weberverlag.ch) in Kontakt zu treten.